编审委员会名单

主　任　张现林
副主任　赵士永　安占法　孟文清　王全杰　邵英秀
委　员（按姓名汉语拼音排序）

　　　　　安占法　河北建工集团有限责任公司
　　　　　陈东佐　山东华宇工学院
　　　　　丁志宇　河北劳动关系职业学院
　　　　　谷洪雁　河北工业职业技术学院
　　　　　郭　增　张家口职业技术学院
　　　　　李　杰　新疆交通职业技术学院
　　　　　刘国华　无锡城市职业技术学院
　　　　　刘良军　石家庄铁路职业技术学院
　　　　　刘玉清　信阳职业技术学院
　　　　　孟文清　河北工程大学
　　　　　邵英秀　石家庄职业技术学院
　　　　　王俊昆　河北工程技术学院
　　　　　王全杰　广联达科技股份有限公司
　　　　　吴学清　邯郸职业技术学院
　　　　　徐秀香　辽宁城市建设职业技术学院
　　　　　张现林　河北工业职业技术学院
　　　　　赵士永　河北省建筑科学研究院
　　　　　赵亚辉　河北政法职业学院

"十三五"应用型人才培养O2O创新规划教材

建设工程项目管理

张现林　谷洪雁　莫俊明　主编

化学工业出版社

·北京·

本书内容包括：建设工程项目概述、建设工程项目施工成本控制、建设工程项目施工进度控制、建设工程项目质量控制、建设工程职业健康安全与环境管理、建设项目合同与合同管理、工程建设项目信息化管理以及建设工程项目管理案例分析、建设工程项目管理实训指导等。

本书可作为应用型本科和高职高专院校建筑工程类专业以及土木工程、工程管理、建筑设计等相关专业的教材，也可供有关工程技术人员参考。

图书在版编目（CIP）数据

建设工程项目管理/张现林，谷洪雁，莫俊明主编. —北京：化学工业出版社，2018.4（2025.2重印）
"十三五"应用型人才培养O2O创新规划教材
ISBN 978-7-122-31635-6

Ⅰ.①建⋯ Ⅱ.①张⋯②谷⋯③莫⋯ Ⅲ.①基本建设项目-工程项目管理-教材 Ⅳ.①F284

中国版本图书馆CIP数据核字（2018）第040692号

责任编辑：张双进　李仙华　提　岩　　　　　　文字编辑：谢蓉蓉
责任校对：王　静　　　　　　　　　　　　　　装帧设计：王晓宇

出版发行：化学工业出版社（北京市东城区青年湖南街13号　邮政编码100011）
印　　装：北京虎彩文化传播有限公司
787mm×1092mm　1/16　印张13¾　字数353千字　2025年2月北京第1版第6次印刷

购书咨询：010-64518888　　　　　　　　　　　售后服务：010-64518899
网　　址：http://www.cip.com.cn
凡购买本书，如有缺损质量问题，本社销售中心负责调换。

定　价：36.00元　　　　　　　　　　　　　　　　　　　　　　版权所有　违者必究

序

教育部在高等职业教育创新发展行动计划（2015—2018年）中指出"要顺应'互联网+'的发展趋势，应用信息技术改造传统教学，促进泛在、移动、个性化学习方式的形成。针对教学中难以理解的复杂结构、复杂运动等，开发仿真教学软件"。党的十九大报告中指出，要深化教育改革，加快教育现代化。为落实十九大报告精神，推动创新发展行动计划——工程造价骨干专业建设，河北工业职业技术学院联合河北工程技术学院、河北劳动关系职业学院、张家口职业技术学院、新疆交通职业技术学院等院校与化学工业出版社，利用云平台、二维码及BIM技术，开发了本系列O2O创新教材。

该系列丛书的编者多年从事工程管理类专业的教学研究和实践工作，重视培养学生的实际技能。他们在总结现有文献的基础上，坚持"理论够用，应用为主"的原则，为工程管理类专业人员提供了清晰的思路和方法，书中二维码嵌入了大量的学习资源，融入了教育信息化和建筑信息化技术，包含了最新的建筑业规范、规程、图集、标准等参考文件，丰富的施工现场图片，虚拟三维建筑模型，知识讲解、软件操作、施工现场施工工艺操作等视频音频文件，以大量的实际案例举一反三、触类旁通，并且数字资源会随着国家政策调整和新规范的出台实时进行调整与更新。这些学习资源不仅为初学人员的业务实践提供了参考依据，也为工程管理人员学习建筑业新技术提供了良好的平台，因此，本系列丛书可作为应用技术型院校工程管理类及相关专业的教材和指导用书，也可作为工程技术人员的参考资料。

"十三五"时期，我国经济发展进入新常态，增速放缓，结构优化升级，驱动力由投资驱动转向创新驱动。我国建筑业大范围运用新技术、新工艺、新方法、新模式，建设工程管理也逐步从粗放型管理转变为精细化管理，进一步推动了我国工程管理理论研究和实践应用的创新与跨越式发展。这一切都向建筑工程管理人员提出了更为艰巨的挑战，从而使得工程管理模式"百花齐放、百家争鸣"，这就需要我们工程管理专业人员更好地去探索和研究。衷心希望各位专家和同行在阅读此系列丛书时提出宝贵的意见和建议，共同把建筑行业的工作推向新的高度，为实现建筑业产业转型升级做出更大的贡献。

河北省建设人才与教育协会副会长

2017年10月

前言

随着我国"十三五"规划的推进和建筑信息化的发展，建筑行业也进入精细化管理时代，对建设项目管理人员也提出了更高的要求。《建设工程项目管理》课程是一门综合性较强的课程，本书将传统建设工程项目管理方法与建筑信息化管理相融合，分为7个模块，系统阐述了在建设项目管理过程中如何进行成本、质量、进度控制以及如何进行职业健康安全与环境管理和建设项目合同管理。本书结合我国建筑信息化的发展阐述了国内外建筑信息化管理的现状及发展趋势，并分析了我国建筑企业如何运用信息化管理思想、方法、工具等实现建设项目的精细化管理。

本书拥有丰富的数字资源，其中包含国家规范、规程，典型的实际工程案例，视频资源等，可通过扫描书中二维码获取。本书可作为应用型本科和高等职业院校建筑工程专业和工程管理类专业用书，也可作为工程管理从业人员资格考试指导用书，同时也可作为工程技术人员进行项目管理参考资料。

本书由河北工业职业技术学院张现林、谷洪雁和新疆交通职业技术学院莫俊明担任主编，由河北工业职业技术学院袁影辉、河北工业职业技术学院王春梅、河北工程技术学院布晓进、杨永生担任副主编，另外，河北工程技术学院杜慧慧、河北工业职业技术学院张伟、河北工业职业技术学院张华英、河北工业职业技术学院宫考洲、河北劳动关系职业学院刘玉美、河北工程技术学院王蒙参与了教材的编写。张现林撰写大纲并对全书进行了统稿。

本书在编写过程中汇总参阅了有关文献资料和国家注册建造师执业资格考试用书，在此对有关作者一并表示感谢，限于编者水平有限，书中不妥之处欢迎广大读者批评指正。

编者
2017 年 11 月

目录

模块 1　建设工程项目概述

任务 1.1　建设工程项目管理的目标和任务 ……………………………………………………… 1
　1.1.1　建设工程项目管理的内涵 …………………………………………………………… 1
　1.1.2　建设工程管理的内涵 ………………………………………………………………… 3
　1.1.3　业主方和项目其他参与方项目管理的目标和任务 ………………………………… 4
　1.1.4　建设工程项目总承包方项目管理的目标和任务 …………………………………… 5
任务 1.2　建设工程项目的组织 …………………………………………………………………… 7
　1.2.1　组织结构在项目管理中的应用 ……………………………………………………… 7
　1.2.2　工作分工在项目管理中的应用 ……………………………………………………… 9
　1.2.3　管理职能分工在项目管理中的应用 ………………………………………………… 10
任务 1.3　建设工程项目管理模式 ………………………………………………………………… 11
　1.3.1　DBB 模式 ……………………………………………………………………………… 11
　1.3.2　CM 模式 ………………………………………………………………………………… 12
　1.3.3　DBM 模式 ……………………………………………………………………………… 12
　1.3.4　BOT 模式 ……………………………………………………………………………… 12
　1.3.5　PMC 模式 ……………………………………………………………………………… 12
　1.3.6　EPC 模式 ……………………………………………………………………………… 12
　1.3.7　Partnering 模式 ……………………………………………………………………… 13
　1.3.8　物资采购的模式 ……………………………………………………………………… 13
任务 1.4　建设工程项目管理规划的内容和编制方法 …………………………………………… 14
　1.4.1　项目管理规划的内容 ………………………………………………………………… 14
　1.4.2　《建设工程项目管理规范》(GB/T 50326—2006)对项目管理规划大纲和项目管理实施
　　　　　规划内容的规定 ……………………………………………………………………… 15
　1.4.3　项目管理规划的编制方法 …………………………………………………………… 16
任务 1.5　建设工程项目目标的动态控制 ………………………………………………………… 17
　1.5.1　项目目标动态控制的方法及其应用 ………………………………………………… 17
　1.5.2　动态控制在进度控制中的应用 ……………………………………………………… 19
　1.5.3　动态控制在投资控制中的应用 ……………………………………………………… 19
任务 1.6　施工企业项目经理的工作性质、任务和责任 ………………………………………… 20
　1.6.1　施工企业项目经理的工作性质 ……………………………………………………… 20
　1.6.2　施工企业项目经理的任务 …………………………………………………………… 21
　1.6.3　施工企业项目经理的责任 …………………………………………………………… 22
　1.6.4　项目各参与方之间的沟通方法 ……………………………………………………… 23
　1.6.5　施工企业劳动用工和工资支付管理 ………………………………………………… 26
任务 1.7　建设工程项目的风险和风险管理的工作流程 ………………………………………… 27
　1.7.1　项目的风险类型 ……………………………………………………………………… 27

1.7.2　项目风险管理的工作流程 … 29
技能训练 … 29

模块 2　建设工程项目施工成本控制

任务 2.1　施工成本管理的任务与措施 … 33
　2.1.1　施工项目成本管理的任务 … 33
　2.1.2　施工项目成本管理的措施 … 33
任务 2.2　施工成本计划 … 34
　2.2.1　施工成本计划的编制依据 … 35
　2.2.2　按施工成本组成编制施工成本计划的方法 … 35
　2.2.3　按施工项目组成编制施工成本计划的方法 … 36
　2.2.4　按施工进度编制施工成本计划的方法 … 37
任务 2.3　施工成本控制 … 40
　2.3.1　施工成本控制的依据 … 40
　2.3.2　施工成本控制的程序 … 41
　2.3.3　施工成本控制的方法 … 41
任务 2.4　施工成本分析 … 48
　2.4.1　施工项目成本分析依据 … 48
　2.4.2　施工项目成本分析方法 … 49
技能训练 … 54

模块 3　建设工程项目施工进度控制

任务 3.1　建筑工程项目进度管理概述 … 58
　3.1.1　进度与进度管理的概念 … 58
　3.1.2　建筑工程项目进度管理的目的和任务 … 60
　3.1.3　建筑工程项目进度管理方法和措施 … 61
　3.1.4　建筑工程项目进度管理的基本原理 … 61
　3.1.5　建筑工程项目进度管理的内容 … 62
　3.1.6　建筑工程项目进度管理目标的制订 … 62
3.2　建筑工程项目进度计划的编制 … 63
　3.2.1　建筑工程进度计划的编制依据 … 63
　3.2.2　建筑工程进度计划的编制步骤 … 63
　3.2.3　建筑工程进度计划的表示方法 … 63
　3.2.4　流水施工原理 … 64
　3.2.5　双代号网络图 … 66
　3.2.6　单代号网络图 … 79
　3.2.7　双代号时标网络计划 … 82
　3.2.8　网络计划的优化 … 86
3.3　建筑工程项目进度计划的检查与调整 … 88
　3.3.1　实际进度监测与调整的系统过程 … 88
　3.3.2　进度计划实施中的调整方法 … 89
3.4　建设工程项目进度控制的措施 … 90

3.4.1 项目进度控制的组织措施	90
3.4.2 项目进度控制的管理措施	90
3.4.3 项目进度控制的经济措施	91
3.4.4 项目进度控制的技术措施	91
技能训练	91

模块 4　建设工程项目质量控制

任务 4.1　建设工程质量控制概述	95
4.1.1 建设工程质量概念	95
4.1.2 工程质量控制	96
4.1.3 工程质量管理制度	97
4.1.4 工程质量管理的责任	97
任务 4.2　工程施工的质量控制	97
4.2.1 施工质量的基本要求	99
4.2.2 施工质量控制的依据	99
4.2.3 施工质量控制的基本环节	99
4.2.4 施工生产要素的质量控制	100
4.2.5 施工准备的质量控制	102
4.2.6 施工过程的质量控制	103
4.2.7 隐蔽工程验收与成品质量保护	106
任务 4.3　施工质量验收及质量事故处理	106
4.3.1 施工过程质量验收	106
4.3.2 竣工验收	107
4.3.3 施工质量不合格的处理	107
4.3.4 质量事故	108
4.3.5 质量事故处理	108
4.3.6 施工质量缺陷处理的基本方法	108
任务 4.4　工程质量控制的统计分析方法	109
4.4.1 质量统计基本知识	109
4.4.2 质量统计方法	110
技能训练	114

模块 5　建设工程职业健康安全与环境管理

任务 5.1　建设工程职业健康安全与环境管理体系	117
5.1.1 建设工程职业健康安全与环境管理的要求	117
5.1.2 职业健康安全管理体系与环境管理体系的建立和运行	118
任务 5.2　建设工程安全生产管理	121
5.2.1 安全生产管理制度	121
5.2.2 施工安全技术措施和安全技术交底	129
5.2.3 安全生产检查的类型和内容	132
5.2.4 安全隐患的处理	134
任务 5.3　建设工程生产安全事故应急预案和事故处理	137

  5.3.1 生产安全事故应急预案的内容 …………………………………………… 137
  5.3.2 生产安全事故应急预案的管理 …………………………………………… 138
  5.3.3 职业健康安全事故的分类和处理 ………………………………………… 139
 任务5.4 建设工程施工现场文明施工和环境保护的要求 ………………………… 142
  5.4.1 施工现场文明施工的要求 ………………………………………………… 142
  5.4.2 建设工程现场文明施工的要求 …………………………………………… 142
  5.4.3 建设工程现场文明施工的措施 …………………………………………… 143
  5.4.4 施工现场环境保护的要求 ………………………………………………… 144
 技能训练 …………………………………………………………………………………… 148

模块 6 建设项目合同与合同管理

 任务6.1 建设工程施工招标与投标 ……………………………………………………… 150
  6.1.1 施工招标的内容 …………………………………………………………… 151
  6.1.2 施工投标的内容 …………………………………………………………… 154
 任务6.2 建设工程合同的内容 …………………………………………………………… 156
  6.2.1 建设工程施工合同 ………………………………………………………… 157
  6.2.2 施工专业分包合同 ………………………………………………………… 163
  6.2.3 建筑材料采购合同 ………………………………………………………… 165
  6.2.4 设备采购合同 ……………………………………………………………… 167
 任务6.3 合同计价方式 …………………………………………………………………… 168
  6.3.1 单价合同 …………………………………………………………………… 168
  6.3.2 总价合同 …………………………………………………………………… 169
  6.3.3 成本补偿合同 ……………………………………………………………… 171
 任务6.4 建设工程合同实施的控制 ……………………………………………………… 172
  6.4.1 施工合同跟踪 ……………………………………………………………… 172
  6.4.2 合同实施的偏差分析及处理 ……………………………………………… 173
  6.4.3 工程变更管理 ……………………………………………………………… 174
 任务6.5 建设工程索赔 …………………………………………………………………… 175
  6.5.1 索赔的依据、证据及成立条件 …………………………………………… 176
  6.5.2 索赔的程序 ………………………………………………………………… 177
  6.5.3 索赔文件的提交与审核 …………………………………………………… 178
 技能训练 …………………………………………………………………………………… 179

模块 7 工程建设项目信息化管理

 任务7.1 工程建设项目信息化管理现状和发展 ………………………………………… 183
  7.1.1 信息化概述与管理 ………………………………………………………… 183
  7.1.2 国内外建设项目信息化管理现状 ………………………………………… 184
  7.1.3 建设项目信息化管理的发展趋势 ………………………………………… 185
 任务7.2 施工企业信息化核心管理思想 ………………………………………………… 186
  7.2.1 "两化融合"企业管理理念与信息系统有机融合 ……………………… 186
  7.2.2 各种理论模型和技术模型的应用 ………………………………………… 186
  7.2.3 企业链和价值链资源综合管理 …………………………………………… 188

7.2.4 企业"目标管理"的思想 ··· 189
7.2.5 计划管理方式体系 ··· 190
7.2.6 "计划实施检查处理"的管理思想 ··· 190
7.2.7 精细化的管理思想 ··· 191
7.2.8 目标或结构层层分解的管理思想 ··· 191
任务 7.3 工程建设项目信息化技术 ··· 192
7.3.1 建筑企业信息化技术应用重点 ·· 192
7.3.2 信息化技术开发应用的实施方式 ··· 193
任务 7.4 企业信息化建设与应用实践 ·· 193
7.4.1 工程建设项目信息化管理系统 ·· 193
7.4.2 建设项目管理体系的建设和实践 ··· 196
技能训练 ··· 204

参考文献

二维码资源目录

序号	名称	页码
1.1	建设工程项目管理规范	2
1.2	业主方在项目建设的各个阶段的管理任务	5
1.3	建设项目工程总承包管理规范	5
1.4	某大型公共建筑工作任务分工表	10
1.5	管理职能分工在项目管理中的应用案例	11
2.1	工程造价构成	34
2.2	建筑安装工程费用项目组成建标	35
3.1	框架结构建筑的流水施工案例	66
3.2	双代号网络图时间参数的计算	66
4.1	建设工程质量管理条例	95
5.1	建设工程安全生产管理条例	121
5.2	建设工程生产安全事故应急预案编制内容	137
6.1	中华人民共和国招标投标法	151
6.2	建设工程施工专业分包合同（示范文本）	163
7.1	基于 BIM 的项目管理全过程应用	183
7.2	BIM 应用项目	192
7.3	ITWO 软件应用	204

模块 1
建设工程项目概述

知识目标

了解建设工程项目管理内涵；
掌握建设工程项目管理各方目标和任务；
掌握建设工程项目组织结构；
掌握建设项目采购模式；
掌握建设项目目标动态控制原理；
熟悉建设项目风险管理；
了解工程监理工作任务及方法。

技能目标

能够根据项目特点确定项目组织结构；
能够编制建设项目工作任务分工表；
能够根据项目特点确定项目采购模式；
能够编制项目管理规划；
能够对建设项目进行风险管理。

模块概述

建设工程项目的组织与管理，主要包括组织论和建设工程项目管理概论，具体阐述了建设工程项目建设过程中设计方、业主方、施工方等管理的目标和任务，建设项目组织结构，施工企业项目经理职责，另外介绍了风险管理和建设工程监理。

任务 1.1　建设工程项目管理的目标和任务

1.1.1　建设工程项目管理的内涵

项目的实施阶段包括设计前的准备阶段、设计阶段、施工阶段、动用前准备阶段和保修期，如图 1-1 所示。招标投标工作分散在设计前的准备阶段、设计阶段和施工阶段中进行，因此一般不单独列为招标投标阶段。项目实施阶段管理的主要任务是通过管理使项目的目标得以实现。

图1-1 建设工程项目的实施阶段的组成

建设工程项目管理的时间范畴是建设工程项目的实施阶段。《建设工程项目管理规范》（GB/T 50326—2006）对建设工程项目管理作了如下的术语解释："运用系统的理论和方法，对建设工程项目进行的计划、组织、指挥、协调和控制等专业化活动，简称为项目管理。"

二维码1.1
建筑工程项目管理规范

建设工程项目管理的内涵是：自项目开始至项目完成，通过项目策划（Project Planning）和项目控制（Project Control），以使项目的费用目标、进度目标和质量目标得以实现（参考英国皇家特许建造师关于建设工程项目管理的定义，此定义也是大部分国家建造师学会或协会一致认可的）。该定义的有关字段的含义如下：

① "自项目开始至项目完成"指的是项目的实施阶段；
② "项目策划"指的是目标控制前的一系列筹划和准备工作；
③ "费用目标"对业主而言是投资目标，对施工方而言是成本目标。

由于项目管理的核心任务是项目的目标控制，因此按项目管理学的基本理论，没有明确目标的建设工程不是项目管理的对象。在工程实践意义上，如果一个建设项目没有明确的投资目标、进度目标和质量目标，就没有必要进行管理，也无法进行定量的目标控制。

一个建设工程项目往往由许多参与单位承担不同的建设任务和管理任务（如勘察、土建设计、工艺设计、工程施工、设备安装、工程监理、建设物资供应）和管理任务（如业主方管理、政府主管部门的管理和监督等），各参与单位的工作性质、工作任务和利益不尽相同，因此就形成了代表不同利益方的项目管理。由于业主方是建设工程项目实施过程（生产过程）总集成者——人力资源、物质资源和知识的集成，业主也是建设工程项目生产过程的总组织者，因此对于一个建设工程项目而言，业主方的项目管理往往是该项目的项目管理的核心。

按建设工程项目不同参与方的工作性质和组织特征划分，项目管理有如下几种类型：

① 业主方的项目管理（如投资方和开发方的项目管理，或由工程管理咨询公司提供的代表业主方利益的项目管理服务）；
② 设计方的项目管理；
③ 施工方的项目管理（施工总承包方、施工总承包管理方和分包方的项目管理）；
④ 建设物资供货方的项目管理（材料和设备供应方的项目管理）；
⑤ 建设项目总承包（建设项目工程总承包）方的项目管理，如设计和施工任务综合的

承包，或设计、采购和施工任务综合的承包（简称承包）的项目管理等。

1.1.2 建设工程管理的内涵

建设工程项目的全寿命周期包括项目的决策阶段、实施阶段和使用阶段（或称运营阶段，或称运行阶段）。从项目建设意图的酝酿开始，调查研究、编写和报批项目建议书、编制和报批项目的可行性研究等项目前期的组织、管理、经济和技术方面的论证都属于项目决策阶段的工作。项目立项（立项批准）是项目决策的标志，决策阶段管理工作的主要任务是确定项目的定义，一般包括如下内容：

① 确定项目实施的组织；
② 确定和落实建设地点；
③ 确定建设任务和建设原则；
④ 确定和落实项目建设的资金；
⑤ 确定建设项目的投资目标、进度目标和质量目标等。

"建设工程管理"（Professional Management in Construction）作为一个专业术语，其内涵涉及工程项目全过程（工程项目全寿命）的管理，它包括：

① 决策阶段的管理，DM——Development Management（尚没有统一的中文术语，可译为项目前期的开发管理）；
② 实施阶段的管理，即项目管理 PM——Project Management；
③ 使用阶段（或称运营阶段，或称运行阶段）的管理，即设施管理 FM——Facility Management（图 1-2）。

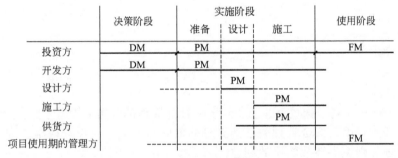

图 1-2 DM、PM 和 FM

国际设施管理协会（IFMA）所确定的设施管理的含义，如图 1-2 所示，它包括物业资产管理和物业运行管理，这与我国物业管理的概念尚有差异。

"建设工程管理"涉及参与工程项目的各个方面对工程的管理，即包括投资方、开发方、

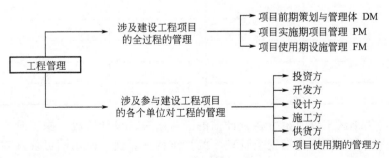

图 1-3 工程管理的内涵

设计方、施工方、供货方和项目使用期的管理方的管理,如图 1-3 所示。

这里附带说明,英语中的 Management 和 Administration 的含义是有区别的,Administration 一般指行政事务管理,而 Management 的含义更宽一些。Professional Management 指的是专业性的(专业人士的)管理。

1.1.3 业主方和项目其他参与方项目管理的目标和任务

业主方项目管理服务于业主的利益,其项目管理的目标包括项目的投资目标、进度目标和质量目标。其中投资目标指的是项目的总投资目标。进度目标指的是项目动用的时间目标,也即项目交付使用的时间目标,如工厂建成可以投入生产、道路建成可以通车、办公楼可以启用、旅馆可以开业的时间目标等。项目的质量目标不仅涉及施工的质量,还包括设计质量、材料质量、设备质量和影响项目运行或运营的环境质量等。质量目标包括满足相应的技术规范和技术标准的规定,以及满足业主方相应的质量要求。

项目的投资目标、进度目标和质量目标之间既有矛盾的一面,也有统一的一面,它们之间的关系是对立的统一关系。要加快进度往往需要增加投资,欲提高质量往往也需要增加投资,过度地缩短进度会影响质量目标的实现,这都表现了目标之间关系矛盾的一面;但通过有效的管理,在不增加投资的前提下,也可缩短工期和提高工程质量,这反映了目标之间关系统一的一面。

业主方的项目管理工作涉及项目实施阶段的全过程,即在设计前的准备阶段、设计阶段、施工阶段、动用前准备阶段和保修期分别进行如下工作,如表 1-1 所示。

① 安全管理;
② 投资控制;
③ 进度控制;
④ 质量控制;
⑤ 合同管理;
⑥ 信息管理;
⑦ 组织和协调。

表 1-1 有 7 行和 5 列,构成业主方 35 分块项目管理的任务,其中安全管理是项目管理中的最重要的任务,因为安全管理关系到人身的健康与安全,而投资控制、进度控制、质量控制和合同管理等则主要涉及物质的利益。

表 1-1 业主方项目管理的任务

	设计前的准备阶段	设计阶段	施工阶段	动用前准备阶段	保修期
安全管理					
投资控制					
进度控制					
质量控制					
合同管理					
信息管理					
组织和协调					

以下是某居住小区工程业主方在设计前的准备阶段、设计阶段、施工阶段、动用前准备阶段的项目管理任务(没有包括安全管理)的详细描述,通过此示例可加深对表 1-1 关于项目管理任务的理解。

具体业主方在项目建设的各个阶段的管理任务详见二维码1.1.1。

1.1.4 建设工程项目总承包方项目管理的目标和任务

二维码1.2

业主方在项目建设的各个阶段的管理任务

1.1.4.1 建设项目工程总承包方项目管理的目标

由于建设工程项目总承包方是受业主方的委托而承担工程建设任务，建设项目工程总承包方必须树立服务观念，为项目建设服务，为业主提供建设服务，另外，合同也规定了建设项目工程总承包方的任务和义务，因此，建设项目工程总承包方作为项目建设的一个重要参与方，其项目管理主要服务于项目的整体利益和建设项目工程总承包方本身的利益，其项目管理的目标应符合合同的要求，包括：

① 工程建设的安全管理目标；
② 项目的总投资目标和建设项目工程总承包方的成本目标（前者是业主方的总投资目标，后者是建设项目工程总承包方本身的成本目标）；
③ 建设项目工程总承包方的进度目标；
④ 建设项目工程总承包方的质量目标。

建设项目工程总承包方项目管理工作涉及项目实施阶段的全过程，即设计前的准备阶段、设计阶段、施工阶段、动用前准备阶段和保修期。

1.1.4.2 建设项目工程总承包方项目管理的任务

建设项目工程总承包方项目管理的主要任务包括：

① 安全管理；
② 项目的总投资控制和建设项目工程总承包方的成本控制；
③ 进度控制；
④ 质量控制；
⑤ 合同管理；
⑥ 信息管理；
⑦ 与建设项目工程总承包方有关的组织和协调等。

在《建设项目工程总承包管理规范》（GB/T 50358—2005）中对工程总承包管理的内容作了如下的规定：

二维码1.3

建设项目工程总承包管理规范

（1）工程总承包管理应包括项目部的项目管理活动和工程总承包企业职能部门参与的项目管理活动。

（2）工程总承包项目管理的范围应由合同约定。根据合同变更程序提出并经批准的变更范围，也应列入项目管理范围。

（3）工程总承包项目管理的主要内容应包括：

① 任命项目经理，组建项目部，进行项目策划并编制项目计划；
② 实施设计管理，采购管理，施工管理，试运行管理；
③ 进行项目范围管理，进度管理，费用管理，设备材料管理，资金管理，质量管理，安全、职业健康和环境管理，人力资源管理，风险管理，沟通与信息管理，合同管理，现场管理，项目收尾等。

项目范围管理指的是"保证项目包含且仅包含项目所需的全部工作的过程。它主要涉及范围计划编制、范围定义、范围验证和范围变更控制的管理"（引自《建设项目工程总承包管理规范》）。

1.1.4.3 施工方项目管理的目标

施工方项目管理的目标：由于施工方是受业主方的委托承担工程建设任务，施工方必须树立服务观念，为项目建设服务，为业主提供建设服务，另外，合同也规定了施工方的任务和义务，因此施工方作为项目建设的一个重要参与方，其项目管理不仅应服务于施工方本身的利益，也必须服务于项目的整体利益。项目的整体利益和施工方本身的利益是对立的统一关系，两者有其统一的一面，也有其矛盾的一面。

施工方项目管理的目标应符合合同的要求，它包括：
① 施工的安全管理目标；'
② 施工的成本目标；
③ 施工的进度目标；
④ 施工的质量目标。

如果采用工程施工总承包或工程施工总承包管理模式，施工总承包方或施工总承包管理方必须按工程合同规定的工期目标和质量目标完成建设任务。而施工总承包方或施工总承包管理方的成本目标是由施工企业根据其生产和经营的情况自行确定的。分包方则必须按工程分包合同规定的工期目标和质量目标完成建设任务，分包方的成本目标是该施工企业内部自行确定的。

按国际工程的惯例，当采用指定分包商时，不论指定分包商与施工总承包方，或与施工总承包管理方，或与业主方签订合同，由于指定分包商合同在签约前必须得到施工总承包方或施工总承包管理方的认可，因此，施工总承包方或施工总承包管理方应对合同规定的工期目标和质量目标负责。

1.1.4.4 施工方项目管理的任务

施工方项目管理的任务包括：
① 施工安全管理；
② 施工成本控制；
③ 施工进度控制；
④ 施工质量控制；
⑤ 施工合同管理；
⑥ 施工信息管理；
⑦ 与施工有关组织与协调等。

施工方的项目管理工作主要在施工阶段进行，但由于设计阶段和施工阶段在时间上往往是交叉的，因此，施工方的项目管理工作也会涉及设计阶段。在动用前准备阶段和保修期施工合同尚未终止，在这期间，还有可能出现涉及工程安全、费用、质量、合同和信息等方面的问题。因此，施工方的项目管理也涉及动用前准备阶段和保修期。

在工程实践中，一个建设工程项目的施工管理和该项目施工方的项目管理是两个相互有关联，但内涵并不相同的概念。施工管理是传统的较广义的术语，它包括施工方履行施工合同应承担的全部工作和任务，既包含项目管理方面专业性的工作（专业人士的工作），也含一般的行政管理工作。

20世纪80年代末和90年代初，我国的大中型建设项目引进了为业主方服务（或称代表业主利益）的工程项目管理的咨询服务，这属于业主方项目管理的范畴。在国际上，工程项目管理咨询公司不仅为业主提供服务，也向施工方、设计方和建设物资供应方提供服务。因此，施工方的项目管理不能认为只是施工企业对项目的管理。施工企业委托工程项目管理咨询公司对项目管理的某个方面提供的咨询服务也属于施工方项目管理的范畴。

任务1.2 建设工程项目的组织

1.2.1 组织结构在项目管理中的应用

施工项目管理组织的形式是指在施工项目管理组织中处理管理层次、管理跨度、部门设置和上下级的组织结构的类型。主要的管理组织形式有工作队式、部门控制式、矩阵制式、事业部制式等。

(1) 工作队式项目组织

如图1-4所示,工作队式项目组织是指主要由企业中有关部门抽出管理力量组成施工项目经理部的方式,企业职能部门处于服务地位。

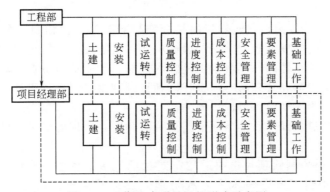

图1-4 工作队式项目组织形式示意图

① 特征。一般由公司任命项目经理,由项目经理在企业内招聘或抽调职能人员组成管理机构(工作队),项目经理债权指挥,独立性强。

项目管理班子成员在工程建设期间与原所在部门断绝领导与被领导的关系。原单位负责人员负责业务指导及考察,但不能随意干预项目管理班子的工作或调回人员。

项目管理组织与项目同寿命,项目结束后机构撤销,所有人员仍回原所在部门和岗位。

② 适合范围。工作队式项目组织适用于大型项目,工期要求紧,要求多工种、多部门密切配合的项目。

(2) 部门控制式项目组织

① 特征。部门控制式并不打乱企业的现行建制,把项目委托给企业某一专业部门或某一施工队,由被委托的单位负责组织项目实施,其形式如图1-5所示。

② 适用范围。部门控制式项目组织一般适用于小型的、专业性较强、不需要涉及众多

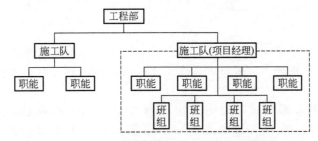

图1-5 部门控制项目组织形式示意图

部门的施工项目。

(3) 矩阵制式项目组织

矩阵制式项目组织是指结构形式呈矩阵状的组织，其项目管理人员由企业有关职能部门派出并进行业务指导，接受项目经理的直接领导，其形式如图1-6所示。

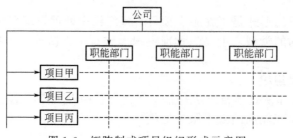

图1-6 矩阵制式项目组织形式示意图

① 特征。项目组织机构与职能部门的结合部与职能部门数相同。多个项目与职能部门的结合部呈矩阵状。既能发挥职能部门的纵向优势，又能发挥项目组织的横向优势。

专业职能部门是永久性的，项目组织是临时性的。职能部门负责人对参与项目组织的人员有组织调配、业务指导和管理考察的责任。项目经理将参与项目组织的职能人员在横向上有效地组织在一起，为实现项目目标协同工作。

矩阵中的每个成员或部门，接受原部门负责人和项目经理的双重领导，但部门的控制力大于项目的控制力。

② 适用范围。矩阵制式项目组织适用于同时承担多个需要进行项目管理工程的企业。在这种情况下，各项目对专业技术人才和管理人员都有需求，加在一起数量较大，采用矩阵制式组织可以充分利用有限的人才对多个项目进行管理，特别有利于发挥优秀人才的作用。

(4) 事业部制式项目组织

① 特征。企业成立事业部，事业部对企业来说是职能部门，对外界来说享有相对独立的经营权，是一个独立单位。事业部可以按地区设置，也可以按工程类型或经营内容设置，其形式如图1-7所示。事业部能较迅速适应环境的变化，提高企业的应变能力，调动部门的积极性。

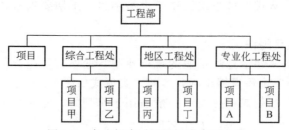

图1-7 事业部式项目组织形式示意图

在事业部（一般为其中的工程部或开发部，对外工程公司是海外部）下边设置项目经理部。项目经理由事业部选派，一般对事业部负责，有的可以直接对业主负责，这是根据其授权程度决定的。

② 适用范围。事业部制式适用于大型经营性企业的工程承包，特别是适用于远离公司本部的工程承包。需要注意的是，一个地区只有一个项目，没有后续工程时，不宜设立地区事业部，也就是说它适合在一个地区内有长期市场或一个企业有多种专业

化施工力量时采用。在这种情况下，事业部与地区市场同寿命，地区没有项目时，该事业部应撤销。

1.2.2 工作分工在项目管理中的应用

业主方和项目各参与方，如设计单位、施工单位、供货单位和工程管理咨询单位等都有各自的项目管理的任务，上述各方都应该编制各自的项目管理任务分工表。

为了编制项目管理任务分工表，首先应对项目实施的各阶段的费用（投资或成本；控制、进度控制、质量控制、合同管理、信息管理和组织与协调等管理任务）进行详细分解，在项目管理任务分解的基础上定义项目经理和费用（投资或成本）控制、进度控制、质量控制、合同管理、信息管理和组织与协调等主管工作部门或主管人员的工作任务。

每一个建设项目都应编制项目管理任务分工表，这是一个项目的组织设计文件的一部分。在编制项目管理任务分工表前，应结合项目的特点，对项目实施的各阶段的费用（投资或成本）控制、进度控制、质量控制、合同管理、信息管理和组织与协调等管理任务进行详细分解。某项目的项目管理任务分解示例如表1-2所示。在项目管理任务分解的基础上，明确项目经理和费用（投资或成本）控制、进度控制、质量控制、合同管理、信息管理和组织与协调等主管工作部门或主管人员的工作任务，从而编制工作任务分工表（表1-2）。

表 1-2 任务分解表

1.设计阶段项目管理的任务			备注
	1.1	设计阶段的投资控制	
	1.2	在可行性研究的基础上，进行项目总投资目标的分析、论证	
	1.3	根据方案设计，审核项目总估算，供业主方确定投资目标参考，并基于优化方案协助业主对估算作出调整	
	1.4	编制项目总投资切块、分解规划，并在设计过程中控制其执行；在设计过程中若有必要，及时提出调整总投资切块、分解规划的建议	
	1.5	审核项目总概算，在设计深化过程中严格控制在总概算所确定的投资计划值中，对设计概算作出评价报告和建议	
	1.6	根据工程概算和工程进度表，编制设计阶段资金使用计划，并控制其执行，必要时，对上述计划提出调整建议	
	1.7	从设计、施工、材料和设备等多方面作必要的市场调查分析和技术经济比较论证，并提出咨询报告，如发现设计可能突破投资目标，则协助设计人员提出解决办法，供业主参考	
	1.8	审核施工图预算，调整总投资计划	
	1.9	采用价值工程方法，在充分满足项目功能的条件下考虑进一步挖掘节约投资的潜力	
2.进行投资计划值和实际值的动态跟踪比较，并提交各种投资控制报表和报告			
	2.1	控制设计变更，注意检查变更设计的结构性、经济性、建筑造型和使用功能是否满足业主的要求	
	2.2	设计阶段的进度控制	
	2.3	参与编制项目总进度计划，有关施工进度与施工监理单位协商讨论	
	2.4	审核设计方提出的详细的设计进度计划和出图计划，并控制其执行，避免发生因设计单位推迟进度而造成施工单位要求索赔	
	2.5	协助起草主要甲供材料和设备的采购计划，审核甲供进口材料设备清单	

续表

	2.6	协助业主确定施工分包合同结构及招标投标方式
	2.7	督促业主对设计文件尽快作出决策和审定
	2.8	在项目实施过程中进行进度计划值和实际值的比较,并提交各种进度控制报表和报告(月报、季报、年报)
	2.9	协助调查内外装修设计、专业设备设计与主设计的关系,使专业设计进度能满足施工进度的要求
3.设计阶段的质量控制		
	3.1	协助业主确定项目质量的要求和标准,满足设计质监部门质量评定标准要求,并作为质量控制目标值,参与分析和评估建筑物使用功能、面积分配、建筑设计标准等,根据业主的要求,编制详细的设计要求文件,作为方案设计优化任务书的一部分
	3.2	研究图纸、技术说明和计算书等设计文件,发现问题,及时向设计单位提出。对设计变更进行技术经济合理性分析,并按照规定的程序办理设计变更手续,凡对投资及进度带来影响的变更,需会同业主核签
	3.3	审核各设计阶段的图纸、技术说明和计算书等设计文件是否符合国家有关设计规范、有关设计质量要求和标准,并根据需要提出修改意见,确保设计质量获得有关部门审查通过

在工作任务分工表（表1-3）中应明确各项工作任务由哪个工作部门（或个人）负责，由哪些工作部门（或个人）配合或参与。在项目的进展过程中，应视必要对工作任务分工表进行调整。

表1-3 工作任务分工表

工作部门 工作任务	项目经理部	投资控制部	进度控制部	质量控制部	合同管理部	信息管理部	

1.2.3 管理职能分工在项目管理中的应用

管理是由多个环节组成的过程（图1-8），即：
① 提出问题；
② 筹划——提出解决问题的可能的方案，并对多个可能的方案进行分析；
③ 决策；
④ 执行；
⑤ 检查。

这些组成管理的环节就是管理的职能。管理的职能在一些文献中也有不同的表述，但其内涵是类似的。

二维码1.4

某大型公共建筑
工作任务分工表

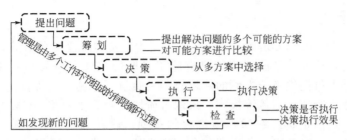

图 1-8 管理职能

① 提出问题——通过对进度计划值和实际值的比较,发现进度推迟了;

② 筹划——加快进度有多种可能的方案,如改一班工作制为两班工作制,增加夜班作业,增加施工设备和改变施工方法,应对这三个方案进行比较;

③ 决策——从上述三个可能的方案中选择一个将被执行的方案,即增加夜班作业;

④ 执行——落实夜班施工的条件,组织夜班施工;

⑤ 检查——检查增加夜班施工的决策是否被执行,如已执行,则检查执行的效果如何。

如通过增加夜班施工,工程进度的问题解决了,但发现新的问题,施工成本增加了,这样就进入了管理的一个新的循环:提出问题、筹划、决策、执行和检查。整个施工过程中管理工作就是不断发现问题和不断解决问题的过程。以上不同的管理职能可由不同的职能部门承担,如:

① 进度控制部门负责跟踪和提出有关进度的问题;

② 施工协调部门对进度问题进行分析,提出三个可能的方案,并对其进行比较;

③ 项目经理在三个可供选择的方案中,决定采用第一个方案,即增加夜班作业;

④ 施工协调部门负责执行项目经理的决策,组织夜班施工;

⑤ 项目经理助理检查夜班施工后的效果。

二维码1.5

管理职能分工在项目管理中的应用案例

业主方和项目各参与方,如设计单位、施工单位、供货单位和工程管理咨询单位等都有各自的项目管理的任务和其管理职能分工,上述各方都应该编制各自的项目管理职能分工表。

任务 1.3 建设工程项目管理模式

1.3.1 DBB 模式

即设计-招标-建造(Design-Bid-Build)模式,这是最传统的一种工程项目管理模式。该管理模式在国际上最为通用,世行、亚行贷款项目及以国际咨询工程师联合会(FIDIC)合同条件为依据的项目多采用这种模式。其最突出的特点是强调工程项目的实施必须按照设计-招标-建造的顺序方式进行,只有一个阶段结束后另一个阶段才能开始。我国第一个利用世行贷款项目——鲁布革水电站工程实行的就是这种模式。

该模式的优点是通用性强,可自由选择咨询、设计、监理方,各方均熟悉使用标准的合同文本,有利于合同管理、风险管理和减少投资。缺点是工程项目要经过规划、设计、施工三个环节之后才移交给业主,项目周期长;业主管理费用较高,前期投入大,变更时容易引起较多索赔。

1.3.2 CM 模式

即建设-管理（Construction-Management）模式，又称阶段发包方式，就是在采用快速路径法进行施工时，从开始阶段就雇用具有施工经验的 CM 单位参与到建设工程实施过程中来，以便为设计人员提供施工方面的建议且随后负责管理施工过程。这种模式改变了过去那种设计完成后才进行招标的传统模式，采取分阶段发包，由业主、CM 单位和设计单位组成一个联合小组，共同负责组织和管理工程的规划、设计和施工，CM 单位负责工程的监督、协调及管理工作，在施工阶段定期与承包商会晤，对成本、质量和进度进行监督，并预测和监控成本和进度的变化。CM 模式，于 20 世纪 60 年代发源于美国，进入 80 年代以来，在国外广泛流行，它的最大优点就是可以缩短工程从规划、设计到竣工的周期，节约建设投资，减少投资风险，可以比较早地取得收益。

1.3.3 DBM 模式

即设计-建造模式（Design-Build Method），就是在项目原则确定后，业主只选定唯一的实体负责项目的设计与施工，设计-建造承包商不但对设计阶段的成本负责，而且可用竞争性招标的方式选择分包商或使用本公司的专业人员自行完成工程，包括设计和施工等。在这种方式下，业主首先选择一家专业咨询机构代替业主研究、拟定拟建项目的基本要求，授权一个具有足够专业知识和管理能力的人作为业主代表，与设计-建造承包商联系。

1.3.4 BOT 模式

即建造-运营-移交（Build-Operate-Transfer）模式。BOT 模式是 20 世纪 80 年代在国外兴起的一种将政府基础设施建设项目依靠私人资本的一种融资、建造的项目管理方式，或者说是基础设施国有项目民营化。政府开放本国基础设施建设和运营市场，授权项目公司负责筹资和组织建设，建成后负责运营及偿还贷款，协议期满后，再无偿移交给政府。BOT 方式既不增加东道主国家外债负担，又可解决基础设施不足和建设资金不足的问题。项目发起人必须具备很强的经济实力（大财团），资格预审及招投标程序复杂。

1.3.5 PMC 模式

即项目承包（Project Management Contractor）模式，就是业主聘请专业的项目管理公司，代表业主对工程项目的组织实施进行全过程或若干阶段的管理和服务。由于 PMC 承包商在项目的设计、采购、施工、调试等阶段的参与程度和职责范围不同，因此 PMC 模式具有较大的灵活性。

总体而言，PMC 有三种基本应用模式：

① 业主选择设计单位、施工承包商、供货商，并与之签订设计合同、施工合同和供货合同，委托 PMC 承包商进行工程项目管理。

② 业主与 PMC 承包商签订项目管理合同，业主通过指定或招标方式选择设计单位、施工承包商、供货商（或其中的部分），但不签订合同，由 PMC 承包商与之分别签订设计合同、施工合同和供货合同。

③ 业主与 PMC 承包商签订项目管理合同，由 PMC 承包商自主选择施工承包商和供货商并签订施工合同和供货合同，但不负责设计工作。

1.3.6 EPC 模式

即设计-采购-建造（Engineering-Procurement-Construction）模式，在我国又称之为

"工程总承包"模式。在 EPC 模式中，Engineering 不仅包括具体的设计工作，而且可能包括整个建设工程内容的总体策划以及整个建设工程实施组织管理的策划和具体工作。在 EPC 模式下，业主只要大致说明一下投资意图和要求，其余工作均由 EPC 承包单位来完成；业主不聘请监理工程师来管理工程，而是自己或委派业主代表来管理工程；承包商承担设计风险、自然力风险、不可预见的困难等大部分风险；一般采用总价合同。

传统承包模式中，材料与工程设备通常是由项目总承包单位采购，但业主可保留对部分重要工程设备和特殊材料的采购在工程实施过程中的风险。在 EPC 标准合同条件中规定由承包商负责全部设计，并承担工程全部责任，故业主不能过多地干预承包商的工作。EPC 合同条件的基本出发点是业主参与工程管理工作很少，因承包商已承担了工程建设的大部分风险，业主重点进行竣工验收。

1.3.7 Partnering 模式

合伙（Partnering）模式，是在充分考虑建设各方利益的基础上确定建设工程共同目标的一种工程项目管理模式。它一般要求业主与参建各方在相互信任、资源共享的基础上达成一种短期或长期的协议，通过建立工作小组相互合作，及时沟通以避免争议和诉讼的产生，共同解决建设工程实施过程中出现的问题，共同分担工程风险和有关费用，以保证参与各方目标和利益的实现。合伙协议并不仅仅是业主与施工单位双方之间的协议，而需要建设工程参与各方共同签署，包括业主、总包商、分包商、设计单位、咨询单位、主要的材料设备供应单位等。合伙协议一般都是围绕建设工程的三大目标以及工程变更管理、争议和索赔管理、安全管理、信息沟通和管理、公共关系等问题做出相应的规定。

1.3.8 物资采购的模式

工程建设物资指的是建筑材料、建筑构配件和设备。在国际上业主方工程建设物资采购有多种模式，如：
① 业主方自行采购；
② 与承包商约定某些物资为指定供货商；
③ 承包商采购等。

《中华人民共和国建筑法》对物资采购有这样的规定："按照合同约定，建筑材料、建筑构配件和设备由工程承包单位采购的，发包单位不得指定承包单位购入用于工程的建筑材料、建筑构配件和设备或者指定生产厂、供应商。"

物资采购工作应符合有关合同和设计文件所规定的数量、技术要求和质量标准，并符合工程进度、安全、环境和成本管理等要求。采购管理应遵循下列程序：
① 明确采购产品或服务的基本要求、采购分工及有关责任；
② 进行采购策划，编制采购计划；
③ 进行市场调查，选择合格的产品供应或服务单位，建立名录；
④ 采用招标或协商等方式实施评审工作，确定供应或服务单位；
⑤ 签订采购合同；
⑥ 运输、验证、移交采购产品或服务；
⑦ 处置不合格产品或不符合要求的服务；
⑧ 采购资料归档。

任务1.4　建设工程项目管理规划的内容和编制方法

建设工程项目管理规划（国际上常用的术语为：Project Brief，Project Implementation Plan，Project Management Plan）是指导项目管理工作的纲领性文件，它从总体上和宏观上对如下几个方面进行分析和描述：

① 为什么要进行项目管理；
② 项目管理需要做什么工作；
③ 怎样进行项目管理；
④ 谁做项目管理的哪方面的工作；
⑤ 什么时候做哪些项目管理工作；
⑥ 项目的总投资；
⑦ 项目的总进度。

建设工程项目管理规划涉及项目整个实施阶段，它属于业主方项目管理的范畴。如果采用建设项目工程总承包的模式，业主方也可以委托建设项目工程总承包方编制建设工程项目管理规划，因为建设项目工程总承包的工作涉及项目整个实施阶段。建设项目的其他参与单位，如设计单位、施工单位和供货单位等，为进行其项目管理也需要编制项目管理规划，但它只涉及项目实施的一个方面，并体现一个方面的利益，可称为设计方项目管理规划、施工方项目管理规划和供货方项目管理规划。

《建设工程项目管理规范》（GB/T 50326—2006）对项目管理规划作了如下的术语解释："项目管理规划作为指导项目管理的纲领性文件，应对项目管理的目标、依据、内容、组织、资源、方法、程序和控制措施进行确定。"在该规范中，把项目管理规范分成两个类型："项目管理规范应包括项目管理规划大纲和项目管理实施规划两类文件"。

1.4.1　项目管理规划的内容

建设工程项目管理规划一般包括如下内容：

① 项目概述；
② 项目的目标分析和论证；
③ 项目管理的组织；
④ 项目采购和合同结构分析；
⑤ 投资控制的方法和手段；
⑥ 进度控制的方法和手段；
⑦ 质量控制的方法和手段；
⑧ 安全、健康与环境管理的策略；
⑨ 信息管理的方法和手段；
⑩ 技术路线和关键技术的分析；
⑪ 设计过程的管理；
⑫ 施工过程的管理；
⑬ 价值工程的应用；
⑭ 风险管理的策略等。

建设工程项目管理规划内容涉及的范围和深度，在理论上和工程实践中并没有统一的规定，应视项目的特点而定。由于项目实施过程中主客观条件的变化是绝对的，不变则是相对的；在项目进展过程中平衡是暂时的，不平衡则是永恒的，因此，建设工程项目管理规划必须随着情况的变化而进行动态调整。

举行迎接香港回归庆典的香港会展中心在建设开始时，于1994年编制了建设项目管理规划，其主要内容如下：

① 项目建设的任务；
② 委托的咨询（顾问）公司；
③ 项目管理班子的组织；
④ 合同的策略；
⑤ 设计管理；
⑥ 投资管理；
⑦ 进度管理；
⑧ 招标和发包的工作程序；
⑨ 有关的政府部门；
⑩ 工程报告系统；
⑪ 质量保证系统和质量控制；
⑫ 竣工验收事务；
⑬ 项目进展工作程序；
⑭ 风险管理；
⑮ 信息管理；
⑯ 价值工程；
⑰ 安全；
⑱ 环境管理；
⑲ 不可预见事件管理。

1.4.2 《建设工程项目管理规范》（GB/T 50326—2006）对项目管理规划大纲和项目管理实施规划内容的规定

（1）项目管理规划大纲的内容

项目管理规划大纲可包括下列内容，组织应根据需要选定：

① 项目概况；
② 项目范围管理规划；
③ 项目管理目标规划；
④ 项目管理组织规划；
⑤ 项目成本管理规划；
⑥ 项目进度管理规划；
⑦ 项目质量管理规划；
⑧ 项目职业健康安全与环境管理规划；
⑨ 项目采购与资源管理规划；
⑩ 项目信息管理规划；
⑪ 项目沟通管理规划；
⑫ 项目风险管理规划；
⑬ 项目收尾管理规划。

（2）项目管理实施规划的内容

项目管理实施规划应包括下列内容：

① 项目概况；

②　总体工作计划；
③　组织方案；
④　技术方案；
⑤　进度计划；
⑥　质量计划；
⑦　职业健康安全与环境管理计划；
⑧　成本计划；
⑨　资源需求计划；
⑩　风险管理计划；
⑪　信息管理计划；
⑫　沟通管理计划；
⑬　收尾管理计划；
⑭　项目现场平面布置图；
⑮　项目目标控制措施；
⑯　技术经济指标。

如果在《建设工程项目管理规范》关于项目管理规划大纲和项目管理实施规划内容的规定中，对以下内容适当加以补充或深化则将更有利于项目的实施：
①　关于项目实施过程与有关政府主管部门的关系处理；
②　关于安全管理计划；
③　关于合同的策略；
④　关于设计管理的任务与方法；
⑤　关于项目进展工作程序；
⑥　关于招标和发包的工作程序；
⑦　关于工程报告系统（各类报表和报告的内容、填报和编写人员、填报和编写时间、报表和报告的审阅人员等）；
⑧　关于价值工程的应用；
⑨　不可预见事件的管理。

由于设计费仅占建设总投资很小的比例，业主方往往忽视对设计过程的管理，这是项目管理的一个误区。应指出，设计阶段的项目管理是建设工程项目管理的一个非常重要的部分，设计的质量直接影响项目实施的投资（或成本）、进度和质量；设计的进度也直接影响工程的进展。

1.4.3　项目管理规划的编制方法

《建设工程项目管理规范》（GB/T 50326—2006）规定：
①　项目管理规划大纲应由组织的管理层或组织委托的项目管理单位编制；
②　项目管理实施规划应由项目经理组织编制。

《建设工程项目管理规范》（GB/T 50326—2006）对项目管理规划大纲和项目管理实施规划的编制依据和编制工作程序作了如下规定。

1.4.3.1　项目管理规划大纲的编制

(1) 项目管理规划大纲的编制依据

项目管理规划大纲可依据下列资料编制：
①　可行性研究报告；
②　设计文件、标准、规范与有关规定；

③ 招标文件及有关合同文件；
④ 相关市场信息与环境信息。
（2）项目管理规划大纲的编制工作程序
编制项目管理规划大纲应遵循下列程序：
① 明确项目目标；
② 分析项目环境和条件；
③ 收集项目的有关资料和信息；
④ 确定项目管理组织模式、结构和职责；
⑤ 明确项目管理内容；
⑥ 编制项目目标计划和资源计划；
⑦ 汇总整理，报送审批。

1.4.3.2 项目管理实施规划的编制

（1）项目管理实施规划的编制依据
项目管理实施规划可依据下列资料编制：
① 项目管理规划大纲；
② 项目条件和环境分析资料；
③ 工程合同及相关文件；
④ 同类项目的相关资料。
（2）项目管理实施规划的编制工作程序
编制项目管理实施规划应遵循下列程序：
① 了解项目相关各方的要求；
② 分析项目条件和环境；
③ 熟悉相关法规和文件；
④ 组织编制；
⑤ 履行报批手续。

任务1.5 建设工程项目目标的动态控制

1.5.1 项目目标动态控制的方法及其应用

我国在施工管理中引进项目管理的理论和方法已多年，但是，运用动态控制原理控制项目的目标尚未得到普及，许多施工企业还不重视在施工进展过程中依据和运用定量的施工成本控制、施工进度控制和施工质量控制的报告系统指导施工管理工作，项目目标控制还处于相当粗放的状况。应认识到，运用动态控制原理进行项目目标控制将有利于项目目标的实现，并有利于促进施工管理科学化的进程。

由于项目实施过程中主客观条件的变化是绝对的，不变则是相对的；在项目进展过程中平衡是暂时的，不平衡则是永恒的，因此，在项目实施过程中必须随着情况的变化进行项目目标的动态控制。项目目标的动态控制是项目管理最基本的方法论。

1.5.1.1 项目目标动态控制的工作程序

项目目标动态控制的工作程序如图1-9所示。
（1）第一步，项目目标动态控制的准备工作
将项目的目标进行分解，以确定用于目标控制的计划值。

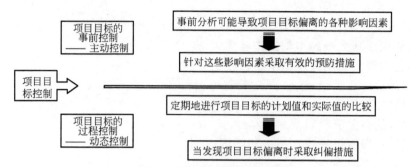

图 1-9 动态控制的工作程序

（2）第二步，在项目实施过程中项目目标的动态控制
① 收集项目目标的实际值，如实际投资、实际进度等；
② 定期（如每两周或每月）进行项目目标的计划值和实际值的比较；
③ 通过项目目标的计划值和实际值的比较，如有偏差，则采取纠偏措施进行纠偏。

（3）第三步，如有必要，则进行项目目标的调整，目标调整后再回复到第一步

由于在项目目标动态控制时要进行大量数据的处理，当项目的规模比较大时，数据处理的量就相当可观。采用计算机辅助的手段可高效、及时而准确地生成许多项目目标动态控制所需要的报表，如计划成本与实际成本的比较报表，计划进度与实际进度的比较报表等，将有助于项目目标动态控制的数据处理。

1.5.1.2 项目目标动态控制的纠偏措施

项目目标动态控制的纠偏措施（图 1-10）主要包括：

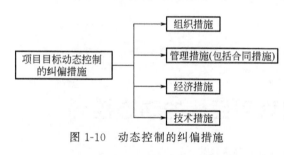

图 1-10 动态控制的纠偏措施

① 组织措施，分析由于组织的原因而影响项目目标实现的问题，并采取相应的措施，如调整项目组织结构、任务分工、管理职能分工、工作流程组织和项目管理班子人员等；

② 管理措施（包括合同措施），分析由于管理的原因而影响项目目标实现的问题，并采取相应的措施，如调整进度管理的方法和手段，改变施工管理和强化合同管理等；

③ 经济措施，分析由于经济的原因而影响项目目标实现的问题，并采取相应的措施，如落实加快工程施工进度所需的资金等；

④ 技术措施，分析由于技术（包括设计和施工的技术）的原因而影响项目目标实现的问题，并采取相应的措施，如调整设计、改进施工方法和改变施工机具等。

当项目目标失控时，人们往往首先思考的是采取什么技术措施，而忽略可能或应当采取的组织措施和管理措施。组织论的一个重要结论是：组织是目标能否实现的决定性因素。应充分重视组织措施对项目目标控制的作用。

1.5.1.3 项目目标的动态控制和项目目标的主动控制

项目目标动态控制的核心是，在项目实施的过程中定期地进行项目目标的计划值和实际值的比较，当发现项目目标偏离时采取纠偏措施。为避免项目目标偏离的发生，还应重视事前的主动控制，即事前分析可能导致项目目标偏离的各种影响因素，并针对这些影响因素采取有效的预防措施（图 1-11）。

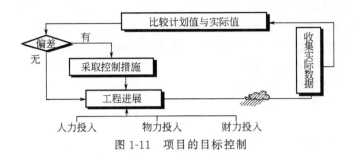

图 1-11 项目的目标控制

1.5.2 动态控制在进度控制中的应用

运用动态控制原理控制进度的步骤如下。

(1) 工程进度目标的逐层分解

工程进度目标的逐层分解是从项目实施开始前和在项目实施过程中，逐步地由宏观到微观，由粗到细编制深度不同的进度计划的过程。对于大型建设工程项目，应通过编制工程总进度规划、工程总进度计划、项目各子系统和各子项目工程进度计划等进行项目工程进度目标的逐层分解。

(2) 在项目实施过程中对工程进度目标进行动态跟踪和控制

① 按照进度控制的要求，收集工程进度实际值。

② 定期对工程进度的计划值和实际值进行比较。

进度的控制周期应视项目的规模和特点而定，一般的项目控制周期为一个月，对于重要的项目，控制周期可定为一旬或一周等。

比较工程进度的计划值和实际值时应注意，其对应的工程内容应一致，如以里程碑事件的进度目标值或再细化的进度目标值作为进度的计划值，则进度的实际值是相对于里程碑事件或再细化的分项工作的实际进度。进度的计划值和实际值的比较应是定量的数据比较，比较的成果是进度跟踪和控制报告，如编制进度控制的旬、月、季、半年和年度报告等。

③ 通过工程进度计划值和实际值的比较，如发现进度的偏差，则必须采取相应的纠偏措施进行纠偏，如：分析由于管理的原因而影响进度的问题，并采取相应的措施、调整进度管理的方法和手段、改变施工管理和强化合同管理、及时解决工程款支付和落实加快工程进度所需的资金、改进施工方法和改变施工机具等。

(3) 调整工程目标

如有必要，即发现原定的工程进度目标不合理，或原定的工程进度目标无法实现等，则调整工程进度目标。

1.5.3 动态控制在投资控制中的应用

运用动态控制原理控制投资的步骤如下。

(1) 项目投资目标的逐层分解

项目投资目标的分解指的是通过编制项目投资规划，分析和论证项目投资目标实现的可能性，并对项目投资目标进行分解。

(2) 在项目实施过程中对项目投资目标进行动态跟踪和控制

① 按照项目投资控制的要求，收集项目投资的实际值。

② 定期对项目投资的计划值和实际值进行比较。

项目投资的控制周期应视项目的规模和特点而定，一般的项目控制周期为一个月。投资控制包括设计过程的投资控制和施工过程的投资控制，其中前者更为重要。

在设计过程中投资的计划值和实际值的比较即工程概算与投资规划的比较，以及工程预算与概算的比较。在施工过程中投资的计划值和实际值的比较包括：

a. 工程合同价与工程概算的比较；

b. 工程合同价与工程预算的比较；

c. 工程款支付与工程概算的比较；

d. 工程款支付与工程预算的比较；

e. 工程款支付与工程合同价的比较；

f. 工程决算与工程概算、工程预算和工程合同价的比较。

由上可知，投资的计划值和实际值是相对的，如：相对于工程预算而言，工程概算是投资的计划值；相对于工程合同价，则工程概算和工程预算都可作为投资的计划值等。

通过项目投资计划值和实际值的比较，如发现偏差，则必须采取相应的纠偏措施进行纠偏，如：采取限额设计的方法、调整投资控制的方法和手段、采用价值工程的方法、制订节约投资的奖励措施、调整或修改设计、优化施工方法等。

(3) 调整项目投资目标

如有必要（即发现原定的项目投资目标不合理，或原定的项目投资目标无法实现等），则调整项目投资目标。

任务 1.6　施工企业项目经理的工作性质、任务和责任

1.6.1　施工企业项目经理的工作性质

2003 年 2 月 27 日《国务院关于取消第二批行政审批项目和改变一批行政审批项目管理方式的决定》（国发〔2003〕5 号）规定："取消建筑施工企业项目经理资质核准，由注册建造师代替，并设立过渡期。"

建筑业企业项目经理资质管理制度向建造师执业资格制度过渡的时间定为五年，即从国发〔2003〕5 号文印发之日起至 2008 年 2 月 27 日止。过渡期内，凡持有项目经理资质证书或者建造师注册证书的人员，经其所在企业聘用后均可担任工程项目施工的项目经理。过渡期满后，大、中型工程项目施工的项目经理必须由取得建造师注册证书的人员担任；但取得建造师注册证书的人员是否担任工程项目施工的项目经理，由企业自主决定。

在全面实施建造师执业资格制度后仍然要坚持落实项目经理岗位责任制。项目经理岗位是保证工程项目建设质量、安全、工期的重要岗位。

建筑施工企业项目经理（以下简称项目经理）是指受企业法定代表人委托，对工程项目施工过程全面负责的项目管理者，是建筑施工企业法定代表人在工程项目上的代表人。

建造师是一种专业人士的名称，而项目经理是一个工作岗位的名称，应注意这两个概念的区别和关系。取得建造师执业资格的人员表示其知识和能力符合建造师执业的要求，但其在企业中的工作岗位则由企业视工作需要和安排而定（图 1-12）。

在国际上，建造师的执业范围相当宽，可以在施工企业、政府管理部门、建设单位、工程咨询单位、设计单位、教学和科研单位等执业。

在国际上，施工企业项目经理的地位、作用以及其特征如下：

① 项目经理是企业任命的一个项目的项目管理班子的负责人（领导人），但它并不一定是（多数不是）一个企业法定代表人在工程项目上的代表人，因为一个企业法定代表人在工

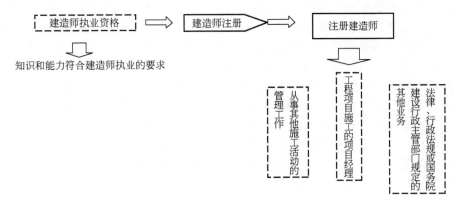

图 1-12 建造师的执业资格和执业范围

程项目上的代表人在法律上赋予其的权限范围太大；

② 项目经理的任务仅限于主持项目管理工作，其主要任务是项目目标的控制和组织协调；

③ 在有些文献中明确界定，项目经理不是一个技术岗位，而是一个管理岗位；

④ 项目经理是一个组织系统中的管理者，至于是否有人权、财权和物资采购权等管理权限，则由其上级确定。

我国在施工企业中引入项目经理的概念已多年，取得了显著的成绩。但是，在推行项目经理负责制的过程中也有不少误区，如：企业管理的体制与机制和项目经理负责制不协调，在企业利益与项目经理的利益之间出现矛盾；不恰当地、过分扩大项目经理的管理权限和责任；将农业小生产的承包责任机制应用到建筑大生产中，甚至采用项目经理抵押承包的模式，抵押物的价值与工程可能发生的风险极不相当等。

1.6.2 施工企业项目经理的任务

项目经理在承担工程项目施工管理过程中，履行下列职责：

① 贯彻执行国家和工程所在地政府的有关法律、法规和政策，执行企业的各项管理制度；

② 严格财务制度，加强财经管理，正确处理国家、企业与个人的利益关系；

③ 执行项目承包合同中由项目经理负责履行的各项条款；

④ 对工程项目施工进行有效控制，执行有关技术规范和标准，积极推广应用新技术，确保工程质量和工期，实现安全、文明生产，努力提高经济效益。

项目经理在承担工程项目施工的管理过程中，应当按照建筑施工企业与建设单位签订的工程承包合同，与本企业法定代表人签订项目承包合同，并在企业法定代表人授权范围内，行使以下管理权力：

① 组织项目管理班子；

② 以企业法定代表人的代表身份处理与所承担的工程项目有关的外部关系，受托签署有关合同；

③ 指挥工程项目建设的生产经营活动，调配并管理进入工程项目的人力、资金、物资、机械设备等生产要素；

④ 选择施工作业队伍；

⑤ 进行合理的经济分配；

⑥ 企业法定代表人授予的其他管理权力。

在一般的施工企业中设工程计划、合同管理、工程管理、工程成本、技术管理、物资采购、设备管理、人事管理、财务管理等职能管理部门（各企业所设的职能部门的名称不一，但其主管的工作内容是类似的），项目经理可能在工程管理部，或项目管理部下设的项目经理部主持工作。施工企业项目经理往往是一个施工项目施工方的总组织者、总协调者和总指挥者，它所承担的管理任务不仅依靠所在的项目经理部的管理人员来完成，还依靠整个企业各职能管理部门的指导、协作、配合和支持。项目经理不仅要考虑项目的利益，还应服从企业的整体利益。企业是工程管理的一个大系统，项目经理部则是其中的一个子系统。过分地强调子系统的独立性是不合理的，对企业的整体经营也会是不利的。

项目经理的任务包括项目的行政管理和项目管理两个方面，其在项目管理方面的主要任务是：

① 施工安全管理；
② 施工成本控制；
③ 施工进度控制；
④ 施工质量控制；
⑤ 工程合同管理；
⑥ 工程信息管理；
⑦ 工程组织与协调等。

1.6.3 施工企业项目经理的责任

（1）项目管理目标责任书

项目管理目标责任书应在项目实施之前，由法定代表人或其授权人与项目经理协商制定。编制项目管理目标责任书应依据下列资料（在该规范中"实施或参与项目管理，且有明确的职责、权限和相互关系的人员及设施的集合，包括发包人、承包人、分包人和其他有关单位为完成项目管理目标而建立的管理组织，简称为组织"）：

① 项目合同文件；
② 组织的管理制度；
③ 项目管理规划大纲；组织的经营方针和目标。

项目管理目标责任书可包括下列内容：

① 项目管理实施目标；
② 组织与项目经理部之间的责任、权限和利益分配；
③ 项目设计、采购、施工、试运行等管理的内容和要求；
④ 项目需用的资源的提供方式和核算办法；
⑤ 法定代表人向项目经理委托的特殊事项；
⑥ 项目经理部应承担的风险；
⑦ 项目管理目标的评价原则、内容和方法；
⑧ 对项目经理部奖励的依据、标准和办法；
⑨ 项目经理解职和项目经理部解体的条件及办法。

（2）项目经理的职责

项目经理应履行下列职责：

① 项目管理目标责任书规定的职责；
② 主持编制项目管理实施规划，并对项目目标进行系统管理；
③ 对资源进行动态管理；
④ 建立各种专业管理体系，并组织实施；

⑤ 进行授权范围内的利益分配；
⑥ 收集工程资料，准备结算资料，参与工程竣工验收；
⑦ 接受审计，处理项目经理部解体的善后工作；
⑧ 协助组织进行项目的检查、鉴定和评奖申报工作。

(3) 项目经理的权限

项目经理应具有下列权限：
① 参与项目招标、投标和合同签订；
② 参与组建项目经理部；
③ 主持项目经理部工作；
④ 决定授权范围内的项目资金的投入和使用；
⑤ 制订内部计酬办法；
⑥ 参与选择并使用具有相应资质的分包人；
⑦ 参与选择物资供应单位；
⑧ 在授权范围内协调与项目有关的内、外部关系；
⑨ 法定代表人授予的其他权力。

项目经理应承担施工安全和质量的责任，要加强对建筑业企业项目经理市场行为的监督管理，对发生重大工程质量安全事故或市场违法违规行为的项目经理，必须依法予以严肃处理。

项目经理对施工承担全面管理的责任；工程项目施工应建立以项目经理为首的生产经营管理系统，实行项目经理负责制。项目经理在工程项目施工中处于中心地位，对工程项目施工负有全面管理的责任。

在国际上，由于项目经理是施工企业内的一个工作岗位，项目经理的责任则由企业领导根据企业管理的体制和机制，以及根据项目的具体情况而定。企业针对每个项目有十分明确的管理职能分工表，在该表中明确项目经理对哪些任务承担策划、决策、执行、检查等职能，其将承担的则是相应的策划、决策、执行、检查的责任。

项目经理由于主观原因，或由于工作失误有可能承担法律责任和经济责任。政府主管部门将追究的主要是其法律责任，企业将追究的主要是其经济责任，但是，如果由于项目经理的违法行为而导致企业的损失，企业也有可能追究其法律责任。

1.6.4 项目各参与方之间的沟通方法

建筑产品的生产过程由众多个组织参与，组织和组织之间、一个组织内部都有大量需要通过沟通解决的问题。同样，沟通也是实现建设工程管理的主要方式、方法、手段和途径。就一个建设项目而言，在业主方内部、诸设计方内部、诸工程咨询方内部、诸施工方内部、供货方内部，在业主方和其他项目参与方之间，在项目各参与方之间都有许多沟通的需求。沟通是否有效直接关系到项目实施的进展，关系到项目是否成功。工程技术人员需要具备沟通的能力，沟通能力对工程管理人员将更重要。

1.6.4.1 沟通过程的要素

沟通过程包括五个要素，即：沟通主体、沟通客体、沟通介体、沟通环境和沟通渠道。沟通主体是指有目的地对沟通客体施加影响的个人和团体。沟通主体可以选择和决定沟通客体、沟通介体、沟通环境和沟通渠道，在沟通过程中处于主导地位。沟通客体即沟通对象，包括个体沟通对象和团体沟通对象。沟通对象是沟通过程的出发点和落脚点，因而在沟通过程中具有积极的能动作用。沟通介体即沟通主体用以影响、作用于沟通客体的中介，包括沟通内容和沟通方法，它使沟通主体与客体之间建立联系，以保证沟通过程的正常开展。沟通环境既包括与个体间接联系的社会整体环境（政治制度、经济制度、政治观点、道德风尚、群体结构等），也包括与个体直接联系和影响的区域环境（学习、工作、单位或家庭等）。沟通渠道即沟通介体从沟通主体传达给沟通客体的途径。沟通渠道不仅能使正确的思想观念尽可能全面、准确和快捷地传达给沟通客体，而且能广泛、及时和准确地收集客体的思想动态和反馈的信息，因而沟通渠道是实施沟通过程和提高沟通功效的重要环节。沟通渠道很多，诸如讨论、开会和座谈等。

1.6.4.2　沟通过程的分析

沟通是传递信息的过程，在这个过程中至少存在着一个发送者和一个接收者，即发出信息一方和接收信息一方。沟通过程即信息在两者之间的传递过程，一般包括七个环节。

① 发送者需要向接收者传递信息或者需要接收者提供信息。这里所说的信息是一个广义的概念，它包括观点、想法、资料等内容。

② 发送者将所要发送的信息译成接收者能够理解的一系列符号。为了有效地进行沟通，这些符号必须适应媒体的需要。例如，如果媒体是书面报告，符号的形式应选择文字、图表或照片；如果媒体是讲座，就应选择文字、用于投影的电子文件或板书。

③ 发送的符号传递给接收者。由于选择的符号种类不同，传递的方式也不同。传递的方式可以是书面的，如信、备忘录等；也可以是口头的，如交谈、演讲、电话等；甚至还可以通过身体动作来表述，如手势、面部表情、姿态等。

④ 接收者接收符号。接收者根据发送来的符号的传递方式，选择相应的接收方式。例如，如果发送来的符号是口头传递的，接收者就必须仔细地听，否则，符号就会丢失。

⑤ 接收者将接收到的符号译成具有特定含义的信息。由于发送者翻译和传递能力的差异，以及接收者接收和翻译水平的不同，信息的内容和含义经常被曲解。

⑥ 接收者理解被翻译的信息内容。

⑦ 发送者通过反馈以了解想传递的信息是否被对方准确地接收。一般而言，沟通过程中存在着许多干扰和扭曲信息传递的因素，这使得沟通的效率大为降低。因此，发送者了解信息被理解的程度也是十分必要的。沟通过程中的反馈，构成了信息的双向沟通。

其中为什么沟通，沟通什么信息，用什么方式沟通，沟通如何反馈等都很值得深入思考。

1.6.4.3　沟通能力

沟通能力包含着表达能力、争辩能力、倾听能力和设计能力（形象设计、动作设计、环境设计）。沟通能力看起来是外在的东西，而实际上是个人素质的重要体现，它关系着一个人的知识、能力和品德。

一般说来，沟通能力指沟通者所具备的能胜任沟通工作的优良主观条件。简言之，人际沟通的能力指一个人与他人有效地进行沟通信息的能力，包括外在技巧和内在动因。其中，恰如其分和沟通效益是人们判断沟通能力的基本尺度。恰如其分，指沟通行为符合沟通情境和彼此相互关系的标准或期望；沟通效益，则指沟通活动在功能上达到了预期的目标，或者满足了沟通者的需要。

构成沟通能力有两个因素，一是思维是否清晰，能否有效地收集信息，并作出逻辑的分析和判断；二是能否贴切地表达出（无论是口头还是书面）自己的思维过程和结果。而前者更重要，没有思维的基础，再好的语言技巧，也不可能达到（传达、说服、影响）预期的结果。

沟通有两个要素：思维与表达。沟通也有两个层面：思维的交流和语言的交流。一般人重视的都是语言的交流，但如果你不了解对方心里此时此刻在想什么，你想得再清楚，讲得再清楚，也达不到沟通的目的。判别沟通能力的强弱，有个重要标准，就是能实时把握对方的思维，而提前作出反应，使交流从语言层面上升到思维层面。

1.6.4.4 沟通障碍

在人们沟通信息（信息在传递和交换）的过程中，常常会受到各种因素的影响和干扰（信息意图受到干扰或误解、导致沟通失真的现象，即造成沟通障碍）。

沟通障碍主要来自三个方面：发送者的障碍、接收者的障碍和沟通通道的障碍。

(1) 发送者的障碍

在沟通过程中，信息发送者的情绪、倾向、个人感受、表达能力和判断力等都会影响信息的完整传递。障碍主要表现在：表达能力不佳，信息传送不全，信息传递不及时或不适时，知识经验的局限，对信息的过滤等。

(2) 接收者的障碍

从信息接收者的角度看，影响信息沟通的因素主要有以下几个方面：信息译码不准确；对信息的筛选；对信息的承受力；心理上的障碍；过早地评价情绪。

(3) 沟通通道的障碍

沟通通道的问题也会影响到沟通的效果。沟通通道障碍主要有以下几个方面。

① 选择沟通媒介不当。比如对于重要事情，口头传达效果较差，因为接收者会认为"口说无凭""随便说说"而不加重视。

② 几种媒介相互冲突。当信息用几种形式传送时，如果相互之间不协调，会使接收者难以理解传递的信息内容。

③ 沟通渠道过长。组织机构庞大，内部层次多，从最高层传递信息到最低层，从最低层汇总情况到最高层，中间环节太多，容易使信息损失较大。

④ 外部干扰。信息沟通过程中经常会受到自然界各种物理噪声、机器故障的影响或被另外事物干扰所打扰，也会因双方距离太远而沟通不便，影响沟通效果。

沟通障碍有如下两种形式。

(1) 组织的沟通障碍

在管理中，合理的组织机构有利于信息沟通。但是，如果组织机构过于庞大，中间层次太多，信息从最高决策层传递到下层不仅容易产生信息的失真，而且会浪费大量时间，影响信息的及时性。同时，自下而上的信息沟通，如果中间层次过多，同样也浪费时间，影响效率。

统计资料表明，如果一个信息在发送者那里的正确性是100%，到了信息的接收者手里可能只剩下20%的正确性。这是因为，在进行信息沟通时，各级主管部门都会花时间把接收到的信息自己甄别，一层一层地过滤，然后有可能将断章取义的信息上报。此外，在甄选过程中，还掺杂了大量的主观因素，尤其是当发送的信息涉及传递者本身时，往往会由于心理方面的原因，造成信息失真。这种情况也会使信息的提供者畏而却步，不愿提供关键的信息。因此，如果组织机构臃肿，机构设置不合理，各部门之间职责不清、分工不明，形成多头领导，或因人设事、人浮于事，就会给沟通双方造成一定的心理压力，影响沟通的进行。

(2) 个人的沟通障碍

个人的沟通障碍由以下多种原因造成。

① 个性因素所引起的障碍。信息沟通在很大程度上受个人心理因素的制约。个体的性格、气质、态度、情绪、见解等的差别，都会成为信息沟通的障碍。

② 知识、经验水平的差距所导致的障碍。在信息沟通中，如果双方经验水平和知识水平差距过大，就会产生沟通障碍。此外，个体经验差异对信息沟通也有影响。

③ 个体记忆不佳所造成的障碍。在管理中，信息沟通往往是依据组织系统分层次逐次

传递的，然而，在按层次传递同一条信息时往往会受到个体素质的影响，从而降低信息沟通的效率。

④ 对信息的态度不同所造成的障碍。一是认识差异。在管理活动中，不少员工和管理者忽视信息的作用的现象还很普遍，这就为正常的信息沟通造成了很大的障碍。二是利益观念。在团体中，不同的成员对信息有不同的看法，所选择的侧重点也不相同。有些员工只关心与他们的物质利益有关的信息，而不关心组织目标、管理决策等方面的信息，这也造成了信息沟通的障碍。

⑤ 相互不信任所产生的障碍。有效的信息沟通要以相互信任为前提，这样，才能使向上反映的情况得到重视，向下传达的决策迅速实施。管理者在进行信息沟通时，应该不带成见虚心听取意见，鼓励下级充分阐明自己的见解，这样才能做到思想和感情上的真正沟通，才能接收到全面可靠的信息，才能作出明智的判断与决策。

⑥ 沟通者的畏惧感以及个人心理品质也会造成沟通障碍。在管理实践中，信息沟通的成败主要取决于上级与上级、领导与员工之间的全面有效的合作。但在很多情况下，这些合作往往会因下级的恐惧心理以及沟通双方的个人心理品质而形成障碍。

为克服沟通障碍，应建立正式、公开的沟通渠道，克服不良的沟通习惯，作为领导者应善于聆听下属的意见。

1.6.5 施工企业劳动用工和工资支付管理

施工企业必须根据《中华人民共和国劳动法》（以下简称《劳动法》）及有关规定，规范企业劳动用工及工资支付行为，保障劳动者的合法权益，维护建筑市场的正常秩序和稳定。

（1）施工企业劳动用工的种类

目前我国施工企业劳动用工大致有三种情况。

① 企业自有职工。通常是长期合同工或无固定期限的合同工。企业对这部分员工的管理纳入正式的企业人力资源管理范畴，管理较为规范。

② 劳务分包企业用工。劳务分包企业以独立企业法人形式出现，由其直接招收、管理进城务工人员，为施工总承包和专业承包企业提供劳务分包服务，或成建制提供给施工总承包和专业承包企业使用。

③ 施工企业直接雇佣的短期用工。他们往往由包工头带到工地劳动，也有一定数量的零散工。

上列第②、③种情况的用工对象主要是进城务工人员，俗称农民工，是目前施工企业劳务用工的主力军。对这部分用工的管理存在问题较多，是各级政府主管部门明令必须加强管理的重点对象。

（2）劳动用工管理

近年来，各级政府主管部门陆续制定了许多有关建设工程劳动用工管理的规定，主要内容如下。

① 建筑施工企业（包括施工总承包企业、专业承包企业和劳务分包企业，下同）应当按照相关规定办理用工手续，不得使用零散工，不得允许未与企业签订劳动合同的劳动者在施工现场从事施工活动。

② 建筑施工企业与劳动者建立劳动关系，应当自用工之日起按照劳动合同法规的规定订立书面劳动合同。劳动合同中必须明确规定劳动合同期限，工作内容，工资支付的标准、项目、周期和日期，劳动纪律，劳动保护和劳动条件以及违约责任。劳动合同应一式三份，双方当事人各持一份，劳动者所在工地保留一份备查。

③ 施工总承包企业和专业承包企业应当加强对劳务分包企业与劳动者签订劳动合同的

监督,不得允许劳务分包企业使用未签订劳动合同的劳动者。

④ 建筑施工企业应当将每个工程项目中的施工管理、作业人员劳务档案中有关情况在当地建筑业企业信息管理系统中按规定如实填报。人员发生变更的,应当在变更后 7 个工作日内,在建筑业企业信息管理系统中做相应变更。

(3) 工资支付管理

为了防止拖欠、克扣进城务工人员工资,各级政府主管部门又制定了针对建筑施工企业劳务用工的工资支付管理规定,主要内容如下。

① 建筑施工企业应当按照当地的规定,根据劳动合同约定的工资标准、支付周期和日期,支付劳动者工资,不得以工程款被拖欠、结算纠纷、垫资施工等理由克扣劳动者工资。

② 建筑施工企业应当每月对劳动者应得的工资进行核算,并由劳动者本人签字。

③ 建筑施工企业应当至少每月向劳动者支付一次工资,且支付部分不得低于当地最低工资标准,每季度末结清劳动者剩余应得的工资。

④ 建筑施工企业应当将工资直接发放给劳动者本人,不得将工资发放给包工头或者不具备用工主体资格的其他组织或个人。

⑤ 建筑施工企业应当对劳动者出勤情况进行记录,作为发放工资的依据,并按照工资支付周期编制工资支付表,不得伪造、变造、隐匿、销毁出勤记录和工资支付表。

⑥ 建筑施工企业因暂时生产经营困难无法按劳动合同约定的日期支付工资的,应当向劳动者说明情况,并经与工会或职工代表协商一致后,可以延期支付工资,但最长不得超过 30 日。超过 30 日不支付劳动者工资的,属于无故拖欠工资行为。

⑦ 建筑施工企业与劳动者终止或者依法解除劳动合同,应当在办理终止或解除合同手续的同时一次性付清劳动者工资。

任务 1.7　建设工程项目的风险和风险管理的工作流程

1.7.1　项目的风险类型

1.7.1.1　风险、风险量和风险等级的内涵

① 风险指的是损失的不确定性,对建设工程项目管理而言,风险是指可能出现的影响项目目标实现的不确定因素。

② 风险量反映不确定的损失程度和损失发生的概率。若某个可能发生的事件其可能的损失程度和发生的概率都很大,则其风险量就很大,如图 1-13 中的风险区 A。

若某事件经过风险评估,它处于风险区 A,则应采取措施,降低其概率,即使它移位至风险区 B 或采取措施降低其损失量,即使它移位至风险区 C。风险区 B 和 C 的事件则应采取措施,使其移位至风险区 D。

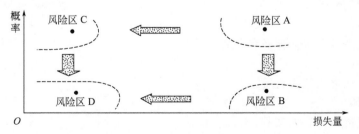

图 1-13　风险区示意图

③ 风险等级。在《建设工程项目管理规范》的条文说明中所列风险等级评估如表 1-4 所示。

表 1-4　风险等级评估表

风险等级＼后果＼可能性	轻度损失	中度损失	重大损失
很大	3	4	5
中等	2	3	4
极小	1	2	3

按表 1-4 的风险等级划分，图 1-13 中的各风险区的风险等级如下：
① 风险区 A——5 等风险；
② 风险区 B——3 等风险；
③ 风险区 C——3 等风险；
④ 风险区 D——1 等风险。

1.7.1.2　建设工程项目的风险类型

业主方和其他项目参与方都应建立风险管理体系，明确各层管理人员的相应管理责任，以减少项目实施过程中的不确定因素对项目的影响。建设工程项目的风险有如下几种类型。

(1) 组织风险
① 组织结构模式；
② 工作流程组织；
③ 任务分工和管理职能分工；
④ 业主方（包括代表业主利益的项目管理方）人员的构成和能力；
⑤ 设计人员和监理工程师的能力；
⑥ 承包方管理人员和一般技工的能力；
⑦ 施工机械操作人员的能力和经验；
⑧ 损失控制和安全管理人员的资历和能力等。

(2) 经济与管理风险
① 宏观和微观经济情况；
② 工程资金供应的条件；
③ 合同风险；
④ 现场与公用防火设施的可用性及其数量；
⑤ 事故防范措施和计划；
⑥ 人身安全控制计划；
⑦ 信息安全控制计划等。

(3) 工程环境风险
① 自然灾害；
② 岩土地质条件和水文地质条件；
③ 气象条件；
④ 引起火灾和爆炸的因素等。

(4) 技术风险
① 工程勘测资料和有关文件；
② 工程设计文件；

③ 工程施工方案；
④ 工程物资；
⑤ 工程机械等。

1.7.2 项目风险管理的工作流程

1.7.2.1 风险管理

风险管理是为了达到一个组织的既定目标，而对组织所承担的各种风险进行管理的系统过程，其采取的方法应符合公众利益、人身安全、环境保护以及有关法规的要求。风险管理包括策划、组织、领导、协调和控制等方面的工作。

1.7.2.2 项目风险管理的工作流程

风险管理过程包括项目实施全过程的项目风险识别、项目风险评估、项目风险响应和项目风险控制。

(1) 项目风险识别

项目风险识别的任务是识别项目实施过程存在哪些风险，其工作程序包括：
① 收集与项目风险有关的信息；
② 确定风险因素；
③ 编制项目风险识别报告。

(2) 项目风险评估

项目风险评估包括以下工作：
① 利用已有数据资料（主要是类似项目有关风险的历史资料）和相关专业方法分析各种风险因素发生的概率；
② 分析各种风险的损失量，包括可能发生的工期损失、费用损失，以及对工程的质量、功能和使用效果等方面的影响；
③ 根据各种风险发生的概率和损失量，确定各种风险的风险量和风险等级。

(3) 项目风险响应

常用的风险对策包括风险规避、减轻、自留、转移及其组合等策略。对于难以控制的风险，向保险公司投保是风险转移的一种措施。项目风险响应指的是针对项目风险的对策进行风险响应。

项目风险对策应形成风险管理计划，它包括：
① 风险管理目标；
② 风险管理范围；
③ 可使用的风险管理方法、工具以及数据来源；
④ 风险分类和风险排序要求；
⑤ 风险管理的职责和权限；
⑥ 风险跟踪的要求；
⑦ 相应的资源预算。

(4) 项目风险控制

在项目进展过程中应收集和分析与风险相关的各种信息，预测可能发生的风险，对其进行监控并提出预警。

技能训练

一、单项选择题

1. 业主方项目管理工作中，最重要的任务是（   ）。

A. 投资控制　　　　　B. 合同管理　　　　　C. 质量管理　　　　　D. 安全管理
2. 反映一个组织系统中各工作部门或各管理人员之间的指令关系的是（　　）。
A. 组织结构模式　　　B. 组织分工　　　　　C. 管理职能分工　　　D. 工作流程
3. 施工单位编制项目管理任务分工表之前要完成的工作是（　　）。
A. 对项目实施各阶段的管理任务进行详细分解
B. 明确各项管理工作的工作流程
C. 落实各项工作部门的具体人员
D. 对各项管理工作的执行情况进行检查
4. 建设工程项目实施阶段组织策划的主要工作内容包括（　　）。
A. 实施期组织总体方案　　　　　　　　B. 项目编码体系分析
C. 建立编码体系　　　　　　　　　　　D. 确定项目质量目标
5. 施工总承包模式下，投标报价的基础为（　　）。
A. 企业定额　　　　　　　　　　　　　B. 预算定额
C. 工程量清单　　　　　　　　　　　　D. 施工图设计
6. 关于施工总承包管理的说法，错误的是（　　）。
A. 在总承包管理模式下，分包合同价对业主是透明的
B. 施工总承包管理单位仅仅做管理和协调工作
C. 施工总承包管理合同中只确定施工总承包管理费
D. 采用施工总承包管理模式时，分包合同由业主与分包单位直接签订
7. 建设工程项目管理规划涉及整个实施阶段，它属于（　　）项目管理范畴。
A. 业主方　　　　　　B. 承包方　　　　　　C. 咨询单位　　　　　D. 设计单位
8. 建设工程项目管理实施规划由（　　）组织编制。
A. 项目经理　　　　　B. 总经理　　　　　　C. 业主代表　　　　　D. 施工单位
9. 下列价值工程中提高价值的做法，正确的是（　　）。
A. 功能不变，费用降低　　　　　　　　B. 功能降低，费用不变
C. 功能大幅度提高，费用提高　　　　　D. 功能不变，费用上升

二、多项选择题

1. 建设工程管理工作是一种增值服务工作，其核心任务是为（　　）增值。
A. 工程的开发　　　　B. 工程的建设　　　　C. 工程的运营
D. 工程的使用　　　　E. 工程的运行
2. 在建设工程项目管理中，施工方项目管理的任务有（　　）。
A. 施工安全管理　　　B. 施工合同管理　　　C. 施工信息管理
D. 施工成本管理　　　E. 建设项目与外部环境的协调
3. 项目管理中，常用的组织结构模式有（　　）。
A. 职能组织结构　　　B. 线性组织结构　　　C. 事业部组织结构
D. 矩阵组织结构　　　E. 混合组织结构
4. 施工总承包管理模式与施工总承包模式的区别主要体现在（　　）。
A. 施工图设计、施工招标和施工等工作开展程序不同
B. 与分包单位的合同关系有可能不同
C. 分包单位的选择和认可程序不同
D. 施工总承包管理单位和施工总承包单位的组织结构与人员配备不同
E. 对分包单位的管理和服务不同
5. 关于建设工程项目管理规划编制的说法错误的有（　　）。

A. 项目管理规划应由项目经理编制
B. 项目管理规划的内容上没有统一的规定，应根据项目的特点而定
C. 项目管理规划必须随着情况的变化而进行动态调整
D. 如果采用建设工程总承包模式，则由总承包方编制建设工程项目管理规划
E. 建设工程项目管理规划的内容不包括风险管理的策略

6. 项目经理在承担项目施工管理过程中，在企业法定代表人授权范围内，行使以下管理权力（   ）。

A. 选择施工作业队伍　　　　　　　　B. 进行合理的经济分配
C. 签署合同　　　　　　　　　　　　D. 购置设备
E. 调配进入项目的人、财、物

7. 根据我国相关规定，下列工程中需要编制工程建设监理实施细则的有（   ）。

A. 大中型工程项目　　　　　　　　　B. 外国政府投资的项目
C. 专业性较强的项目　　　　　　　　D. 建筑面积1万平方米以下的住宅工程
E. 政府投资项目

三、简答题

1. 阐述建设工程管理内涵。
2. 阐述施工项目管理有哪些模式。
3. 项目管理规划的内容有哪些？
4. 项目风险管理的工作流程是什么？
5. 项目经理有哪些职责？

模块 2
建设工程项目施工成本控制

知识目标

熟悉施工成本管理的任务与措施；
掌握施工成本计划的编制方法；
熟悉施工成本控制的程序；
掌握施工成本控制的方法；
掌握施工成本分析的方法。

技能目标

能够编制施工成本计划；
能够控制施工成本；
能够进行成本分析。

模块概述

建设工程项目施工成本管理应从工程投标报价开始，直至项目保证金返还为止，贯穿于项目实施的全过程。成本作为项目管理的一个关键性目标，它是技术、经济与管理的有机结合，是工程项目中参与人员、材料、方法、技术等的互动，是全员参与的系统工程。要想科学、合理、有效地进行工程项目成本控制，必须强化和完善成本控制核算制度，进一步加强项目管理部的管理职能。

施工成本是指在建设工程项目的施工过程中所发生的生产费用的总和，包括：所消耗的原材料、辅助材料、构配件等费用；周转材料的摊销费或租赁费；施工机械的使用费或租赁费；支付给生产工人的工资、奖金、工资性质的津贴；以及进行施工组织与管理所发生的全部费用支出等。建设工程项目施工成本由直接成本和间接成本所组成。

直接成本是指施工过程中耗费的构成工程实体或有助于工程实体形成的各项费用支出，是可以直接计入工程对象的费用，包括人工费、材料费和施工机具使用费等。

间接成本是指准备施工、组织和管理施工生产的全部费用支出，是非直接用于也无法直接计入工程对象，但为进行工程施工所必须发生的费用，包括管理人员工资、办公费、差旅交通费等。

任务 2.1　施工成本管理的任务与措施

施工成本管理就是要在保证工期和质量满足要求的情况下，采取相应管理措施，包括组织措施、经济措施、技术措施、合同措施，把成本控制在计划范围内，并进一步寻求最大程度的成本节约。

2.1.1　施工项目成本管理的任务

施工项目成本管理是要在保证工期和质量满足要求的情况下，采取相关管理措施把成本控制在计划范围内，并进一步寻求最大限度的成本节约。施工项目成本管理的任务和环节主要包括：施工项目成本预测、施工项目成本计划、施工项目成本控制、施工项目成本核算、施工项目成本分析、施工项目成本考核。

(1) 施工项目成本预测

施工项目成本预测是通过成本信息和工程项目的具体情况，运用一定的专门方法，对未来的成本水平及其可能的发展趋势作出科学的估计。它是企业在工程项目实施以前对成本所进行的核算。

(2) 施工项目成本计划

施工项目成本计划是项目经理部对项目成本进行计划管理的工具。它是以货币形式编制工程项目在计划期内的生产费用、成本水平、成本降低率及为降低成本所采取的主要措施和规划的书面方案，它是建立工程项目成本管理责任制、开展成本控制和核算的基础。

(3) 施工项目成本控制

施工项目成本控制主要指项目经理部对工程项目成本的实施控制，包括制度控制、定额或指标控制、合同控制等。

(4) 施工项目成本核算

施工项目成本核算是指项目实施过程中所发生的各种费用和形成工程项目成本与计划目标成本，在保持统计口径一致的前提下进行对比，找出差异。

(5) 施工项目成本分析

施工项目成本分析是在工程成本跟踪核算的基础上，动态分析各成本项目的节超原因。它贯穿于工程项目成本管理的全过程，也就是说工程项目成本分析主要利用项目的成本核算资料（成本信息）、目标成本（计划成本）、承包成本以及类似的工程项目的实际成本等进行比较，了解成本的变动情况，同时也要分析主要技术经济指标对成本的影响，系统地研究成本变动的因素，检查成本计划的合理性，并通过成本分析，揭示成本变动的规律，寻找降低施工项目成本的途径。

(6) 施工项目成本考核

施工项目成本考核是工程项目完成后，对工程项目成本形成中的各责任者，按工程项目成本目标责任制的有关规定，将成本的实际指标与计划、定额、预算进行对比和考核，评定施工项目成本计划的完成情况和各责任者的业绩，并根据业绩给予相应的奖励和处罚。

2.1.2　施工项目成本管理的措施

为了取得施工成本管理的理想成效，应当从多方面采取措施实施管理，通常可以将这些措施归纳为组织措施、技术措施、经济措施、合同措施。

（1）组织措施

组织措施一方面是从施工成本管理的组织方面采取的措施。施工成本控制是全员的活动，如实行项目经理责任制，落实施工成本管理的组织机构和人员，明确各级施工成本管理人员的任务和职能分工、权利和责任。施工成本管理不仅是专业成本管理人员的工作，各级项目管理人员都负有成本控制责任。

组织措施另一方面是编制施工成本控制工作计划，确定合理详细的工作流程。要做好施工采购规划，通过生产要素的优化配置、合理使用、动态管理，有效控制实际成本；加强施工定额管理和施工任务单管理，控制活劳动和物化劳动的消耗；加强施工调度，避免因施工计划不周和盲目调度造成窝工损失、机械利用率降低、物料积压等而使施工成本增加。成本控制工作只有建立在科学管理的基础上，具备合理的管理体制、完善的规章制度、稳定的作业秩序、完整准确的信息传递，才能取得成效。组织措施是其他各类措施的前提和保障，而且一般不需要增加什么费用，运用得当可以收到良好的效果。

（2）技术措施

施工过程中降低成本的技术措施，包括：进行技术经济分析，确定最佳的施工方案；结合施工方法，进行材料使用的比选，在满足功能要求的前提下，通过代用、改变配合比、使用添加剂等方法降低材料消耗的费用；确定最合适的施工机械、设备使用方案；结合项目的施工组织设计及自然地理条件，降低材料的库存成本和运输成本；先进的施工技术的应用，新材料的运用，新开发机械设备的使用等。在实践中，也要避免仅从技术角度选定方案而忽视对其经济效果的分析论证。

技术措施不仅对解决施工成本管理过程中的技术问题是不可缺少的，而且对纠正施工成本管理目标偏差也有相当重要的作用。因此，运用技术纠偏措施的关键，一是要能提出多个不同的技术方案；二是要对不同的技术方案进行技术经济分析。

（3）经济措施

经济措施是最易为人们接受和采用的措施。管理人员应编制资金使用计划，确定、分解施工成本管理目标。对施工成本管理目标进行风险分析，并制订防范性对策。对各种支出，应认真做好资金的使用计划，并在施工中严格控制各项开支。及时准确地记录、收集、整理、核算实际发生的成本。对各种变更，及时做好增减账，及时落实业主签证，及时结算工程款。通过偏差分析和未完工程预测，可发现一些潜在的问题将引起未完工程施工成本增加，对这些问题应以主动控制为出发点，及时采取预防措施。由此可见，经济措施的运用绝不仅仅是财务人员的事情。

（4）合同措施

采用合同措施控制施工成本，应贯穿整个合同周期，包括从合同谈判开始到合同终结的全过程。首先，选用合适的合同结构，对各种合同结构模式进行分析、比较，在合同谈判时，要争取选用适合于工程规模、性质和特点的合同结构模式。其次，在合同的条款中应仔细考虑一切影响成本和效益的因素，特别是潜在的风险因素。通过对引起成本变动的发现因素的识别和分析，采取必要的风险对策，如通过合理的方式，增加承担风险的个体数量，降低损失发生的比例，并最终使这些策略反映在合同的具体条款中。

任务 2.2　施工成本计划

对于施工项目而言，其成本计划的编制是一个不断深化的过程。在这一过程中不同阶段形成深度和作用不同的成本计划。

二维码2.1

工程造价构成

2.2.1 施工成本计划的编制依据

施工成本计划是施工项目成本控制的一个重要环节,是实现降低施工成本任务的指导性文件。如果针对施工项目所编制的成本计划达不到目标成本要求,就必须组织施工项目经理部的有关人员重新研究,寻找降低成本的途径,重新进行编制。同时,编制成本计划的过程也是动员全体施工项目管理人员的过程,是挖掘降低成本潜力的过程,是检验施工技术质量管理、工期管理、物资消耗和劳动力消耗管理等是否有效落实的过程。

编制施工成本计划,需要广泛收集相关资料并进行整理,以作为施工成本计划编制的依据。在此基础上,根据有关设计文件、工程承包合同、施工组织设计、施工成本预测资料等,按照施工项目应投入的生产要素,结合各种因素变化的预测和拟采取的各种措施,估算施工项目生产费用支出的总水平,进而提出施工项目的成本计划控制指标,确定目标总成本。目标总成本确定后,应将总目标分解落实到各级部门,以便有效地进行控制。最后,通过综合平衡,编制完成施工成本计划。

施工成本计划的编制依据包括:
① 投标报价文件;
② 企业定额、施工预算;
③ 施工组织设计或施工方案;
④ 人工、材料、机械台班的市场价;
⑤ 企业颁布的材料指导价、企业内部机械台班价格、劳动力内部挂牌价格;
⑥ 周转设备内部租赁价格、摊销损耗标准;
⑦ 已签订的工程合同、分包合同(或估价书);
⑧ 结构件外加工计划和合同;
⑨ 有关财务成本核算制度和财务历史资料;
⑩ 施工成本预测资料;
⑪ 拟采取的降低施工成本的措施;

2.2.2 按施工成本组成编制施工成本计划的方法

施工成本计划的编制以成本预测为基础,关键是确定目标成本。计划的制订需结合施工组织设计的编制过程,通过不断地优化施工技术方案和合理配置生产要素,进行工、料、机消耗的分析,制订一系列节约成本的措施,确定施工成本计划。一般情况下,施工成本计划总额应控制在目标成本的范围内,并建立在切实可行的基础上。

二维码2.2

建筑安装工程费用项目组成建标

施工总成本目标确定之后,还需通过编制详细的实施性施工成本计划把目标成本层层分解,落实到施工过程的每个环节,有效地进行成本控制。施工成本计划的编制方式有:
① 按施工成本构成编制施工成本计划;
② 按施工项目组成编制施工成本计划;
③ 按施工进度编制施工成本计划。

按照成本构成要素划分,建筑安装工程费由人工费、材料(包含工程设备)费、施工机具使用费、企业管理费、利润、规费和增值税组成。其中人工费、材料费、施工机具使用费、企业管理费和利润包含在分部分项工程费、措施项目费、其他项目费中,如图2-1所示。

施工成本可以按成本组成分解为人工费、材料费、施工机具使用费、企业管理费等,如图2-2所示,在此基础上,编制按施工成本构成分解的施工成本计划。

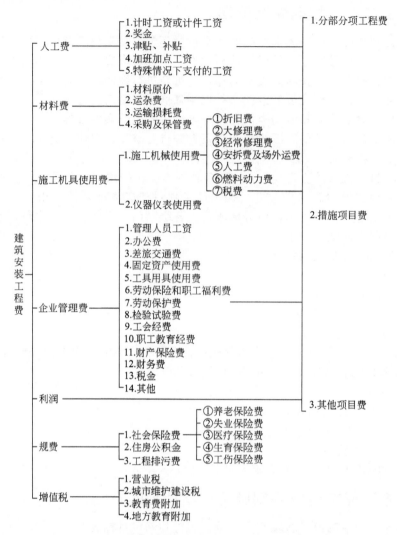

图 2-1 按成本构成要素划分的建筑安装工程费用项目组成

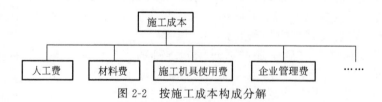

图 2-2 按施工成本构成分解

2.2.3 按施工项目组成编制施工成本计划的方法

大中型工程项目通常由若干单项工程构成，而每个单项工程包括了多个单位工程，每个单位工程又是由若干个分部分项工程构成。因此，首先要把项目总施工成本分解到单项工程和单位工程中，再进一步分解到分部工程和分项工程。如图 2-3 所示。

在完成施工项目成本目标分解之后，接下来就要具体的分配成本，编制分项工程的成本支出计划，从而形成详细的成本计划表 2-1。

模块 2　建设工程项目施工成本控制　37

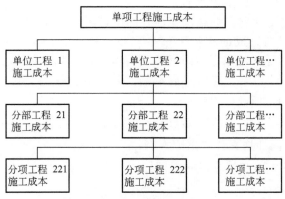

图 2-3　按项目组成分解

表 2-1　分项工程成本计划表

分项工程编码	工程内容	计量单位	工程数量	计划成本	本分项总计
（1）	（2）	（3）	（4）	（5）	（6）

在编制成本支出计划时，要在项目总体层面上考虑总的预备费，也要在主要的分项工程中安排适当的不可预见费，避免在具体编制成本计划时，可能发现个别单位工程或工程量表中某项内容的工程量计算有较大出入，偏高原来的成本预算。因此，应在项目实施过程中对其尽可能地采取一些措施。

2.2.4　按施工进度编制施工成本计划的方法

编制按工程进度的施工成本计划，通常可利用控制项目进度的网络图进一步扩充而得。即在建立网络图时，一方面确定完成各项工作所需花费的时间；另一方面确定完成这一工作的合适的施工成本支出计划。

通过对施工成本目标按时间进行分解，在网络计划基础上，可获得项目进度计划的横道图，并在此基础上编制成本计划。其成果表示方式有两种：一种是在时标网络图上按月编制的成本计划，如图 2-4 所示；另一种是利用时间-成本累积曲线（S 形曲线）表示，如图 2-5 所示。

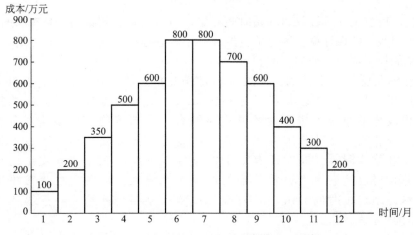

图 2-4　时标网络图上按月编制的成本计划

时间-成本累积曲线的绘制步骤如下：

① 确定工程项目进度计划，编制进度计划的横道图；

② 根据每单位时间内完成的实物工程量或投入的人力、物力和财力，计算单位时间（月或旬）的成本，在时标网络图上按时间编制成本支出计划，如图 2-4 所示。

③ 计算规定时间 t 计划累计支出的成本额。其计算方法为：将各单位时间计划完成的成本额累加求和。可按式（2-1）计算：

$$Q_t = \sum_{n=1}^{t} q_n \tag{2-1}$$

式中　Q_t——某时间 t 内计划累计支出成本额；

q_n——单位时间 n 的计划支出成本额；

t——某规定计划时刻。

④ 按各规定时间的 Q_t 值，绘制 S 形曲线，如图 2-5 所示。

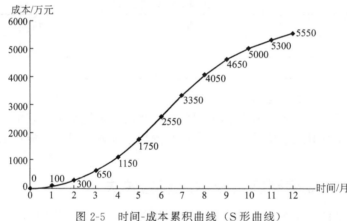

图 2-5　时间-成本累积曲线（S 形曲线）

每一条 S 形曲线都对应某一特定的工程进度计划。因为在进度计划的非关键路线中存在许多有时差的工序或工作，因而 S 形曲线必然包括在由全部工作都按最早开始时间开始和全部工作都按最迟必须开始时间开始的曲线所组成的"香蕉图"内。项目经理可根据编制的成本支出计划来合理安排资金，同时项目经理也可以根据筹措的资金来调整 S 形曲线，即通过调整非关键路线上的工序项目的最早或最迟开工时间，力争将实际的成本支出控制在计划的范围内。

一般而言，所有工作都按最迟开始时间开始，对节约资金贷款利息是有利的。但同时也降低了项目按期竣工的保证率。因此项目经理必须合理地确定成本支出，计划，达到既节约成本支出，又能控制项目工期的目的。

以上三种编制施工成本计划的方式并不是相互独立的。在实践中，往往是将这几种方式结合来使用，从而可以取得扬长避短的效果。例如：将按项目分解总施工成本与按施工成本构成分解总施工成本两种方式相结合，横向按施工成本构成分解，纵向按子项目分解，或相反。这种分解方式有助于检查各分部分项工程施工成本构成是否完整，有无重复计算或漏算；同时还有助于检查各项具体的施工成本支出的对象是否明确或落实，并且可以从数字上校核分解的结果有无错误。或者还可将按子项目分解项目总施工成本计划与按时间分解项目总施工成本计划结合起来，一般纵向按子项目分解，横向按时间分解。

【例 2-1】　已知某施工项目的数据资料见表 2-2，绘制该项目的时间-成本累积曲线。

表 2-2 工程数据资料

编码	项目名称	最早开始时间/(月)	工期/月	成本强度/(万元/月)
1	场地平整	1	1	20
2	基础施工	2	3	15
3	主体工程施工	4	5	30
4	砌筑工程施工	8	3	20
5	屋面工程施工	10	2	30
6	楼地面施工	11	2	20
7	室内设施安装	11	1	30
8	室内装饰	12	1	20
9	室外装饰	12	1	10
10	其他工程		1	10

解：

1. 确定施工项目进度计划，编制进度计划的横道图，如图 2-6 所示。

编码	项目名称	时间/月	费用强度/万元/月	01	02	03	04	05	06	07	08	09	10	11	12
1	场地平整	1	20	—											
2	基础施工	3	15		——	——	——								
3	主体工程施工	5	30				——	——	——	——	——				
4	砌筑工程施工	3	20								——	——	——		
5	屋面工程施工	2	30										——	——	
6	楼地面施工	2	20											——	——
7	室内设施安装	1	30											—	
8	室内装饰	1	20												—
9	室外装饰	1	10												—
10	其他工程	1	10												···

图 2-6 进度计划横道图

2. 在横道图上按时间编制成本计划，如图 2-7 所示。

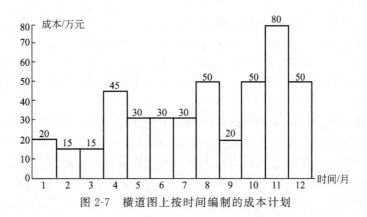

图 2-7 横道图上按时间编制的成本计划

3. 计算规定时间 t 计划累计支出的成本额。

根据公式 $Q_t = \sum_{n=1}^{t} q_n$，可得如下结果：

$Q_1=20$，$Q_2=35$，$Q_3=50$，…，$Q_{10}=305$，$Q_{11}=385$，$Q_{12}=435$

4. 绘制 S 形曲线，如图 2-8 所示。

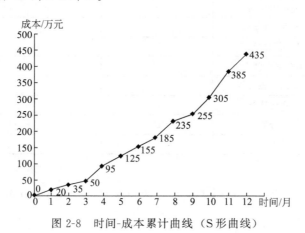

图 2-8　时间-成本累计曲线（S 形曲线）

任务 2.3　施工成本控制

施工成本控制是在项目成本的形成过程中，对生产经营所消耗的人力资源、物资资源和费用开支进行指导、监督、检查和调整，及时纠正将要发生和已经发生的偏差，把各项生产费用控制在计划成本的范围之内，以保证成本目标的实现。

2.3.1　施工成本控制的依据

施工成本控制的依据包括以下内容：

（1）工程承包合同

施工成本控制要以工程承包合同为依据，围绕降低工程成本这个目标，从预算收入和实际成本两方面，研究节约成本、增加收益的有效途径，以求获得最大的经济效益。

（2）施工成本计划

施工成本计划是根据施工项目的具体情况制订的施工成本控制方案，既包括预定的具体成本控制目标，又包括实现控制目标的措施和规划，是施工成本控制的指导文件。

（3）进度报告

进度报告提供了对应时间节点的工程实际完成量，工程施工成本实际支付情况等重要信息。施工成本控制工作正是通过实际情况与施工成本计划相比较，找出两者之间的差别，分析偏差产生的原因，从而采取措施改进以后的工作。此外，进度报告还有助于管理者及时发现工程实施中存在的隐患，并在可能造成重大损失之前采取有效措施，尽量避免损失。

（4）工程变更

在项目的实施过程中，由于各方面的原因，工程变更是很难避免的。工程变更一般包括设计变更、进度计划变更、施工条件变更、技术规范与标准变更、施工次序变更、工程量变更等。一旦出现变更，工程量、工期、成本都有可能发生变化，从而使得施工成本控制工作变得更加复杂和困难。因此，施工成本管理人员应当通过对变更要求中各类数据的计算、分析，及时掌握变更情况，包括已发生工程量、将要发生工程量、工期是否拖延、支付情况等重要信息，判断变更以及变更可能带来的索赔额度等。

除了上述几种施工成本控制工作的主要依据以外，施工组织设计、分包合同等有关文件资料也都是施工成本控制的依据。

2.3.2 施工成本控制的程序

能否达到预期的成本目标，是施工成本控制是否成功的关键。对各岗位人员的成本管理行为进行控制，就是为了保证成本目标的实现。施工项目成本指标控制程序如下。

(1) 确定施工项目成本目标及月度成本目标

在工程开工之初，项目经理部应根据公司与项目签订的《项目承包合同》确定项目的成本管理目标，并根据工程进度计划确定月度成本计划目标。

(2) 收集成本数据并监测成本形成过程

过程控制的目的就在于不断纠正成本形成过程中的偏差，保证成本项目的发生是在规定范围之内。因此，在施工过程中要定期收集反映施工成本支出情况的数据，并将实际发生情况与目标计划进行对比，从而保证有效控制成本的整个形成过程。

(3) 分析偏差原因并制定对策

施工过程是一个多工种、多方位立体交叉作业的复杂活动，成本的发生和形成是很难按预定的目标进行的。因此，需要及时分析偏差产生的原因，分清是客观因素（如市场调价）还是人为因素（如管理行为失控），及时制定对策并予以纠正。具体控制程序如图2-9所示。

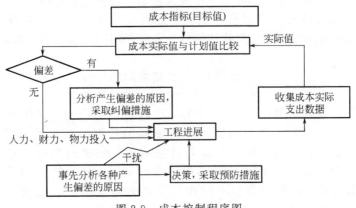

图 2-9 成本控制程序图

2.3.3 施工成本控制的方法

2.3.3.1 投资偏差和进度偏差

施工阶段投资偏差的形成过程，是由于施工过程随机因素与风险因素的影响形成了实际投资与计划投资，实际工程进度与计划工程进度的差异，这些差异称为投资偏差与进度偏差，这些偏差是施工阶段工程造价计算与控制的对象。

(1) 投资偏差

投资偏差指投资计划值与实际值之间存在的差异，通常用已完工程实际投资（ACWP——Actual Cost of Work Performed）与已完工程计划投资（BCWP——Budgeted Cost of Work Performed）之差来表示。

$$投资偏差 = 已完工程实际投资 - 已完工程计划投资 \tag{2-2}$$

$$已完工程实际投资 = 实际工程量 \times 实际单价 \tag{2-3}$$

$$已完工程计划投资 = 实际工程量 \times 计划单价 \tag{2-4}$$

投资偏差结果为正表示投资增加，结果为负表示投资节约。

(2) 进度偏差

与投资偏差密切相关的是进度偏差，如果不加考虑就不能正确反映投资偏差的实际情况。所以有必要引入进度偏差。为了与投资偏差联系起来，进度偏差通常用时间差异来表示，也可利用资金差值来表示。通常采用拟完工程计划投资（BCWS——Budgeted Cost of Work Scheduled）与已完工程计划投资（BCWP）之差来表示。

$$进度偏差 = 拟完工程计划投资 - 已完工程计划投资 \tag{2-5}$$

$$拟完工程计划投资 = 拟完工程量 \times 计划单价 \tag{2-6}$$

$$已完工程计划投资 = 实际工程量 \times 计划单价 \tag{2-7}$$

进度偏差为正值时，表示工期拖延；结果为负值时，表示工期提前。

(3) 有关投资偏差的其他概念

在投资偏差分析时，具体又分为以下几种。

① 局部偏差和累计偏差。局部偏差有两层含义：一是相对于总项目的投资而言，指各单项工程、单位工程和分部分项工程的偏差；二是相对于项目实施的时间而言，指每一控制周期发生的投资偏差。累计偏差，则是在项目已经实施的时间内累计发生的偏差。偏差的工程内容及其原因一般都比较明确，分析结果也就比较可靠，而累计偏差所涉及的工程内容较多、范围较大，且原因也较复杂，因而累计偏差分析必须以局部偏差分析的结果进行综合分析，其结果更能显示规律性，对投资工作在较大范围内具有指导作用。

② 绝对偏差和相对偏差。所谓绝对偏差，是指投资计划值与实际值比较所得的差额。相对偏差，则是指投资偏差的相对数或比例数，通常是用绝对偏差与投资计划值的比值来表示，即：

$$相对偏差 = \frac{绝对偏差}{投资计划值} = \frac{投资实际值 - 投资计划值}{投资计划值} \tag{2-8}$$

绝对偏差和相对偏差的数值均可正可负，且两者符号相同，正值表示投资增加，负值表示投资节约。在进行投资偏差分析时，对绝对偏差和相对偏差都要进行计算。绝对偏差的结果比较直观，其作用主要是了解项目投资偏差的绝对数额，指导调整资金支出计划和资金筹措计划。由于项目规模、性质、内容不同，其投资总额会有很大差异，因此，绝对偏差就显得有一定的局限性。而相对偏差就能较客观地反映投资偏差的严重程度或合理程度，从对投资控制工作的要求来看，相对偏差比绝对偏差更有意义，应当给予更高的重视。

2.3.3.2 常用的偏差分析方法

常用的偏差分析方法有横道图法、时标网络图法、表格法和曲线法。

(1) 横道图法

用横道图进行投资偏差分析，是用不同的横道标识已完工程计划投资和实际投资以及拟完工程计划投资，横道的长度与其数额成正比，如图2-10所示。

(2) 时标网络图法

时标网络图是在确定施工计划网络图的基础上，将施工的实施进度与日历工期相结合而形成的网络图。根据时标网络图可以得到每一时间段的拟完工程计划投资，已完工程实际投资可以根据实际工作完成情况测得，在时标网路图上考虑实际进度前锋线就可以得到每一时间段的已完工程计划投资。实际进度前锋线表示整个项目目前实际完成的工作面情况，将某一确定时点下时标网络图中各个工序的实际进度点相连就可以得到实际进度前锋线。

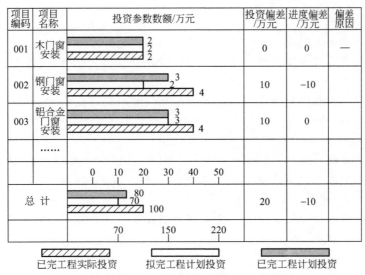

图 2-10 用横道图进行投资偏差分析

【**例 2-2**】 某工程的早时标网络图如图 2-11 所示，工程进展到第 5、第 10、第 15 个月底时，分别检查了工程进度，相应绘制了 3 条前锋线，见图 2-11 中的点划线。分析第 5 个月和第 10 个月底的投资偏差、进度偏差，并根据第 5 个月、第 10 个月的实际进度前锋线分析工程进度情况（此工程每月投资数据统计见表 2-3）。

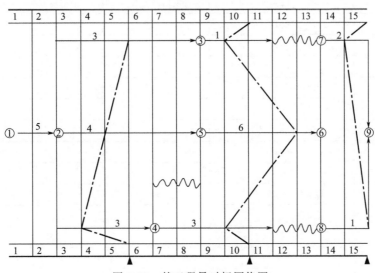

图 2-11 某工程早时标网络图

表 2-3 某工程每月投资数据统计　　　　　　　单位：万元

月份	1	2	3	4	5	6	7	8	9	10	11	12	13	14	15
累计拟完工程计划投资	5	10	20	30	40	50	60	70	80	90	100	106	112	115	118
累计已完工程实际投资	5	15	25	35	45	53	61	69	77	85	94	103	112	116	120

解：

第 5 个月底

已完工程计划投资＝2×5＋3×3＋4×2＋3＝30（万元）

投资偏差＝已完工程实际投资－已完工程计划投资＝45－30＝15（万元）

说明投资增加 15 万元

进度偏差＝拟完工程计划投资－已完工程计划投资＝40－30＝10（万元）

说明进度拖延 10 万元

第 10 个月底

已完工程计划投资＝5×2＋3×6＋4×6＋3×4＋1＋6×4＋3×3＝98（万元）

投资偏差＝已完工程实际投资－已完工程计划投资＝85－98＝－13（万元）

说明投资节约 13 万元

进度偏差＝拟完工程计划投资－已完工程计划投资＝90－98＝－8（万元）

说明进度提前 8 万元

(3) 表格法

根据项目的具体情况、数据来源、投资控制工作的要求等条件来设计表格，因而适用性较强。表格法的信息量大，可以反映各种偏差变量和指标，对全面深入地了解项目投资的实际情况非常有益，如表 2-4 所示。

表 2-4 投资偏差分析

项目编码	(1)	001	002	003
项目名称	(2)	木门窗安装	钢门窗安装	铝合金门窗安装
单位	(3)			
计划单价	(4)			
拟完工程量	(5)			
拟完工程计划投资	(6)=(4)×(5)	20	20	30
已完工程量	(7)			
已完工程计划投资	(8)=(4)×(7)	20	30	30
实际单价	(9)			
其他款项	(10)			
已完工程实际投资	(11)=(7)×(9)+(10)	20	40	40
投资局部偏差	(12)=(11)－(8)	0	10	10
投资局部偏差程度	(13)=(11)÷(8)	1	1.33	1.33
投资累计偏差	(14)=∑(12)			
投资累计偏差程度	(14)=∑(11)÷∑(8)			
进度局部偏差	(16)=(6)－(8)	0	－10	0
进度局部偏差程度	(17)=(6)÷(8)	1	0.66	1
进度累计偏差	(18)=∑(16)			
进度累计偏差程度	(19)=∑(6)÷∑(8)			

(4) 曲线法

"S"曲线法是利用投资累计曲线进行投资偏差分析的方法。如图 2-12 所示，曲线法中横轴代表时间（进度），竖轴代表费用（投资）。在用曲线法进行偏差分析时，通常有三条投资曲线，即已完工程实际投资曲线 a，已完工程计划投资曲线 b 和拟完工程计划投资曲线 p，图中曲线 a 与 b 的竖向距离表示投资偏差，曲线 p 与 b 的水平距离表示进度偏差。曲线 p 与 a 的竖向距离表示投资增加。

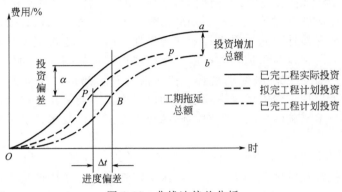

图 2-12　曲线法偏差分析

2.3.3.3　偏差形成原因及纠偏措施

(1) 偏差类型

偏差的类型分为四种形式。

① 投资增加且工期拖延。这种类型是纠正偏差的主要对象。

② 投资增加但工期提前。这种情况下要适当考虑工期提前带来的效益；如果增加的资金值超过增加的效益，要采取纠偏措施，若这种收益与增加的投资大致相当于甚至高于投资增加额，则未必需要采取纠偏措施。

③ 工期拖延但投资节约。这种情况下是否采取纠偏措施要根据实际需要。

④ 工期提前且投资节约。这种情况是最理想的，不需要采取任何纠偏措施。

(2) 引起偏差的原因

一般来讲，引起投资偏差的原因主要有五个方面：客观原因、业主原因、设计原因、施工原因和其他原因。具体如图 2-13 所示。

(3) 纠偏措施

通常把纠偏措施分为组织措施、经济措施、技术措施、合同措施四个方面。

① 组织措施。组织措施是指从投资控制的组织管理方面采取的措施。

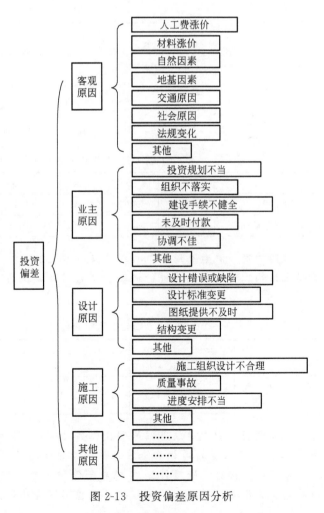

图 2-13　投资偏差原因分析

例如，落实投资控制的组织机构和人员，明确各级投资控制人员的任务、职能分工、权利和责任，改善投资控制工作流程等。组织措施往往被人忽视，其实它是其他措施的前提和保障，而且一般无须增加什么费用，运用得当时可以收到良好的效果。

② 经济措施。经济措施最易为人们接受，但运用中要特别注意不可把经济措施简单理解为审核工程量及相应的支付价款。应从全局出发来考虑问题，如检查投资目标分解的合理性，资金使用计划的保障性，施工进度计划的协调性。另外，通过偏差分析和未完工程预测还可以发现潜在的问题，及时采取预防措施，从而取得造价控制的主动权。

③ 技术措施。从造价控制的要求来看，技术措施并不都是因为发生了技术问题才加以考虑的，也可能因为出现了较大的投资偏差而加以运用。不同的技术措施往往会有不同的经济效果。因此运用技术措施纠偏时，要对不同的技术方案进行技术经济分析综合评价后加以选择。

④ 合同措施。合同措施在纠偏方面主要指索赔管理。在施工过程中，索赔事件的发生是难免的，造价工程师在发生索赔事件后，要认真审查有关索赔依据是否符合合同规定，索赔计算是否合理等，从主动控制的角度出发，加强日常的合同管理，落实合同规定的责任。

【例 2-3】 已知某工程的施工进度计划如图 2-14 所示，各工作的计划工程量与实际工程量如表 2-5 所示。

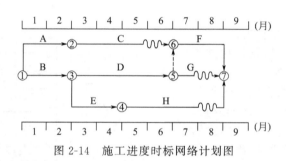

图 2-14 施工进度时标网络计划图

表 2-5 各工作的计划工程量和实际工程量

工 作	A	B	C	D	E	F	G	H
计划工程量/m^3	8600	9000	5400	10000	5200	6200	1000	3600
实际工程量/m^3	8600	9000	5400	9200	5000	5800	1000	5000

合同约定，混凝土结构工程综合单价为 1000 元/m^3，按月结算。结算价按项目所在地混凝土结构工程价格指数进行调整，项目实施期间各月的混凝土结构工程价格指数如表 2-6 所示。

表 2-6 项目实施期间各月的混凝土结构工程价格指数

时 间	2000 12月	2001 1月	2001 2月	2001 3月	2001 4月	2001 5月	2001 6月	2001 7月	2001 8月	2001 9月
混凝土结构工程价格指数/%	100	115	105	110	115	110	110	120	110	110

施工期间，由于建设单位原因使工作 H 的开始时间比计划的开始时间推迟 1 个月，并由于工作 H 工程量的增加而使该工作持续时间延长了 1 个月。

问题：1. 按施工进度计划编制资金使用计划（即计算每月和累计拟完工程计划费用），简要写出其步骤，并绘制该工程的时间费用累计曲线。计算结果填入表 2-7 中。

表 2-7 某混凝土结构施工计划与结果   单位：万元

项目	费用数据								
	1	2	3	4	5	6	7	8	9
每月拟完工程计划费用	880	880	690	690	550	370	530	310	—
累计拟完工程计划费用	880	1760	2450	3140	3690	4060	4590	4900	—
每月已完工程计划费用	880	880	660	660	410	355	515	415	125
累计已完工程计划费用	880	1760	2420	3080	3490	3845	4360	4775	4900
每月已完工程实际费用	1012	924	726	759	451	390.5	618	456.5	137.5
累计已完工程实际费用	1012	1936	2662	3421	3872	4262.5	4880.5	5337	5474.5

2．计算工作 H 各月的已完工程计划费用和已完工程实际费用。

3．计算混凝土结构工程已完工程计划费用和已完工程实际费用，计算结果填入表中。

4．列式计算 8 月末的费用偏差和进度偏差（用费用额表示）。

【分析与指导】 本案例内容涉及投资偏差和进度偏差的计算，投资偏差＝已完工程实际投资－已完工程计划投资，进度偏差＝拟完工程计划投资－已完工程计划投资。

问题：1．将各工作计划工程量与单价相乘后，除以该工作持续时间，得到各工作每月拟完工程计划费用额，再将时标网络计划中各工作分别按月纵向汇总得到每月拟完工程计划费用额，然后逐月累加得到各月累计拟完工程计划费用额。

根据上述步骤，在时标网络上按时间编制费用计划如图 2-15 所示，据此绘制的 S 形曲线如图 2-16 所示，计算结果见表 2-7。

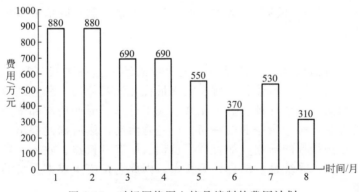

图 2-15 时标网络图上按月编制的费用计划

2．H 工作 6 月至 9 月每月完成工程量为：$5000 \div 4 = 1250(m^3/月)$

① H 工作 6 月至 9 月已完成工程计划费用均为：$1250 \times 1000 = 125$（万元）

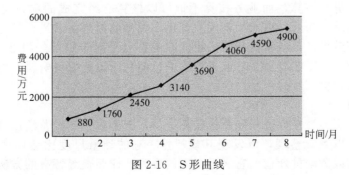

图 2-16 S 形曲线

② H 工作已完工程实际费用：

6 月份：125×110％＝137.5（万元）
7 月份：125×120％＝150（万元）
8 月份：125×110％＝137.5（万元）
9 月份：125×110％＝137.5（万元）

3. 计算结果填表如表 2-7 所示。
4. 到 8 月末，费用偏差＝已完工程实际费用－已完工程计划费用
$$=5337-4775=562（万元）$$

因此，费用超支 562 万元。

到 8 月末，进度偏差＝拟完工程计划费用－已完工程计划费用
$$=4900-4775=125（万元）$$

因此，进度拖后 125 万元。

任务 2.4　施工成本分析

2.4.1　施工项目成本分析依据

施工项目成本分析，就是根据会计核算、业务核算和统计核算提供的资料，对施工项目成本的形成过程影响成本升降的因素进行分析，以寻求进一步降低成本的途径。同时，通过成本分析，可从账簿、报表反映的成本现象看清成本的实质，从而加强项目成本的透明度和可控性，加强成本控制，为实现项目成本目标创造条件。项目经理部应将成本分析的结果形成文件，为成本偏差的纠正和预防、成本控制方法的改进、制订降低成本措施、改进成本控制体系等提供依据。

（1）会计核算

会计核算主要是价值核算。会计是对一定单位的经济业务进行计量、记录、分析和检查，作出预测、参与决策、实行监督。旨在实现最优经济效益的一种管理活动。它通过设置账户、复式记账、填制和审核凭证、登记账簿、成本计算、财产清查和编制会计报表等一系列有组织有系统的方法，来记录企业的一切生产经营活动，然后据此提出一些用货币来反映的有关各种综合性经济指标的数据，如资产、负债、所有者权益、收入、费用和利润等。由于会计记录具有连续性、系统性、综合性等特点，因此它是施工成本分析的重要依据。

（2）业务核算

业务核算是各业务部门根据业务工作的需要建立的核算制度，它包括原始记录和计算登记表，如单位工程及分部分项工程进度登记，质量登记，工效、定额计算登记，物资消耗定额记录，测试记录等。业务核算的范围比会计、统计核算要广。会计和统计核算一般是对已经发生的经济活动进行核算，而业务核算不但可以核算已经完成的项目是否达到原定的目的、取得预期的效果，而且可以对尚未发生或正在发生的经济活动进行核算，以确定该项经济活动是否有经济效果，是否有执行的必要。它的特点是对个别的经济业务进行单项核算，例如各种技术措施、新工艺等项目。业务核算的目的在于迅速取得资料，以便在经济活动中及时采取措施进行调整。

（3）统计核算

统计核算是利用会计核算资料和业务核算资料，把企业生产经营活动客观现状的大量数据，按统计方法加以系统整理，以发现其规律性。它的计量尺度比会计宽，可以用货币计算，也可以用实物或劳动量计量。它通过全面调查和抽样调查等特有的方法，不仅能提供绝

对数指标,还能提供相对数和平均数指标,可以计算当前的实际水平,还可以确定变动速度以预测发展的趋势。

2.4.2 施工项目成本分析方法

由于施工项目成本涉及的范围很广,需要分析的内容也很多,应该在不同的情况下采取不同的分析方法。

2.4.2.1 成本分析的基本方法

成本分析的基本方法包括对比分析法、因素分析法、差额计算法和挣值法 4 种。

(1) 对比分析法

该法贯彻量价分离原则,分析影响成本节超的主要因素。包括实际成本与两种目标成本的对比分析、实施工程量和工程量清单的对比分析、实际消耗量与计划消耗量的对比分析、实际采用价格与计划价格的对比分析、各种费用实际发生额与计划支出额的对比分析。对比分析通常有下列形式。

① 本期实际指标和上期实际指标相比。通过这种对比,可以看出各项技术经济指标的变动情况,反映施工管理水平的提高程度。

② 将实际指标与目标指标对比。以此检查目标完成情况,分析影响目标完成的积极因素和消极因素,以便及时采取措施,保证成本目标的实现。在进行实际指标与目标指标对比时,还应注意目标本身有无问题,如果目标本身出现问题,则应调整目标,重新正确评价实际工作的成绩。

③ 与本行业平均水平、先进水平对比。通过这种对比,可以反映本项目的技术管理和经济管理与行业的平均水平和先进水平的差距,进而采取措施赶超先进水平。

(2) 因素分析法

要素分析法又称连环替代法。该法可以对影响成本节超的各种因素的影响程度进行数量分析。例如,影响人工成本的因素是工程量、人工量(工日)和日工资单价。如果实际人工成本与计划人工成本发生差异,则可用此法分析三个因素各有多少影响。计算时先列式计算计划数,再用实际的工程量代替计划工程量计算,得数与前者相减,即得出工程量对人工成本偏差的影响。然后依次替代人工数、单价数进行计算,并各与前者相减,得出人工的影响数和单价的影响数。利用此法的关键是要排好替代的顺序,规则是先替代绝对数,后替代相对数;先替代物理量,后替代价值量。

(3) 差额计算法

差额计算法是因素分析法的一种简化形式,它利用各因素的目标值与实际值的差额计算其对成本的影响程度。

(4) 挣值法

此法又称费用分析法或盈利值法。可用来分析项目在成本支出和时间方面是否符合原计划要求。它要求计算 3 个关键数值,即计划工作成本($BCWS$)、已完工作实际成本($ACWP$)和已完工作计划成本($BCWP$)(即"挣值"),然后用这 3 个数进行以下计算。

成本偏差 $CV=BCWO-ACWP$。该项差值大于零时,表示项目未超支。

进度偏差 $SV=BCWP-BCWS$。该项差值大于零时,表示项目进度提前。

成本实施指数 $CPI=BCWP/ACWP$。该项指数大于 1 时,表示项目成本未超支。

进度实施指数 $SPI=BCWP/BCWS$。该项指数大于 1 时,表示项目进度正常。

2.4.2.2 综合成本的分析方法

所谓综合成本,是指涉及多种生产要素,并受多种因素影响的成本费用,如分部分项工程成本、月（季）度成本和年度成本等。由于这些成本都是随着项目施工的进展而逐步形成的，与生产经营有着密切的关系，因此，做好上述成本的分析工作，无疑将促进项目的生产经营管理，提高项目的经济效益。

(1) 分部分项工程成本分析

分部分项工程成本分析是施工项目成本分析的基础。分部分项工程成本分析的对象为已完成分部分项工程。分析的方法是：进行预算成本、目标成本和实际成本的"三算"对比，分别计算实际偏差；分析偏差产生的原因，为今后的分部分项工程成本寻求节约途径。

(2) 月（季）度成本分析

月（季）度成本分析，是施工项目定期的、经常性的中间成本分析。对于具有一次性特点的施工项目来说，有着特别重要的意义。因为通过月（季）度成本分析，可以及时发现问题，以便按照成本目标指定的方向进行监督和控制，保证项目成本目标的实现。月（季）度成本分析的依据是当月（季）的成本报表，通常从以下几个方面进行分析。

① 通过实际成本与取算成本的对比，分析当月（季）的成本降低水平；通过累计实际成本与累计预算成本对比，分析累计的成本降低水平，预测实际项目成本目标的前景。

② 通过实际成本与目标成本的对比，分析目标成本的落实情况，以及目标管理中的问题和不足，进而采取措施，加强成本管理，保证成本目标的落实。

③ 通过对各成本项目的成本分析，可以了解成本总量的构成比例和成本管理的薄弱环节。例如：在成本分析中，发现人工费、机械费和间接费等项目大幅度超支，就应该对这些项目费用的收支关系认证研究，并采取对应的增收支措施，防止今后再超支。如果属于规定的"政策性"亏损，则应从控制支出着手，把超支额压缩到最低限度。

④ 通过主要技术经济指标的实际与目标对比，分析产量、工期、质量、"三材"（水泥、钢材、木材）节约率、机械利用率等对成本的影响。

⑤ 通过对技术组织措施执行效果分析，寻求更加有效的节约途径。

⑥ 分析其他有利条件和不利条件对成本的影响。

(3) 年度成本分析

年度成本分析的依据是年度成本报表。年度成本分析的内容，除了月（季）度成本分析的 6 个方面以外，重点是针对下一年度的施工进展情况规划切实可行的成本管理措施，以保证施工项目成本目标的实现。

(4) 竣工成本的综合分析

单位工程竣工成本分析，应包括以下三方面的内容：

① 竣工成本分析；

② 主要资源节超对比分析；

③ 注意技术节约措施及经济效果分析。

2.4.2.3 成本项目的分析方法

(1) 人工费分析

项目施工需要的人工和人工费，由项目经理部与作业队；签订劳务分包合同，明确承包范围、承包金额和双方的权利、义务。除了按合同规定支付劳务费以外，还可能发生一些其他人工费支出，主要有：

① 因实物工程量增减而调整的人工和人工费；

② 定额人工以外的计日工工资（如果已按定额人工的一定比例由作业队包干，并已列入承包合同的，不再另行支付）；

③ 对在进度、质量、节约、文明施工等方面作出贡献的班组和个人进行奖励的费用。

项目管理层应根据上述人工费的增减，结合劳务分包合同的管理进行分析。

(2) 材料费分析

材料费分析包括主要材料、结构件和周转材料使用费的分析以及材料储备的分析。

① 主要材料和结构件费用的分析。主要材料和结构件费用的高低，主要受价格和消耗数量的影响。而材料价格的变动，受采购价格、运输费用、途中损耗、供应不足等因素的影响；材料消耗数量的变动，则受操作损耗、管理损耗和返工损失等因素的影响。因此，可在价格变动较大和数量超用异常的时候再作深入分析。为了分析材料价格和消耗数量的变化对材料和结构件费用的影响程度，可按下列公式计算：

因材料价格变动对材料费的影响＝（计划单价－实际单价）×实际数量　　（2-9）

因消耗数量变动对材料费的影响＝（计划用量－实际用量）×实际价格　　（2-10）

② 周转材料使用费分析。在实行周转材料内部租赁制的情况下，项目周转材料费的节约或超支，取决于材料周转率和损耗率，周转减慢，则材料周转的时间增长，租赁费支出就增加；而超过规定的损耗，则要照价赔偿。

③ 采购保管费分析。材料采购保管费属于材料的采购成本，包括：材料采购保管人员的工资、工资附加费、劳动保护费、办公费、差旅费，以及材料采购保管过程中发生的固定资产使用费、工具用具使用费、检验试验费、材料整理及零星运费和材料物资的盘亏及毁损等。材料采购保管费一般应与材料采购数量同步，即材料采购多，采购保管费也会相应增加。因此，应根据每月实际采购的材料数量（金额）和实际发生的材料采购保管费，分析保管费率的变化。

④ 材料储备资金分析。材料的储备资金是根据日平均用量、材料单价和储备天数（即从采购到送进场所需要的时间）计算的。上述任何一个因素变动都会影响储备资金的占用量。材料储备资金的分析，可以应用"因素分析法"。

【例 2-4】 某项目水泥的储备资金变动情况见表 2-8：

表 2-8　储备资金计划与实际对比表

项目	单位	计划	实际	差异
日平均用量	t	50	60	10
单价	元	400	420	20
储备天数	d	7	6	－1
储备金额	万元	14	15.12	1.12

根据表 2-8 数据，分析日平均用量、单价和储备天数等因素的变动对水泥储备资金的影响程度。见表 2-9。

表 2-9　储备资金因素分析表

顺序	连环替代计算	差异	因素分析
计划数	50×400×7＝14.00（万元）		
第一次替代	60×400×7＝16.80（万元）	＋2.80 万元	由于日平均用量增加 10t，增加储备资金 2.80 万元
第二次替代	60×420×7＝17.64（万元）	＋0.84 万元	由于水泥单价提高 20 元/t，增加储备资金 0.84 万元
第三次替代	60×420×6＝15.12（万元）	－2.52 万元	由于储备天数缩短一天，减少储备资金 2.52 万元
合计	2.80＋0.84－2.52＝1.12（万元）	＋1.12 万元	

从以上分析可以发现，储备天数是影响储备资金的关键因素。因此，材料采购人员应该选择运距短的供应单位，尽可能减少材料采购的中转环节，缩短储备天数。

(3) 机械使用费分析

由于项目施工具有的一次性，项目经理部不可能拥有自己的机械设备，而是随着施工的需要，向企业动力部门或外单位租用。在机械设备的租用过程中，存在两种情况：一种是按产量进行承包，并按完成产量计算费用，如土方工程。项目经理部只要按实际挖掘的土方工程量结算挖土费用，而不必考虑挖土机械的完好程度和利用程度。另一种是按使用时间（台班）计算机械费用的，如塔吊、搅拌机、砂浆机等，如果机械完好率低或在使用中调度不当，必然会影响机械的利用率，从而延长使用时间，增加使用费。因此，项目经理部应该给予一定的重视。

由于建筑施工的特点，在流水作业和工序搭接上往往会出现某些必然或偶然的施工间隙，影响机械的连续作业；有时，又因为加快施工进度和工种配合，需要机械日夜不停地运转。这样便造成机械综合利用效率不高，比如机械停工，则需要支付停班费。因此，在机械设备的使用过程中，应以满足施工需要为前提，加强机械设备的平衡调度，充分发挥机械的效用；同时，还要加强平时的机械设备的维修保养工作，提高机械的完好率，保证机械的正常运转。

(4) 管理费分析

管理费分析，也应通过预算（或计划）数与实际数的比较来进行。预算与实际比较的表格形式见表 2-10。

表 2-10 管理费预算（计划）与实际比较

序号	项目	预算	实际	比较	备注
1	管理人员工资				包括职工福利费和劳动保护费
2	办公费				包括生活水电费、取暖费
3	差旅交通费				
4	固定资产使用费				包括折旧及修理费
5	工具用具使用费				
6	劳动保险费				
…	……				
合计					

2.4.2.4 专项成本分析方法

针对与成本有关的特定事项的分析，包括成本盈亏异常分析、工期成本分析和资金成本分析等内容。

(1) 成本盈亏异常分析

施工项目出现成本盈亏异常情况，必须引起高度重视，必须彻底查明原因并及时纠正。

检查成本盈亏异常的原因，应从经济核算的"三同步"入手。因为项目经济核算的基本规律是：在完成多少产值、消耗多少资源、发生多少成本之间，有着必然的同步关系。如果违背这个规律，就会发生成本的盈亏异常。

"三同步"检查是提高项目经济核算水平的有效手段，不仅适用于成本盈亏异常的检查，也可用于月度成本的检查。"三同步"检查可以通过以下五个方面的对比分析来实现。

① 产值与施工任务单的实际工程量和形象进度是否同步；

② 资源消耗与施工任务单的实耗人工、限额领料单的实耗材料、当期租用的周转材料和施工机械是否同步；

③ 其他费用（如材料价、超高费和台班费等）的产值统计与实际支付是否同步；
④ 预算成本与产值统计是否同步；
⑤ 实际成本与资源消耗是否同步。
通过以上五个方面的分析，可以探明成本盈亏的原因。

(2) 工期成本分析

工期成本分析是计划工期成本与实际工期成本的比较分析。计划工期成本是指在假定完成预期利润的前提下计划工期内所耗用的计划成本；而实际成本是在实际工期中耗用的实际成本。

工期成本分析一般采用比较法，即将计划工期成本与实际工期成本进行比较，然后应用"因素分析法"分析各种因素的变动对工期成本差异的影响程度。

(3) 资金成本分析

资金与成本的关系是指工程收入与成本支出的关系。根据工程成本核算的特点，工程收入与成本支出有很强的相关性。进行资金成本分析通常应用"成本支出率"指标，即成本支出占工程款收入的比例，计算公式如下：

$$成本支出率 = \frac{计算期实际成本支出}{计算期实际工程款收入} \times 100\% \qquad (2-11)$$

通过对"成本支出率"的分析，可以看出资金收入中用于成本支出的比例。结合储备金和结存资金的比例，分析资金使用的合理性。

(1) 人工费分析

在实行管理层和作业层分离的情况下，项目施工所需要的人工和人工费，由项目经理部与劳务分包企业签订劳务承包合同，明确承包范围、承包金额和双方的权利、义务。对项目经理部来说，除了按合同规定支付劳务费以外，还可能发生一些其他人工费支出，如因工程量增减而调整的人工费，定额以外的计时工工资，对班组或个人的奖励费用等。项目经理部应根据具体情况，结合劳务合同的管理进行分析。

(2) 材料费分析

材料费分析包括主要材料、周转材料使用费的分析以及材料储备的分析。

① 主要材料费用的高低，主要受价格和消耗数量的影响。而材料价格的变动，又要受采购价格、运输费用、路途损耗等因素的影响。材料消耗数量的变动，也要受操作损耗、管理损耗和返工损失等因素的影响，可在价格变动较大和数量超用异常的时候再做深入分析。为了分析材料价格和消耗数量的变化对材料费用的影响程度，可按下列公式计算：

$$因材料价格变动对材料费的影响 = （预算单价 - 实际单价）\times 消耗数量 \qquad (2-12)$$

$$因消耗数量变动对材料费的影响 = （预算用量 - 实际用量）\times 预算价格 \qquad (2-13)$$

② 对于周转材料使用费主要是分析其利用率和损耗率。实际计算中可采用"差额分析法"来计算周转率对周转材料使用费的影响程度。

③ 材料储备分析主要是对材料保管费用和材料储备资金占用的分析。具体可用因素分析法来进行。

(3) 机械使用费分析

影响机械使用费的因素主要是机械利用率。造成机械利用率不高的因素，是机械调度不当和机械完好率不高。因此在机械设备使用中，必须充分发挥机械的效用，加强机械设备的平衡调度，做好机械设备平时的维修保养工作，提高机械的完好率，保证机械的正常运转。

(4) 施工间接费分析

施工间接费就是施工项目经理部为管理施工而发生的现场经费。因此，进行施工间接费分析，需要运用计划与实际对比的方法。施工间接费实际发生数的资料来源为工程项目的施工间接费明细账。通过以上分析，可以全面了解单位工程的成本构成和降低成本的来源，对今后同类工程的成本管理很有参考价值。

技能训练

一、单项选择题

1. 建设工程项目施工成本管理涉及的时间范围是（　　）。
A. 从设计准备开始至项目竣工验收时止
B. 从设计阶段开始至项目动用时止
C. 从工程投标报价开始至项目竣工结算完成为止
D. 从项目开工时开始至项目竣工结算完成为止

2. 贯穿于施工项目从投标阶段直至项目竣工验收阶段全过程，并且是企业全面成本管理的重要环节是（　　）。
A. 成本预测　　　　B. 成本控制　　　　C. 成本核算　　　　D. 成本考核

3. 施工成本一般以（　　）为成本核算对象。
A. 单项工程　　　　B. 分部工程　　　　C. 单位工程　　　　D. 分项工程

4. 施工成本分析是对成本的形成过程和影响成本升降的因素进行分析，其分析的基础是（　　）。
A. 施工成本预测　　　　　　　　　　B. 施工成本核算
C. 施工成本计划　　　　　　　　　　D. 施工成本控制

5. 建设工程项目施工成本管理的组织措施之一是（　　）。
A. 加强施工定额管理
B. 制订施工方案并对其进行分析论证
C. 进行工程风险分析并制订防范性对策
D. 防止和处理施工索赔

6. 在施工成本管理的措施中，（　　）是其他各类措施的前提和保障。
A. 组织措施　　　　B. 技术措施　　　　C. 经济措施　　　　D. 合同措施

7. 下列施工成本管理的措施中，属于经济措施的是（　　）。
A. 编制施工成本计划，确定合理详细的工作流程
B. 对不同的技术方案进行技术经济分析
C. 对施工成本管理目标进行风险分析，并制订防范性对策
D. 在执行合同的过程中寻找索赔的机会

8. 下列施工成本管理的措施中，属于技术措施的是（　　）。
A. 确定最合适的施工机械方案
B. 加强施工任务单的管理
C. 编制施工成本控制工作计划
D. 寻求施工过程中的索赔机会

9. 施工成本计划编制的依据不包括（　　）。
A. 投标报价文件　　　　　　　　　　B. 施工组织设计
C. 施工成本预测资料　　　　　　　　D. 项目总概算

10. 编制成本计划时，施工成本可以按成本构成分解为（　　）。
A. 人工费、材料费、施工机具使用费、措施费和企业管理费
B. 人工费、材料费、施工机具使用费、规费和企业管理费
C. 人工费、材料费、施工机具使用费、规费和间接费

D. 人工费、材料费、施工机具使用费、间接费、利润和税金

11. 按子项目组成编制的施工成本计划，首先要把项目总施工成本分解到（　　）和单位工程中去。
   A. 分部工程　　　　　　　　　　　B. 分项工程
   C. 检验批　　　　　　　　　　　　D. 单项工程

12. 对大中型工程项目，按项目组成编制施工成本计划时，其总成本分解的顺序是（　　）。
   A. 单项工程成本—单位(子单位)工程成本—分部(子分部)工程成本—分项工程成本
   B. 单位(子单位)工程成本—单项工程成本—分部(子分部)工程成本—分项工程成本
   C. 分项工程成本—分部(子分部)工程成本—单位(子单位)工程成本—单项工程成本
   D. 分部(子分部)工程成本—分项工程成本—单项工程成本—单位(子单位)工程成本

13. 按工程进度编制施工成本计划，可以在进度计划的（　　）上按时间编制成本支出计划。
   A. 搭接网络图　　　　　　　　　　B. 单代号网络图
   C. 双代号网络图　　　　　　　　　D. 时标网络图

14. 某土方工程合同约定的某月计划工程量为 $3200 m^3$，计划单价为 15 元$/m^3$。到月底检查时，确认的承包商实际完成工程量为 $2800 m^3$，实际单价为 20 元$/m^3$，则该工程的计划工作预算费用（BCWS）为（　　）元。
   A. 42000　　　B. 48000　　　C. 56000　　　D. 64000

15. 东方建筑公司某月计划开挖土方 $4000 m^3$，预算单价 72 元$/m^3$，月末检查时实际完成工程量为 $4500 m^3$，实际单价 68 元$/m^3$，则该工程的费用偏差（CV）为（　　）元。
   A. 18000　　　B. 16000　　　C. 36000　　　D. 34000

16. 应用 S 形曲线法进行施工成本偏差分析时，已完成工作实际成本曲线与已完工作预算成本曲线的竖向距离表示（　　）。
   A. 成本累计偏差　　　　　　　　　B. 进度累计偏差
   C. 进度局部偏差　　　　　　　　　D. 成本局部偏差

17. 施工成本分析就是根据会计核算、（　　）和统计核算提供的资料，对施工成本的形成过程和影响成本升降的因素进行分析。
   A. 单项核算　　　　　　　　　　　B. 成本核算
   C. 利润核算　　　　　　　　　　　D. 业务核算

18. 施工成本分析的基本方法包括比较法、因素分析法、差额计算法、比率法等，其中需要确定分析对象、并计算出实际与目标数差异的是（　　）。
   A. 比较法　　　　　　　　　　　　B. 因素分析法
   C. 差额计算法　　　　　　　　　　D. 比率法

19. 采用两个以上的指标比例进行分析，特点是把对比分析的数值变成相对数，再观察其相互之间的关系，这种方法称为（　　）。
   A. 比较法　　　　　　　　　　　　B. 因素分析法
   C. 比率法　　　　　　　　　　　　D. 差额计算法

20. 施工单位年度成本分析的重点是（　　）。
   A. 通过实际成本与目标成本的对比，分析目标成本落实情况
   B. 通过对技术组织措施执行效果的分析，寻求更加有效的节约途径
   C. 针对下一年度施工进展情况，规划切实可行的成本管理措施
   D. 通过实际成本与计划成本的对比，分析成本降低水平

二、多项选择题

1. 施工成本管理应从多方面采取措施，具体包括（　　）。
   A. 组织措施　　　　B. 技术措施　　　　C. 经济措施
   D. 合同措施　　　　E. 管理措施

2. 下列施工成本管理的措施中，属于组织措施的有（　　）。
   A. 进行技术经济分析，确定最佳的施工方案
   B. 对成本目标进行风险分析，并制订防范对策
   C. 编制施工成本控制工作计划
   D. 确定合理详细的成本控制工作流程
   E. 做好资金使用计划，严格控制各项开支

3. 下列施工成本管理措施中，属于经济措施的有（　　）。
   A. 编制资金使用计划
   B. 及时准确记录、收集、整理、核算实际发生的成本
   C. 选用最合适的施工机械
   D. 编制施工成本控制工作计划
   E. 选用先进、高效的机械设备

4. 在编制实施性施工成本计划时要进行"两算"对比，这里的"两算"指的是（　　）。
   A. 设计概算　　　　B. 施工预算　　　　C. 设计预算
   D. 施工图预算　　　E. 工程决算

5. 关于按施工进度编制施工成本计划的方法的说法，正确的有（　　）。
   A. 在实践中，将工程项目分解为既能方便地表示时间，又能方便地表示施工成本计划的工作是不容易的
   B. 在网络计划的基础上，编制施工成本计划通常有两种方式，一是按月编制的成本计划，二是时间-成本累积曲线
   C. 如果项目分解程度对时间控制合适的话，则对施工成本支出计划可能分解过粗
   D. 一般而言，所有工作都按最迟开始时间开始，对节约资金贷款利息是有利的
   E. 如果项目分解程度对施工成本支出计划合适的话，则对时间控制也必然合适

6. 施工成本按成本组成分解包括（　　）。
   A. 税金　　　　　　B. 材料费　　　　　C. 人工费
   D. 施工机械使用费　E. 企业管理费

7. 在施工成本控制过程中，采取措施纠正成本偏差之前需要完成的工作有（　　）。
   A. 检查纠偏的执行情况和效果
   B. 比较计划值与实际值
   C. 确定偏差的严重性及偏差产生的原因
   D. 估计完成项目所需的总费用
   E. 考核成本降低的实际效果

8. 关于项目费用偏差分析方法的说法，正确的有（　　）。
   A. 横道图法形象、直观
   B. 横道图法是最常见的一种方法
   C. 表格法反映的信息量大
   D. 表格法具有灵活、适用性强的优点
   E. 曲线法能够直接用于定量分析

9. 工程项目施工成本分析的基本方法有（　　）。

A. 比较法　　　　B. 因素分析法　　　C. 统计核算法
D. 差额计算法　　E. 比率法

三、案例分析题

某土方工程总挖方量为 1000m³，预算单价为 45 元/m³。该挖方工程预算总费用为 45 万元，计划用 25 天完成，每天 400m³。开工后第七天早上刚上班时，业主项目管理人员前去测量，取得了两个数据：已完成挖方 2000m³，支付给承包单位的工程进度款累计已达到 12 万元。计算该工程费用偏差及进度偏差。

模块 3
建设工程项目施工进度控制

> **知识目标**

熟悉施工项目进度管理的基本概念,熟悉施工进度计划的编制和实施,掌握施工进度计划的检查,掌握施工进度计划的调整。

> **能力目标**

能够编制等节奏流水施工组织方式的施工进度计划,能够编制异节奏流水施工组织方式的施工进度计划,能够编制无节奏流水施工组织方式的施工进度计划,能够采用双代号网络图编制施工进度计划,能够编制工程项目进度计划的调整方法及措施。

> **模块概述**

施工项目进度控制是施工项目建设中与质量控制、成本控制并列的三大控制目标之一,是保证施工项目按期完成,合理安排资源供应,确保施工质量、施工安全、降低施工成本的重要措施,是衡量施工项目管理水平的重要标志。

任务 3.1 建筑工程项目进度管理概述

3.1.1 进度与进度管理的概念

3.1.1.1 进度概念

进度通常是指工程项目实施结果的进展状况。

工程项目进度是一个综合的概念,除工期以外,还包括工程量、资源消耗等。对进度的影响因素也是多方面的、综合性的。因而,进度管理的手段及方法也应该是多方面的。

3.1.1.2 进度指标

按照一般的理解,工程进度既然是项目实施结果的进展状况,就应该以项目任务的完成情况,如工程的数量来表达。但由于通常工程项目对象系统是复杂的,常常很难选定一个恰当的、统一的指标来全面反映工程的进度。例如,对于一个小型的房屋建筑单位工程,它由地基与基础、主体结构、建筑装饰、建筑屋面、建筑给水、排水及采暖等多个分部工程组成，而不同的工程活动的工程数量单位是不同的，很难用工程完成的数量来描述单位工程、分部工程的进度。

在现代工程项目管理中，人们赋予进度以结合性的含义，将工程项目任务、工期、成本有机地结合起来，由于每种工程项目实施过程中都要消耗时间、劳动力、材料、成本等才能完成任务，而这些消耗指标是对所有工作都适用的消耗指标，因此，有必要形成一个综合性的指标体系，从而能全面反映项目的实施进展状况。综合性进度指标将使各个工程活动、分部、分项工程直至整个项目的进度描述更加准确、方便。目前应用较多的是以下四种指标：

(1) 持续时间

项目与工程活动的持续时间是进度的重要指标之一。人们常用实际工期与计划工期相比较来说明进度完成情况。例如，某工作计划工期 30 天，该工作已进行 15 天，则工期已完成 50%。此时能说施工进度已达 50% 吗？恐怕不能。因为工期与人们通常概念上的进度是不同的。对于一般工程来说，工程量等于工期与施工效率（速度）的乘积，而工作速度在施工过程中是变化的，受很多同素的影响，如管理水平、环境变化等，又如工程受质量事故影响，时间过了一半，而工程量只完成了三分之一。一般情况下，实际工程中工作效率与时间的关系如图 3-1 所示，开始阶段施工效率低（投入资源少、工作配合不熟练）；中期效率最高（投入资源多，工作配合协调）；后期速度慢（工作面小，资源投入少），并且工程进展过程中会有各种外界的干扰或者不可预见因素造成的停工，施工的实际效率与计划效率常常是不相同的。在此时如果用工期的消耗来表示进度，往往会产生误导。只有在施工效率与计划效率完全相同时，工期消耗才能真正代表进度。通常使用这一指标与完成的实物量、已完工程价值量或者资源消耗等指标结合起来对项目进展状况进行分析。

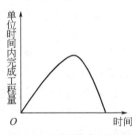

图 3-1　时间效率关系图

(2) 完成的实物量

用完成的实物量表示进度。例如，设计工作按完成的资料量；混凝土工程按完成的体积计量；设备安装工程按完成的吨位计量；管线、道路工程用长度计量等。

这个指标的主要优点是直观、简单明确、容易理解。适用于描述单一任务的专项工程。如道路、土方工程等。例如，某公路工程总工程量是 5000m，已完成 500m，则进度已达 10%。但统一性较差，不适合用来描述综合性、复杂工程的进度，如分部工程、分项工程进度。

(3) 已完工程的价值量

已完工程的价值量是指已完成的工作量与相应合同价格或预算价格的乘积。

它将各种不同性质的工程量从价值形态上统一起来，可方便地将不同分项工程统一起来，能够轻好地反映由多种不同性质工作所组成的复杂、综合性工程的进度状况。例如，人们经常说某某工程已完成合同金额的 80% 等，均是用已完工程的价值来描述进度状况。是人们很喜欢用的进度指标之一。

(4) 资源消耗指标

常见的资源消耗指标有：工时、机械台班、成本等。有统一性和较好的可比性。各种项目均可用它们作为衡量进度的指标，便于统一分析尺度。

实际应用中，常常将资源消耗指标与工期（持续时间）指标结合在一起使用，以此来对工程进展状况进行全面的分析。例如，将工期与成本指标结合起来分析进度是否实质性拖延及成本超支。在实际工程中使用资源消耗指标来表示工程进度应注意以下问题：

① 投入资源数量与进度背离时会产生错误的结论。例如，某项活动计划需要 60 工时，

现已用 30 工时，则工时消耗已达 50%，如果计划劳动效率与实际劳动效率完全相同，则进度已达 50%；如果计划劳动效率与实际劳动效率不相同，则用工时消耗来表示进度就会产生误导。

② 实际工程中，计划工程量与实际工程量常会不同，例如，某工作计划工时为 60 工时，而实际实施过程中，由于实际施工条件变化，施工难度增加，应该需要 80 工时，现已用掉 20 工时，进度达到 30%，而实际上只完成了 25%，因此，正确结果只能在计划正确，并按预定的效率施工时才能得到。

③ 用成本反映进度时，以下成本不计入：返工、窝工、停工增加的成本；材料及劳动力价格变动造成的成本变动。

3.1.1.3 进度管理

工程项目的进度管理是指根据进度目标的要求，对工程项目各阶段的工作内容、工作程序、持续时间和衔接关系编制计划，将该计划付诸实施，在实施的过程中经常检查实际进度是否按计划要求进行，对出现的偏差分析原因，采取补救措施或调整、修改原计划直至工程竣工，交付使用。进度管理的最终目的是确保项目工期目标的实现。

工程项目进度管理是建设工程项目管理的一项核心管理职能。由于建设项目是在开放的环境中进行的，置身于特殊的法律环境之下，且生产过程中人员、工具与设备的流动性，产品的单件性等都决定了进度管理的复杂性及动态性，必须加强项目实施过程中的跟踪控制。

进度控制与质量控制、投资控制是工程项目建设中并列的三大目标之一。它们之间有着密切的相互依赖和制约关系：通常，进度加快，需要增加投资，但工程能提前使用就可以提高投资效益；进度加快有可能影响工程质量，而质量控制严格则有可能影响进度，但如因质量的严格控制而不致返工，又会加快进度。因此，项目管理者在实施进度管理工作中要对三个目标全面系统地加以考虑，正确处理好进度、质量和投资的关系，提高工程建设的综合效益。特别是对一些投资较大的工程，在采取进度控制措施的时候要特别注意其对成本和质量的影响。

3.1.2 建筑工程项目进度管理的目的和任务

进度管理的目的是通过控制以实现工程的进度目标。通过进度计划控制，可以有效地保证进度计划的落实与执行，减少各单位和部门之间的相互干扰，确保施工项目工期目标以及质量、成本目标的实现；同时也为可能出现的施工索赔提供依据。

施工项目进度管理是项目施工中的重点控制之一，它是保证施工项目按期完成，合理安排资源供应、节约工程成本的重要措施。建筑工程项目不同的参与方都有各自的进度控制的任务，但都应该围绕着投资者早日发挥投资效益的总目标去展开。工程项目不同参与方的进度管理任务见下表 3-1。

表 3-1　工程项目参与方的进度管理任务

参与方名称	任　务	进度涉及时段
业主方	控制整个项目实施阶段的进度	设计准备阶段、设计阶段、施工阶段、物资采购阶段、动用前准备阶段
设计方	根据设计任务委托合同控制设计进度，并能满足施工、招投标、物资采购进度协调	设计阶段
施工方	根据施工任务委托合同控制施工进度	施工阶段
供货方	根据供货合同控制供货进度	物资采购阶段

3.1.3 建筑工程项目进度管理方法和措施

项目进度管理方法主要是规划、控制和协调。规划是指确定施工项目总进度控制目标和分进度控制目标,并编制其进度计划。控制是指在施工项目实施的全过程中,比较施工实际进度与施工计划进度,出现偏差及时采取措施调整。协调是指协调与施工进度有关的单位、部门和工作队组之间的进度关系。

建筑工程项目进度管理采取的主要措施有组织措施、技术措施、合同措施和经济措施。

(1) 组织措施

主要包括:建立施工项目进度实施和控制的组织系统;订立进度控制工作制度,包括检查时间、方法,召开协调会议时间、人员等;落实各层次进度控制人员、具体任务和工作职责;确定施工项目进度目标,建立施工项目进度控制目标体系。

(2) 技术措施

尽可能采用先进施工技术、方法和新材料、新工艺、新技术,保证进度目标实现。落实施工方案,在发生问题时,能适时调整工作之间的逻辑关系,加快施工进度。

(3) 合同措施

以合同形式保证工期进度的实现,即:保持总进度控制目标与合同总工期相一致,分包合同的工期与总包合同的工期相一致,供货、供电、运输、构件加工等合同规定的提供服务时间与有关的进度控制目标一致。

(4) 经济措施

落实实现进度目标的保证资金,签订并实施关于工期和进度的经济承包责任制,建立并实施关于工期和进度的奖惩制度。

3.1.4 建筑工程项目进度管理的基本原理

(1) 动态控制原理

工程进度控制是一个不断变化的动态过程,在项目开始阶段,实际进度按照计划进度的规划进行运动,但由于外界因素的影响,实际进度的执行往往会与计划进度出现偏差,出现超前或滞后的现象。这时通过分析偏差产生的原因,采取相应的改进措施,调整原来的计划,使两者在新的起点上重合,并通过发挥组织管理作用,使实际进度继续按照计划进行。在一段时间后,实际进度和计划进度又会出现新的偏差。如此,工程进度控制出现了一个动态的调整过程。

(2) 系统原理

工程项目是一个大系统,其进度控制也是一个大系统,进度控制中计划进度的编制受到许多因素的影响,不能只考虑某一个因素或几个因素。进度控制组织和进度实施组织也具有系统性。因此,工程进度控制具有系统性,应该综合考虑各种因素的影响。

(3) 信息反馈原理

信息反馈是工程进度控制的重要环节,施工的实际进度通过信息反馈给基层进度控制工作人员,在分工的职责范围内,信息经过加工逐级反馈给上级主管部门,最后到达主控制室,主控制室整理统计各方面的信息,经过比较分析作出决策,调整进度计划。进度控制不断调整的过程实际上就是信息不断反馈的过程。

(4) 弹性原理

工程进度计划工期长,影响因素多。因此进度计划的编制就会留出余地,使计划进度具有弹性。进行进度控制时就应利用这些弹性,缩短有关工作的时间,或改变工作之间的搭接关系,使计划进度和实际进度达到吻合。

① 封闭循环原理。项目进度控制的全过程是一个计划、实施、检查、比较分析、确定调整措施、再计划的封闭的循环过程。

② 网络计划技术原理。网络计划技术原理是工程进度控制的计划管理和分析计算的理论基础。在进度控制中要利用网络计划技术原理编制进度计划，根据实际进度信息，比较和分析进度计划，又要利用网络计划的工期优化、工期与成本优化和资源优化的理论调整计划。

3.1.5 建筑工程项目进度管理的内容

（1）项目进度计划

工程项目进度计划包括项目的前期、设计、施工和使用前的准备等几个阶段的内容，项目进度计划的主要内容就是要制订各级项目进度计划，包括进行总控制的项目总进度计划、进行中间控制的项目分阶段进度计划和进行详细控制的各子项进度计划、并对这些进度计划进行优化，以达到对这些项目进度计划的有效控制。

（2）项目进度实施

工程项目进度实施就是在资金、技术、合同、管理信息等方面进度保证措施落实的前提下，使项目进度按照计划实施。施工过程中存在各种干扰因素，使项目进度的实施结果偏离进度计划，项目进度实施的任务就是预测这些干扰因素，对其风险程度进行分析，并采取预控措施，以保证实际进度与计划进度的吻合。

（3）项目进度检查

工程项目进度检查的目的就是要了解和掌握建筑工程项目进度计划在实施过程中的变化趋势和偏差程度。其主要内容有：跟踪检查、数据采集和偏差分析。

（4）项目进度调整

工程项目的进度调整是整个项目进度控制中最困难、最关键的内容。包括以下几方面的内容：

① 偏差分析。分析影响进度的各种因素和产生偏差的前因后果。

② 动态调整。寻求进度调整的约束条件和可行方案。

③ 优化控制。调控的目标是使进度、费用变化最小，能达到或接近进度计划的优化控制目标。

3.1.6 建筑工程项目进度管理目标的制订

进度管理目标的制订应在项目分解的基础上确定。其包括项目进度总目标和分阶段目标，也可根据需要确定年、季、月、旬（周）目标，里程碑事件目标等。里程碑事件目标是指关键工作的开始时刻或完成时刻。

在确定施工进度管理目标时，必须全面细致地分析与建设工程进度有关的各种有利因素和不利因素。只有这样才能制订出一个科学、合理的进度管理目标。确定施工进度管理目标的主要依据有：建设工程总进度目标对施工工期的要求；工期定额、类似工程项目的实际进度；工程难易程度和工程条件的实际情况等。

在确定施工进度分解目标时，还要考虑以下几个方面。

① 对于大型建筑工程项目，应根据尽早提供可动用单元的原则，集中力量分期分批建设，以便尽早投入使用，尽快发挥投资效益。这时，为保证每一动用单元能形成完整的生产能力，就要考虑这些动用单元交付使用时所必需的全部配套项目。因此，要处理好前期动用和后期建设的关条、每期工程中主体工程与辅助及附属工程之间的关系等。

② 结合本工程的特点，参考同类建设工程的经验来确定施工进度目标，避免只按主观

愿望盲目确定进度目标,从而在实施过程中造成进度失控。

③ 合理安排土建与设备的综合施工。按照它们各自的特点,合理安排土建施工与设备基础、设备安装的先后顺序及搭接、交叉或平行作业,明确设备工程对土建工程的要求和土建工程为设备工程提供施工条件的内容及时间。

④ 做好资金供应能力、施工力量配备、物资(材料、构配件、设备)供应能力与施工进度的平衡工作,确保工程进度目标的要求,从而避免其落空。

⑤ 考虑外部协作条件的配合情况。包括施工过程中及项目竣工动用所需的水、电、气、通信、道路及其他社会服务项目的满足程度和满足时间。它们必须与有关项目的进度目标相协调。

⑥ 考虑工程项目所在地区地形、地质、水文、气象等方面的限制条件。

3.2 建筑工程项目进度计划的编制

3.2.1 建筑工程进度计划的编制依据

① 经过审批的全套施工图及采用的各种标准图集和技术资料。
② 工程的工期要求及开工、竣工日期。
③ 建筑工程工作顺序及相互之间的逻辑关系。
④ 建筑工程工作持续时间的估算。
⑤ 资源需求。包括对资源数量和质量的要求,当有多个工作同时需要某种资源时,需要做出合理的安排。
⑥ 作业制度安排。明确工程作业制度是十分必要的,它会直接影响进度计划的安排。
⑦ 约束条件。在工程执行过程中总会存在一引起关键工作或事件,这些都是工程执行过程中必须考虑的约束条件。
⑧ 工程工作的提前和滞后要求。为了准确地确定工作关系,有些逻辑关系需要规定提前或滞后的时间。

3.2.2 建筑工程进度计划的编制步骤

编制建筑工程进度计划是在满足合同工期要求的情况下,对选定的施工方案、资源的供应情况、协作单位配合施工的情况等所作的综合研究和周密部署,具体编制步骤如下。

① 划分施工过程。
② 计算工程量。
③ 套用施工定额。
④ 劳动量和机械台班量的确定。
⑤ 计量施工过程的持续时间。
⑥ 初排施工进度。
⑦ 编制正式的施工进度计划。

3.2.3 建筑工程进度计划的表示方法

建筑工程进度计划的表示方法有多种,常用的表达方式有横道图和网络图。

(1) 横道图的形式和特点

① 横道图有水平指示图表和垂直指示图表两种。用水平指示图表的表达方式:横坐标表示流水施工的持续时间,纵坐标表示开展流水施工的施工过程、专业工作队的名称、编号

和数目。呈梯形分布的水平线表示流水施工的开展情况。

用垂直指示图表的表达方式：横坐标表示流水施工的持续时间，纵坐标表示开展流水施工所划分的施工段编号，n 条斜线段表示各专业工作队或施工过程开展流水施工的情况。

② 横道图表示法的优缺点。

a. 优点：表达方式较直观；使用方便，很容易看懂；绘图简单方便，计算工作量小。

b. 缺点：工序之间的逻辑关系不易表达清楚；适用于手工编制，不便于用计算机编制；由于不能进行严格的时间参数计算，故不能确定计划的关键工作、关键线路与时差；计划调整只能采用手工方式，工作量较大；此种计划难以适应大进度计划系统的需要。

（2）网络图的表达形式和特点

① 网络图的表达方式有单代号网络图和双代号网络图两种。

a. 单代号网络图：指组织网络图的各项工作由节点表示，以箭线表示各项工作的相互制约关系。采用这种符号从左向右绘制而成的网络图。

b. 双代号网络图：指组成网络图的各项工作由节点表示工作的开始和结束，以箭线表示工作的名称，把工作的名称写在箭线上方，工作的持续时间（小时、天、周）写在箭线下方，箭尾表示工作的开始，箭头表示工作的结束，采用这种符号从左向右绘制而成的网络图。

② 网络计划的优缺点（与横道图相比）。

a. 优点：网络计划能明确表达各项工作之间的逻辑关系；通过网络时间参数的计算，可以找出关键线路和关键工作；通过网络时间参数的计算，可以明确各项工作的机动时间；网络计划可以利用电子计算机进行计算、优化和调整。

b. 缺点：计算劳动力、资源消耗量时，与横道图相比较困难；没有像横道计划一样直观明了，但可以通过绘制时标网络计划得以弥补。

3.2.4 流水施工原理

流水施工就是指所有的施工过程按照一定的时间间隔依次投入施工，各个施工过程陆续开工、陆续竣工，使同一施工过程的施工队组保持连续、均衡施工，不同的施工过程尽可能平行搭接施工的组织方式。

3.2.4.1 流水施工基本参数

在组织施工项目流水施工时，用以表达流水施工在工艺流程、空间布置和时间安排等方面的状态参数，称为流水施工参数，包括工艺参效、空间参数和时间参数。

（1）工艺参数

工艺参数主要是指在组织施工项目流水施工时，用以表达流水施工在施工工艺方面进展状态的参数。包括施工过程和流水强度。

施工过程指在组织工程流水施工时，根据施工组织及计划安排需要，将计划任务划分成的子项。

① 施工过程划分的粗细程度由实际需要而定，可以是单位工程，也可以是分部工程、分项工程或施工工序。

② 根据其性质和特点不同，施工过程一般分为三类，即建造类施工过程、运输类施工过程和制备类施工过程。

③ 由于建造类施工过程占有施工对象的空间，直接影响工期的长短，因此，必须列入施工进度计划，并在其中大多作为主导施工过程或关键工作。

④ 施工过程的数目一般用 n 表示，它是流水施工的主要参数之一。

流水强度是指某施工过程（专业工作队）在单位时间内所完成的工作量，也称为流水能力或生产能力。流水强度可用下式计算：
$$V_i = \Sigma R_i S_i$$
式中　V_i——某施工过程（队）的流水强度；
　　　R_i——投入该施工过程中的第 i 种资源量（施工机械台数或工人数）；
　　　S_i——投入该施工过程中的第 i 种资源的产量定额。

(2) 空间参数

指在组织施工项目流水施工时，用以表达流水施工在空间布置上开展状态的参数，包括工作面和施工段。

工作面指某专业工种的工人或某种施工机械进行施工的活动空间，称为工作面。工作面的大小，表明能够安排施工人数或机械台数的多少；每个作业的工人或每台施工机械所需工作面的大小，取决于单位时间内其完成的工作量和安全施工的要求；工作面确定得合理与否，直接影响专业工作队的生产效率。

施工段指将施工对象在平面或空间上划分成若干个劳动量大致相等的施工段落，或称作流水段。施工段的数目一般用 m 表示，它是流水施工的主要参数之一。

(3) 时间参数

指在组织施工项目流水施工时，用以表达流水施工在时间安排上所处状态的参数。包括流水节拍、流水步距、流水施工工期三个指标。

流水节拍指在组织施工项目流水施工时，某个专业工作队在一个施工段上的施工时间。影响流水节拍数值大小的因素主要有：

① 施工项目所采取的施工方案；
② 各施工段投入的劳动力人数或机械台班、工作班次；
③ 各施工段工程量的多少。

流水步距指在组织施工项目流水施工时，相邻两个施工过程（或专业工作队）相继开始施工的最小时间间隔。确定流水步距一般满足以下几个基本要求：

① 各施工过程按各自流水速度施工，始终保持工艺先后顺序；
② 各施工过程的专业工作队投入施工后尽可能保持连续作业；
③ 相邻两个施工过程（或专业工作队）在满足连续施工的条件下，能最大限度地实现合理搭接。

流水施工工期指从第一个专业工作队投入流水施工开始，到最后一个专业工作队完成流水施工为止的整个持续时间。由于一项建设工程往往包含有许多流水组，故流水施工工期一般均不是整个工程的总工期。

3.2.4.2　流水施工的基本组织形式

流水施工按照流水节拍的特征可分为有节奏流水施工和无节奏流水施工。

有节奏流水施工又可分为等节奏流水施工和异节奏流水施工。等节奏流水施工是指在有节奏流水施工中，各施工过程的流水节拍都相等的流水施工。在流水组中，每一个施工过程本身在各施工段中的作业时间（流水节拍）都相等，各个施工过程之间的流水节拍也相等，故等节奏流水施工的流水节拍是一个常数。

异节奏流水施工是指在有节奏流水施工中，各施工过程的流水节拍各自相等而不同施工过程之间的流水节拍不尽相等的流水施工。

① 在流水组织中，每一个施工过程本身在各施工段上的流水节拍都相等，但是不同施工过程之间的流水节拍不完全相等。

② 在组织异节奏流水施工时，按每个施工过程流水节拍之间是某个常数的倍数，可组织成倍节拍流水施工。

无节奏流水施工是指在组织流水施工时,全部或部分施工过程在各个施工段上的流水节拍不相等的流水施工。这种施工是流水施工中最常见的一种。特点如下:

① 各施工过程在各施工段上的作业时间(流水节拍)不全相等,且无规律。

② 相邻施工过程流水步距不尽相等。

③ 专业工作队数等于施工过程数。

④ 各专业工作队能够在施工段上连续作业,但有的施工段之间可能有空闲时间。

3.2.5 双代号网络图

网络计划的表达形式是网络图。所谓网络图是指由箭线和节点组成的,用来表示工作流程的有向、有序的网状图形。网络图中,按节点和箭线所代表的含义不同,可分为双代号网络图和单代号网络图两大类。

3.2.5.1 双代号网络图的组成

(1) 基本符号

双代号网络图的基本符号是箭线、节点及节点编号。

① 箭线。网络图中一端带箭头的实线即为箭线。在双代号网络图中,它与其两端的节点表示一项工作。箭线表达的内容有以下几个方面:

a. 一根箭线表示一项工作或表示一个施工过程。根据网络计划的性质和作用的不同,工作既可以是一个简单的施工过程,如挖土、垫层等分项工程或者基础工程、主体工程等分部工程;工作也可以是一项复杂的工程任务,如教学楼土建工程等单位工程或者教学楼工程等单项工程。如何确定一项工作的范围取决于所绘制的网络计划的作用(控制性或指导性)。

b. 一根箭线表示一项工作消耗的时间和资源,分别用数字标注在箭线的下方和上方。一般而言,每项工作的完成都要消耗一定的时间和资源,如砌砖墙、浇筑混凝土等;也存在只消耗时间而不消耗资源的工作,如混凝土养护、砂浆找平层干燥等技术间歇,若单独考虑,也应作为一项工作对待。

c. 在无时间坐标的网络图中,箭线的长度不代表时间的长短,画图时原则上是任意的,但必须满足网络图的绘制规则。在有时间坐标的网络图中,其箭线的长度必须根据完成该项工作所需时间长短按比例绘制。

d. 箭线的方向表示工作进行的方向和前进的路线,箭尾表示工作的开始,箭头表示工作的结束。

e. 箭线可以画成直线、折线或斜线。必要时,箭线也可以画成曲线,但应以水平直线为主,一般不宜画成垂直线。

② 节点。网络图中箭线端部的圆圈或其他形状的封闭图形就是节点。在双代号网络图中,它表示工作之间的逻辑关系,节点表达的内容有以下几个方面:

a. 节点表示前面工作结束和后面工作开始的瞬间,所以节点不需要消耗时间和资源;

b. 箭线的箭尾节点表示该工作的开始,箭线的箭头节点表示该工作的结束;

c. 根据节点在网络图中的位置不同可以分为起点节点、终点节点和中间节点。起点节点是网络图的第一个节点,表示一项任务的开始。终点节点是网络图的最后一个节点,表示一项任务的完成。除起点节点和终点节点的外的节点称为中间节点,中间节点都有双重的含义,既是前面工作的箭头节点,也是后面工作的箭尾节点,如图 3-2 所示。

图 3-2 节点示意图

③ 节点编号。网络图中的每个节点都有自己的编号,以便赋予每项工作以代号,便于计算网络图的时间参数和检查网络图是否正确。

a. 节点编号必须满足两条基本规则,其一,箭头节点编号大于箭尾节点编号,因此节点编号顺序是:箭尾节点编号在前,箭头节点编号在后,凡是箭尾节点没有编号的,箭头节点不能编号;其二,在一个网络图中,所有节点不能出现重复编号,编号的号码可以按自然数顺序进行,也可以非连续编号,以便适应网络计划调整中增加工作的需要,编号留有余地。

b. 节点编号的方法有两种:一种是水平编号法,即从起点节点开始由上到下逐行编号,每行则自左到右按顺序编号,如图 3-3 所示;另一种是垂直编号法,即从起点节点开始自左到右逐列编号,每列则根据编号规则的要求进行编号,如图 3-4 所示。

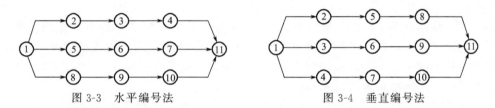

图 3-3 水平编号法　　　　　　　　图 3-4 垂直编号法

(2) 线路、关键线路、关键工作

① 线路。网络图中从起点节点开始,沿箭头方向顺序通过一系列箭线与节点,最后达到终点节点的通路称为线路。一个网络图中,从起点节点到终点节点,一般都存在着许多条线路,如图 3-5 所示中有四条线路,每条线路都包含若干项工作,这些工作的持续时间之和就是该线路的时间长度,即线路上总的工作持续时间。图 3-5 中四条线路各自的总持续时间见表 3-2。

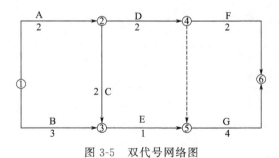

图 3-5 双代号网络图

表 3-2 线路的总持续时间

线路	总持续时间/天	关键线路
①—A—②—C—③—E—⑤—G—⑥ 　　2　　2　　1　　4	9	9 天
①—A—②—D—④·····⑤—G—⑥ 　　2　　2　　　　4	8	

续表

线路	总持续时间/天	关键线路
①—③—⑤—⑥ (B-3, E-1, G-4)	8	
①—②—④—⑥ (A-2, D-2, F-2)	6	

② 关键线路和关键工作。线路上总的工作持续时间最长的线路称为关键线路。在图3-5中，线路1—2—3—5—6总的工作持续时间最长，即为关键线路。其余线路称为非关键线路。位于关键线路上的工作称为关键工作。关键工作完成快慢直接影响整个计划工期的实现。

一般来说，一个网络图中至少有一条关键线路。关键线路也不是一成不变的，在一定的条件下，关键线路和非关键线路会相互转化。例如，当采取技术组织措施，缩短关键工作的持续时间，或者非关键工作持续时间延长时，就有可能使关键线路发生转移。网络计划中，关键工作的比例往往不宜过大，网络计划越复杂工作节点就越多，则关键工作的比例应该越小，这样有利于抓住主要矛盾。

非关键线路都有若干机动时间（即时差），它意味着工作完成日期容许适当变动而不影响工期。时差的意义就在于可以使非关键工作在时差允许范围内放慢施工进度，将部分人、财、物转移到关键工作上去，以加快关键工作的进程；或者在时差允许范围内改变工作开始和结束时间，以达到均衡施工的目的。

关键线路宜用粗箭线、双箭线或彩色线标注，以突出其在网络计划中的重要位置。

3.2.5.2 双代号网络图的绘制

(1) 双代号网络图的绘图规则

① 双代号网络图必须正确表达已定的逻辑关系，双代号网络图常用的逻辑关系模型见表3-3。

表3-3 网络图中各工作逻辑关系表示方法

序号	工作之间的逻辑关系	网络图中表示方法	说明
1	有A、B两项工作按照依次施工方式进行	○—A—○—B—○	B工作依赖着A工作，A工作约束着B工作的开始
2	有A、B、C三项工作同时开始工作	○分别A、B、C到三个○	A、B、C三项工作称为平行工作
3	有A、B、C三项工作同时结束	三个○分别A、B、C到一个○	A、B、C三项工作称为平行工作
4	有A、B、C三项工作只有在A完成后B、C才能开始	○—A—○分别B、C到两个○	A工作制约着B、C工作的开始。B、C为平行工作

续表

序号	工作之间的逻辑关系	网络图中表示方法	说　明
5	有 A、B、C 三项工作，C 工作只有在 A、B 完成后，才能开始		C 工作依赖着 A、B 工作。A、B 为平行工作
6	有 A、B、C、D 四项工作，只有当 A、B 完成后，C、D 才能开始		通过中间节点 j 正确地表达了 A、B、C、D 之间的关系
7	有 A、B、C、D 四项工作，A 完成后 C 才能开始；A、B 完成后 D 才开始		D 与 A 之间引入了逻辑连接（虚工作），只有这样才能正确表达它们之间的约束关系
8	有 A、B、C、D、E 五项工作，A、B 完成后 C 开始；B、D 完成后 E 开始		虚工作 i、j 反映出 C 工作受到 B 工作的约束，虚工作 i、k 反映出 E 工作受到 B 工作的约束
9	有 A、B、C、D、E 五项工作 A、B、C 完成后 D 才能开始；B、C 完成后 E 才能开始		这是前面序号 1、5 情况通过虚工作连接起来，虚工作表示 D 工作受到 B、C 工作制约
10	A、B 两项工作分三个施工段，流水施工		每个工种工程建立专业工作队，在每个施工段上进行流水作业，不同工种之间用逻辑搭接关系表示

② 双代号网络图中，严禁出现循环回路。所谓循环回路是指从一个节点出发，顺箭线方向又回到原出发点的循环线路。如图 3-6 所示，就出现了循环回路 2—3—4—5—6—7—2。

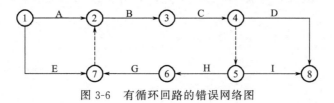

图 3-6　有循环回路的错误网络图

③ 双代号网络图中，在节点之间严禁出现带双向箭头和无箭头的连线，如图 3-7 所示。

(a) 双向箭头的连线　　　　　　　　(b) 无箭头的连线

图 3-7　错误的箭线画法

④ 双代号网络图中，严禁出现没有箭头节点或没有箭尾节点的箭线，如图 3-8 所示。

⑤ 双代号网络图中的箭线（包括虚箭线）宜保持自左向右的方向，不宜出现箭头指向左方的水平箭线和箭头偏向左方的斜向箭线，如图 3-9 所示。若遵循这一原则绘制网络图，

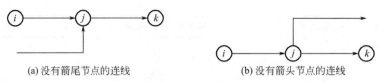

(a) 没有箭尾节点的连线　　　　　　　(b) 没有箭头节点的连线

图 3-8　没有箭尾节点或箭头节点的箭线

就不会有循环回路出现。

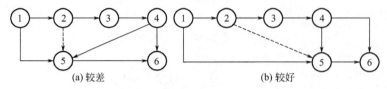

(a) 较差　　　　　　　　　　　　(b) 较好

图 3-9　双代号网络图的表达

⑥ 双代号网络图中，一项工作只有唯一的一条箭线和相应的一对节点编号。严禁在箭线上引入或引出箭线。如图 3-10 所示。

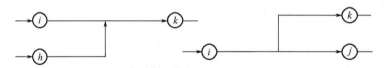

图 3-10　在箭线上引入和引出箭线的错误画法

⑦ 绘制网络图时，尽可能在构图时避免交叉。当交叉不可避免、且交叉少时，采用过桥法，当箭线交叉过多，使用指向法，如图 3-11 所示。采用指向法时应注意节点编号指向的大小关系，保持箭尾节点的编号小于箭头节点编号。为了避免出现箭尾节点的编号大于箭头节点的编号情况，指向法一般只在网络图已编号后才用。

⑧ 双代号网络图中只允许有一个起点节点（该节点编号最小没有内向箭线）；不是分期完成任务的网络图中，只允许有一个终点节点（该节点编号最大且没有外向工作）；而其他所有节点均是中间节点（既有内向箭线又有外向箭线）。如图 3-12(a) 所示，网络图中有三个起点节点 1、2 和 5，有三个终点节点 9、12 和 13 的画法错误。应将 1、2、5 合并成一个起点节点，将 9、12 和 13 合并成一个终点节点，如图 3-12(b) 所示。

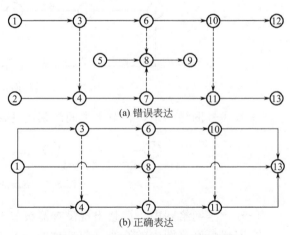

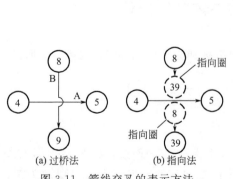

图 3-11　箭线交叉的表示方法　　　　　图 3-12　起点节点和终点节点表达

(2) 双代号网络图的绘制方法

节点位置法：为了使所绘制网络图中不出现逆向箭线和竖向实线箭线，在绘制网络图之前，先确定各个节点相对位置，再按节点位置号绘制网络图，如图 3-13 所示。

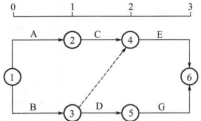

图 3-13 网络图与节点位置坐标

(3) 节点位置号确定的原则

以图 3-13 为例，说明节点位置号（即节点位置坐标）的确定原则。

① 无紧前工作的工作开始节点位置号为零。如工作 A、B 的开始节点位置号为 0。

② 有紧前工作的工作开始节点位置号等于其紧前工作的开始节点位置号的最大值加 1。如 E：紧前工作 B、C 的开始节点位置号分别为 0、1，则其节点位置号为 1+1=2。

③ 有紧后工作的工作完成节点位置号等于其紧后工作的开始节点位置号的最小值。如 B：紧后工作 D、E 的开始节点位置分别为 1、2，则其节点位置号为 1。

④ 无紧后工作的工作完成节点位置号等于有紧后工作的工作完成节点位置号的最大值加 1。如工作 E、G 的完成节点位置号等于工作 C、D 的完成节点位置号的最大值加 1，即 2+1=3。

(4) 绘图步骤

① 提供逻辑关系表，一般只要提供每项工作的紧前工作；
② 确定各工作紧后工作；
③ 确定各工作开始节点位置号和完成节点位置号；
④ 根据节点位置号和逻辑关系绘出初始网络图；
⑤ 检查、修改、调整、绘制正式网络图。

【例 3-1】 已知网络图的资料见表 3-4，试绘制双代号网络图。

表 3-4 网络图资料表

工作	A	B	C	D	E	G
紧前工作	—	—	—	B	B	C,D

解：1. 列出关系表，确定出紧后工作和节点位置号，见表 3-5。

表 3-5 关系表

工作	A	B	C	D	E	G
紧前工作	—	—	—	B	B	C,D
紧后工作	—	D,E	G	G	—	—
开始节点的位置号	0	0	0	1	1	2
完成节点的位置号	3	1	2	2	3	3

2. 绘出网络图，如图 3-14 所示。

逻辑草稿法：先根据网络图的逻辑关系，绘制出网络图草图，再结合绘图规则进行调整布局，最后形成正式网络图。当已知每一项工作的紧前工作时，可按下述步骤绘制以代号网络图。

（1）绘制没有紧前工作的工作，使它们具有相同的箭尾节点，即起点节点。

（2）依次绘制其他各项工作。这些工作的绘制条件是所有紧前工作都已经绘制出来。绘制原则为：

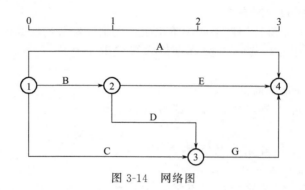

图 3-14 网络图

① 当所绘制的工作只有一个紧前工作时,则将该工作的箭线直接画在其紧前工作的完成节点之后即可。

② 当所绘制的工作有多个紧前工作时,应按以下四种情况分别考虑:

a. 如果在其紧前工作中存在一项只作为本工作紧前工作的工作(即在紧前工作栏目中,该紧前工作只出现一次),则应将本工作箭线直接画在该紧前工作完成节点之后,然后用虚箭线分别将其他紧前工作的完成节点与本工作的开始节点相连,以表达它们之间的逻辑关系。

b. 如果在其紧前工作中存在多项只作为本工作紧前工作的工作,则应将这些紧前工作的完成节点合并(利用虚工作或直接合并),再从合并后的节点开始,画出本工作箭线,最后用虚箭线将其他紧前工作的箭头节点分别与工作开始节点相连,以表达它们之间的逻辑关系。

c. 如果不存在情况 a、b,应判断本工作的所有紧前工作是否都同时作为其他工作的紧前工作(即紧前工作栏目中,这几项紧前工作是否均同时出现若干次)。如果这样,应先将它们完成节点合并后,再从合并后的节点开始画出本工作箭线。

d. 如果不存在情况 a、b、c,则应将本工作箭线单独画在其紧前工作箭线之后的中部,然后用虚工作将紧前工作与本工作相连,表达逻辑关系。

(3) 合并没有紧后工作的箭线,即为终点节点。

(4) 确认无误,进行节点编号。

【例 3-2】 已知网络图资料见表 3-6,试绘制双代号网络图。

表 3-6 工作逻辑关系表

工作	A	B	C	D	E	G	H
紧前工作	—	—	—	—	A、B	B、C、D	C、D

解:1. 绘制没有紧前工作的工作箭线 A、B、C、D,如图 3-15(a) 所示。

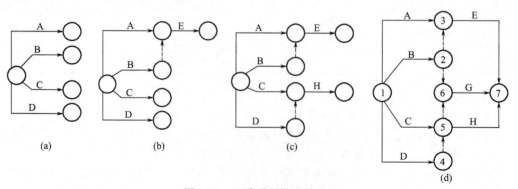

图 3-15 双代号网络图绘图

2. 按前述原则②中情况（A）绘制工作 E，如图 3-15(b) 所示。

3. 按前述原则②中情况（C）绘制工作 H，如图 3-15(c) 所示。

4. 按前述原则②中情况（D）绘制工作 G，并将工作 E、G、H 合并，如图 3-15(d) 所示。

(5) 网络图的拼图

① 网络图的排列。网络图采用正确的排列方式，逻辑关系准确清晰，形象直观，便于计算与调整。主要排列方式有：

a. 混合排列。对于简单的网络图，可根据施工顺序和逻辑关系将各施工过程对称排列，如图 3-16 所示。其特点是构图美观、形象、大方。

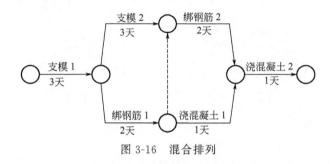

图 3-16 混合排列

b. 按施工过程排列。根据施工顺序把各施工过程按垂直方向排列，施工段按水平方向排列，如图 3-17 所示。其特点是相同工种在同一水平线上，突出不同工种的工作情况。

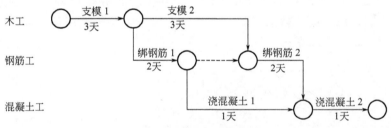

图 3-17 按施工过程排列

c. 按施工段排列。同一施工段上的有关施工过程按水平方向排列，施工段按垂直方向排列，如图 3-18 所示。其特点是同一施工段的工作在同一水平线上，反映出分段施工的特征，突出工作面的利用情况。

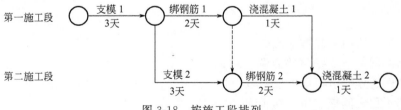

图 3-18 按施工段排列

② 网络图的工作合并。为了简化网络图，可将较详细的相对独立的局部网络图变为较概括的少箭线的网络图。

网络图工作合并的基本方法是：保留局部网络图中与外部工作相联系的节点，合并后箭线所表达的工作持续时间为合并前该部分网络图中相应最长线路段的工作时间之和。如图 3-19、图 3-20 所示。

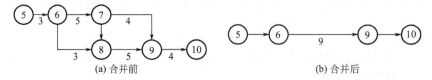

图 3-19 网络图的合并（一）

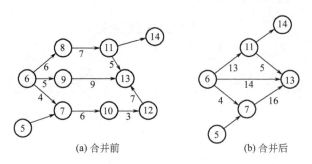

图 3-20 网络图的合并（二）

网络图的合并主要适用于群体工程施工控制网络图和施工单位的季度、年度控制网络图的编制。

③ 网络图连接。绘制较复杂的网络图时，往往先将其分解成若干个相对独立的部分，然后各自分头绘制，最后按逻辑关系进行连接，形成一个总体网络图，如图 3-21 所示。在连接过程中，应注意以下几点：

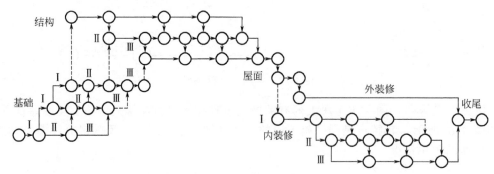

图 3-21 网络图的连接

a. 必须有统一的构图和排列形式；
b. 整个网络图的节点编号要协调一致；
c. 施工过程划分的粗细程度应一致；
d. 各分部工程之间应预留连接节点。

④ 网络图的详略组合。在网络图的绘制中，为了简化网络图图画，更是为了突出网络计划的重点，常常采取"局部详细、整体简略"绘制的方式，称为详略组合。例如，编制有标准层的多高层住宅或公寓写字楼等工程施工网络计划，可以先将施工工艺和工程量与其他楼层均相同的标准网络图绘出，其他则简略为一根箭线表示，如图 3-22 所示。

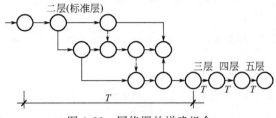

图 3-22 网络图的详略组合

3.2.5.3 双代号网络计划时间参数的计算

根据工程对象各项工作的逻辑关系和绘图规则绘制网络是一种定性的过程，只有进行时间参数的计算这样一个定量的过程，才使网络计划具有实际应用价值。计算网络计划时间参数的目的主要有三个：第一，确定关键线路和关键工作，便于施工中抓住重点，向关键线路要时间；第二，明确非关键工作及其在施工中时间上有多大的机动性，便于挖掘潜力，统筹全局，部署资源；第三，确定总工期，做到工程进度心中有数。

(1) 网络计划时间参数的概念及符号

① 工作持续时间。工作持续时间是指一项工作从开始到完成的时间，用 D 表示。其主要计算方法有：

a. 参照以往实践经验估算；

b. 经过试验推算；

c. 有标准可查，按定额计算。

② 工期。工期是指完成一项任务所需要的时间，一般有以下三种工期：

a. 计算工期：是指根据时间参数计算所得到的工期，用 T_c 表示；

b. 要求工期：是指任务委托人提出的指令性工期，用 T_r 表示；

c. 计划工期：是指根据要求工期和计算工期所确定的作为实施目标的工期，用 T_p 表示。

当规定了要求工期时：$T_p \leqslant T_r$；

当未规定要求工期时：$T_p = T_c$。

③ 网络计划中工作的时间参数。网络计划中的时间参数有六个：最早开始时间、最早完成时间、最迟完成时间、最迟开始时间、总时差、自由时差。

a. 最早开始时间和最早完成时间。最早开始时间指各紧前工作全部完成后，本工作有可能完成的最早时刻。工作的最早开始时间用 ES 表示。

最早完成时间是指各紧前工作全部完成后，本工作有可能完成的最早时刻。工作的最早完成时间用 EF 表示。

这类事件参数的实质是提出了紧后工作与紧前工作的关系，即紧后工作若提前开始，也不能提前到其紧前工作未完成之前。就整个网络图而言，受到起点的控制。因此，其计算程序为：自起点节点开始，顺着箭线方向，用累加的方法计算到终点节点。

b. 最迟完成时间和最迟开始时间。最迟完成时间是指在不影响整个任务按期完成的前提下，工作必须完成的最迟时刻。工作的最迟完成时间用 LF 表示。

最迟开始时间是指在不影响整个任务按期完成的前提下，工作必须开始的最迟时刻。工作的最迟开始时间用 LS 表示。

这类事件参数的实质是提出紧前工作与紧后工作的关系，即紧前工作要推迟开始，不能影响其紧后工作的按期完成。就整个网络图而言，受到终点节点（即计算工期）的控制。因此，其计算程序为：自终点节点开始，逆着箭线方向，用累减的方法计算到起点节点。

c. 总时差和自由时差。总时差是指在不影响总工期的前提下，本工作可以利用的机动时间。工作的总时差用 TF 表示。

自由时差是指在不影响其紧后工作最早开始时间的前提下，本工作可以利用的机动时间。工作的自由时差用 FF 表示。

④ 网络计划中节点的时间参数及其计算程序。

a. 节点最早时间。双代号网络计划中，以该节点为开始节点的各项工作的最早开始时间，称为节点最早时间。节点 i 的最早时间用 ET_i 表示。其计算程序为：自起点节点开始，顺着箭线方向，用累加的方法计算到终点节点。

b. 节点最迟时间。双代号网络计划中，以该节点为结束节点的各项工作的最迟开始时间，称为节点最迟时间。节点 i 的最迟时间用 LT_i 表示。其计算程序为：自终点节点开始，逆着箭线方向，用累减的方法计算到起点节点。

⑤ 常用符号。设有线路 $h—i—j—k$，则：

D_{i-j}——工作 $i—j$ 的持续时间；

D_{h-i}——工作 $i—j$ 的紧前工作 $h—i$ 的持续时间；

D_{j-k}——工作 $i—j$ 紧后工作 $j—k$ 的持续时间；

ES_{i-j}——工作 $i—j$ 的最早开始时间；

EF_{i-j}——工作 $i—j$ 的最早完成时间；

LF_{i-j}——在总工期已经确定的情况下，$i—j$ 的最迟完成时间；

LS_{i-j}——在总工期已经确定的情况下，$i—j$ 的最迟开始时间；

ET_i——节点 i 的最早时间；

LT_i——节点 i 的最迟时间；

TF_{i-j}——工作 $i—j$ 的总时差；

FF_{i-j}——工作 $i—j$ 的自由时差。

（2）双代号网络计划时间参数的计算

双代号网络计划时间参数的计算方法通常有工作计算法、节点计算法。下面主要讲述节点计算法的计算过程。

按节点计算法计算时间参数，其计算结果应标注在节点之上，如图3-23所示。

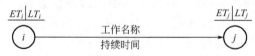

图 3-23　按节点计算法的标注内容

下面以图3-23为例，说明其计算步骤：

① 计算各节点最早时间。节点的最早时间是以该节点为开始节点的工作的最早开始时间，其计算有三种情况：

a. 起点节点 i 如未规定最早时间，其值应等于零，即：

$$ET_i = 0(i=1) \tag{3-1}$$

b. 当节点 j 只有一条内向箭线时，最早时间应为：

$$ET_j = ET_i + D_{i-j} \tag{3-2}$$

c. 当节点 j 有多条内向箭线时，其最早时间应为：

$$ET_j = \max\{ET_i + D_{i-j}\} \tag{3-3}$$

终点节点 n 的最早时间即为网络计划的计算工期，即：

$$T_c = ET_n \tag{3-4}$$

如图 3-24 所示的网络计划中,各节点最早时间计算如下:

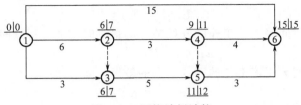

图 3-24 网络计划计算

$ET_1 = 0$

$ET_2 = ET_1 + D_{1-2} = 0 + 6 = 6$

$ET_3 = \max \begin{Bmatrix} ET_2 + D_{2-3} \\ ET_1 + D_{1-3} \end{Bmatrix} = \max \begin{Bmatrix} 6+0 \\ 0+3 \end{Bmatrix} = 6$

$ET_4 = ET_2 + D_{2-4} = 6 + 3 = 9$

$ET_5 = \max \begin{Bmatrix} ET_4 + D_{4-5} \\ ET_3 + D_{3-5} \end{Bmatrix} = \max \begin{Bmatrix} 9+0 \\ 6+5 \end{Bmatrix} = 11$

$ET_6 = \max \begin{Bmatrix} ET_1 + D_{1-6} \\ ET_4 + D_{4-6} \\ ET_5 + D_{5-6} \end{Bmatrix} = \max \begin{Bmatrix} 0+15 \\ 9+4 \\ 11+3 \end{Bmatrix} = 15$

② 计算各节点最迟时间。节点最迟时间是以该节点为完成节点的工作的最迟完成时间,其计算有两种情况:

终点节点的最迟时间应等于网络计划的计划工期,即:

$$LT_n = T_P \tag{3-5}$$

若分期完成的节点,则最迟时间等于该节点规定的分期完成的时间。

当节点 i 只有一个外向箭线时,其最迟时间为:

$$LT_i = LT_j - D_{i-j} \tag{3-6}$$

当节点 i 有多余外向箭线时,其最迟时间为:

$$LT_i = \min \{LT_j - D_{i-j}\} \tag{3-7}$$

如图 3-24 所示的网络计划中,各节点的最迟时间计算如下:

$LT_6 = T_P = T_c = ET_6 = 15$

$LT_5 = LT_6 - D_{5-6} = 15 - 3 = 12$

$LT_4 = \min \begin{Bmatrix} LT_6 - D_{4-6} \\ LT_5 - D_{4-5} \end{Bmatrix} = \min \begin{Bmatrix} 15-4 \\ 12-0 \end{Bmatrix} = 11$

$LT_3 = LT_5 - D_{3-5} = 12 - 5 = 7$

$LT_2 = \min \begin{Bmatrix} LT_4 - D_{2-4} \\ LT_3 - D_{2-3} \end{Bmatrix} = \min \begin{Bmatrix} 11-3 \\ 7-0 \end{Bmatrix} = 7$

$LT_1 = \min \begin{Bmatrix} LT_6 - D_{1-6} \\ LT_2 - D_{1-2} \\ LT_3 - D_{1-3} \end{Bmatrix} = \min \begin{Bmatrix} 15-15 \\ 7-6 \\ 7-3 \end{Bmatrix} = 0$

③ 根据节点时间参数计算工作时间参数。工作最早开始时间等于该工作的开始节点的最早时间。

$$ES_{i-j}=ET_i \tag{3-8}$$

工作的最早完成时间等于该工作的开始节点的最早时间加上持续时间。

$$EF_{i-j}=ET_i+D_{i-j} \tag{3-9}$$

工作最迟完成时间等于该工作的完成节点的最迟时间。

$$LF_{i-j}=LT_j \tag{3-10}$$

工作最迟开始时间等于该工作的完成节点的最迟时间减去持续时间。

$$LS_{i-j}=LT_j-D_{i-j} \tag{3-11}$$

工作总时差等于该工作的完成节点最迟时间减去该工作开始节点的最早时间再减去持续时间。

$$TF_{i-j}=LT_j-ET_i-D_{i-j} \tag{3-12}$$

工作自由时差等于该工作的完成节点最早时间减去该工作开始节点的最早时间再减去持续时间。

$$FF_{i-j}=ET_j-ET_i-D_{i-j} \tag{3-13}$$

如图 3-24 所示网络计划中，根据节点时间参数计算工作的六个时间参数如下：

工作最早开始时间：

$$ES_{1-6}=ES_{1-2}=ES_{1-3}=ET_1=0$$
$$ES_{2-4}=ET_2=6$$
$$ES_{3-5}=ET_3=6$$
$$ES_{4-6}=ET_4=9$$
$$ES_{5-6}=ET_5=11$$

工作最早完成时间：

$$EF_{1-6}=ET_1+D_{1-6}=0+15=15$$
$$EF_{1-2}=ET_1+D_{1-2}=0+6=6$$
$$EF_{1-3}=ET_1+D_{1-3}=0+3=3$$
$$EF_{2-4}=ET_2+D_{2-4}=6+3=9$$
$$EF_{3-5}=ET_3+D_{3-5}=6+5=11$$
$$EF_{4-6}=ET_4+D_{4-6}=9+4=13$$
$$EF_{5-6}=ET_5+D_{5-6}=11+3=14$$

工作最迟完成时间：

$$LF_{1-6}=LT_6=15$$
$$LF_{1-2}=LT_2=7$$
$$LF_{1-3}=LT_3=7$$
$$LF_{2-4}=LT_4=11$$
$$LF_{3-5}=LT_5=12$$
$$LF_{4-6}=LT_6=15$$
$$LF_{5-6}=LT_6=15$$

工作最迟开始时间：

$$LS_{1-6}=LT_6-D_{1-6}=15-15=0$$
$$LS_{1-2}=LT_2-D_{1-2}=7-6=1$$
$$LS_{1-3}=LT_3-D_{1-3}=7-3=4$$
$$LS_{2-4}=LT_4-D_{2-4}=11-3=8$$
$$LS_{3-5}=LT_5-D_{3-5}=12-5=7$$
$$LS_{4-6}=LT_6-D_{4-6}=15-4=11$$
$$LS_{5-6}=LT_6-D_{5-6}=15-3=12$$

总时差:
$$TF_{1-6}=LT_6-ET_1-D_{1-6}=15-0-15=0$$
$$TF_{1-2}=LT_2-ET_1-D_{1-2}=7-0-6=1$$
$$TF_{1-3}=LT_3-ET_1-D_{1-3}=7-0-3=4$$
$$TF_{2-4}=LT_4-ET_2-D_{2-4}=11-6-3=2$$
$$TF_{3-5}=LT_5-ET_3-D_{3-5}=12-6-5=1$$
$$TF_{4-6}=LT_6-ET_4-D_{4-6}=15-9-4=2$$
$$TF_{5-6}=LT_6-ET_5-D_{5-6}=15-11-3=1$$

自由时差:
$$FF_{1-6}=ET_6-ET_1-D_{1-6}=15-0-15=0$$
$$FF_{1-2}=ET_2-ET_1-D_{1-2}=6-0-6=0$$
$$FF_{1-3}=ET_3-ET_1-D_{1-3}=6-0-3=3$$
$$FF_{2-4}=ET_4-ET_2-D_{2-4}=9-6-3=0$$
$$FF_{3-5}=ET_5-ET_3-D_{3-5}=11-6-5=0$$
$$FF_{4-6}=ET_6-ET_4-D_{4-6}=15-9-4=2$$
$$FF_{5-6}=ET_6-ET_5-D_{5-6}=15-11-3=1$$

3.2.6 单代号网络图

3.2.6.1 单代号网络图的组成

单代号网络计划的基本符号也是箭线、节点和节点编号。

(1) 箭线

单代号网络图中，箭线表示紧邻工作之间的逻辑关系。箭线应画成水平直线、折线或斜线。箭线水平投影的方向自左向右，表达工作的进行方向，如图 3-25 所示。

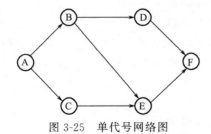

图 3-25 单代号网络图

(2) 节点

单代号网络图中每一个节点表示一项工作，宜用圆圈或矩形表示。节点所表示的工作名称、持续时间和工作代号等应标注在节点内。

(3) 节点编号

单代号网络图的节点编号与双代号网络图一样。

3.2.6.2 单代号网络图的绘制

(1) 单代号网络图的绘制规则

① 单代号网络图必须正确表述已定的逻辑关系；

② 单代号网络图中，严禁出现循环回路；

③ 单代号网络图中，严禁出现双向箭头或无箭头的连线；

④ 单代号网络图中，严禁出现没有箭尾节点的箭线和没有箭头节点的箭线；

⑤ 绘制网络图时，箭线不宜交叉，当交叉不可避免时，可采用过桥法和指向法绘制；

⑥ 单代号网络图中只应有一个起点节点和一个终点节点，当网络图中有多项起点节点或多项终点节点时，应在网络图的两端分别设置一个虚拟的起点节点和终点节点；

⑦ 单代号网络图中不允许出现有重复编号的工作，一个编号只能代表一项工作。而且箭头节点编号要大于箭尾节点编号。

(2) 单代号网络图的绘制方法

单代号网络图的绘制方法与双代号网络图的绘制方法基本相同，而且由于单代号网络图逻辑关系容易表达，因此绘制方法更为简便，其绘制步骤如下：

先根据网络图的逻辑关系，绘制出网络图草图，再结合绘图规则进行调整布局，最后形成正式网络图。

① 提供逻辑关系表，一般只要提供每项工作的紧前工作；

② 用矩阵图确定紧后工作；

③ 绘制没有紧后工作的工作，当网络图中有多项起点节点时，应在网络图的末端设置一项虚拟的起点节点；

④ 依次绘制其他各项工作一直到终点节点。当网络图中有多项终点时，应在网络图的末端设置一项虚拟的终点节点；

⑤ 检查、修改并进行结构调整，最后绘出正式网络图。

3.2.6.3 单代号网络计划时间参数的计算

(1) 单代号网络计划常用符号

设有线路 $h—i—j$ 则：

D_i——工作 i 的持续时间；

D_h——工作 i 的紧前工作 h 的持续时间；

D_j——工作 i 的紧后工作 j 的持续时间；

ES_i——工作 i 的最早开始时间；

EF_i——节点 i 的最早完成时间；

LF_i——在总工期已经确定的情况下，工作 i 的最迟完成时间；

LS_i——在总工期已经确定的情况下，工作 i 的最迟开始时间；

TF_i——工作 i 的总时差；

FF_i——工作 i 的自由时差。

(2) 单代号网络计划时间参数的计算

① 工作最早开始时间的计算应符合下列规定：

a. 工作 i 的最早开始时间 ES_i 应从网络图的起点节点开始，顺着箭线方向依次逐个计算。

b. 起点节点的最早开始时间 ES_1 如无规定，其值等于零，即：

$$ES_1 = 0 \tag{3-14}$$

c. 其他工作的最早开始时间 ES_i 应为

$$ES_i = \max\{ES_h + D_h\} \tag{3-15}$$

式中　ES_h——工作 i 的紧前工作 h 的最早开始时间；

D_h——工作 i 的紧前工作 h 的持续时间。

② 工作 i 的最早完成时间 EF_i 的计算应符合下式规定：

$$EF_i = ES_i + D_i \tag{3-16}$$

③ 网络计划计算工期 T_c 的计算应符合下式规定：

$$T_c = EF_n \tag{3-17}$$

式中　EF_n——终点节点 n 的最早完成时间。

④ 网络计划的计划工期 T_p 应按下列情况分别确定：

a. 当已规定了要求工期 T_t 时

$$T_p \leqslant T_r \tag{3-18}$$

b. 当未规定要求工期时

$$T_p = T_c \tag{3-19}$$

⑤ 相邻两项工作 i 和 j 之间的时间间隔 $LAG_{i,j}$ 的计算应符合下式规定：

$$LAG_{i,j} = ES_j - EF_i \tag{3-20}$$

式中　ES_j——工作 j 的最早开始时间。

⑥ 工作总时差的计算应符合下列规定：

a. 工作 i 的总时差 TF_i 应从网络图的终点节点开始，逆着箭线方向依次逐项计算。当部分工作分期完成时，有关工作的总时差必须从分期完成的节点开始逆向逐项计算。

b. 终点节点所代表的工作 n 的总时差 TF_n 值为零，即

$$TF_n = 0 \tag{3-21}$$

分期完成的工作的总时差值为零。

c. 其他工作的总时差 TF_i 的计算应符合下式规定：

$$TF_i = \min\{LAG_{i,j} + TF_j\} \tag{3-22}$$

式中　TF_j——工作 i 的紧后工作 j 的总时差。

当已知各项工作的最迟完成时间 LF_i 或最迟开始时间 TS_i 时，工作的总时差 TF_i 计算也应符合下列规定：

$$TF_i = LS_i - ES_i \tag{3-23}$$

$$或 \quad TF_i = LF_i - EF_i \tag{3-24}$$

⑦ 工作 i 的自由时差 FF_i 的计算应符合下列规定：

$$FF_i = \min\{LAG_{i,j}\} \tag{3-25}$$

$$FF_i = \min\{ES_j - EF_i\} \tag{3-26}$$

或符合下式规定：

$$FF_i = \min\{ES_j - ES_i - D_i\} \tag{3-27}$$

⑧ 工作最迟完成时间的计算应符合下列规定：

a. 工作 i 的最迟完成时间 LF_i 应从网络图的终点节点开始，逆着箭线方向依次逐项计算。当部分工作分期完成时，有关工作的最迟完成时间应从分期完成的节点开始逆向逐项计算。

b. 终点节点所代表的工作 n 的最迟完成时间 LF_n 应按网络计划的计划工期 T_p 确定，即

$$LF_n = T_p \tag{3-28}$$

分期完成那项工作的最迟完成时间应等于分期完成的时刻。

c. 其他工作 i 的最迟完成时间 LF_i 应为

$$LF_i = \min\{LF_j - D_j\} \tag{3-29}$$

式中　LF_j——工作 i 的紧后工作 j 的最迟完成时间；

　　　D_j——工作 i 的紧后工作 j 的持续时间。

⑨ 工作 i 的最迟开始时间 LS_i 的计算应符合下列规定：

$$LS_i = LF_i - D_i \tag{3-30}$$

(3) 关键工作和关键线路的确定

① 关键工作的确定。网络计划中机动时间最少的工作称为关键工作。因此，网络计划中工作总时间差最小的工作也就是关键工作。当计划工期等于计算工期时，关键工作总时差为零；当计划工期小于计算工期时，工期无法满足计划要求，应研究更多措施以缩短计算工期；当计划工期大于计算工期时，关键工作的总时差为正值，说明计划已留有余地，进度控制主动了。

② 关键线路的确定。网络计划中自始至终全由关键工作组成的线路称为关键线路。在肯定型网络计划中是指线路上工作总持续时间最长的线路。关键线路在网络图中宜用粗线、双线或彩色线标注。

单代号网络计划中将相邻两项关键工作之间的时间为零的关键工作连接起来而形成的自起点节点到终点节点的通路就是关键线路。因此，上例中的关键线路是 1—2—4—7。

(4) 单代号网络图与双代号网络图的比较

① 单代号网络图绘制方便，不必增加虚工作。在此点上，弥补了代号网络图的不足。

② 单代号网络图具有便于说明，容易被非专业人员所理解和易于修改的优点。这对于推广应用统筹法编制工程进度计划，进行全面科学管理是有益的。

③ 双代号网络表示工程进度比用单代号网络图更为形象，特别是在应用带时间坐标网络图中。

④ 双代号网络图在应用电子计算机进行计算和优化过程更加简便，这是因为双代号网络图中用两个代号代表一项工作，可直接反映其紧前或紧后工作的关系。而单代号网络图就必须按工作逐个列出其紧前、紧后工作关系，这在计算机中需占用更多的存储单元。

由于单代号和双代号网络图有上述各自的优缺点，故两种表示法在不同情况下，其表现的繁简程度是不同的。有些情况下，应用单代号表示法较为简单；有些情况下，使用双代号表示法则更为清楚。因此，单代号和双代号网络图是两种互为补充、各具特色的表现方法。

3.2.7　双代号时标网络计划

3.2.7.1　双代号时标网络计划的概念

双代号时标网络计划是以时间坐标为尺度绘制的网络计划，它具有横道计划图的直观性，工作间不仅逻辑关系明确，而且时间关系也一目了然。采用时标网络计划为施工管理进度的调整与控制，以及进行资源优化，提供了便利。时标网络计划适用于编制工作项目较少，工艺过程较简单的施工计划。对于大型复杂的工程，可先编制总的施工网络计划，然后根据工程的性质，所需网络计划的详细程度，每隔一段时间对下段时间应施工的工程区段绘制详细的时标网络计划。

3.2.7.2　双代号时标网络计划的特点

如图 3-26 所示为一项双代号时标网络计划，其特点如下：

① 时标网络计划中,箭线的长短与时间有关;
② 可直接显示各工作的时间参数和关键线路,不必计算;
③ 由于受到时间坐标的限制,因此时标网络计划不会产生闭合回路;
④ 可以直接在时标网络图的下方绘出资源动态曲线,便于分析,平衡调度;
⑤ 由于箭线的长度和位置受时间坐标的限制,因而调整和修改不太方便。

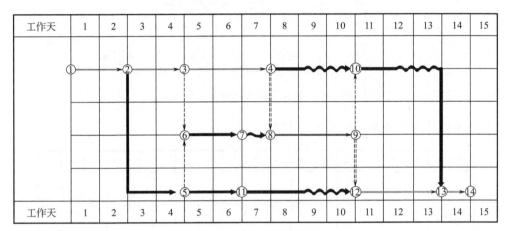

图 3-26 时标网络计划

3.2.7.3 时标网络计划的绘制

(1) 时标网络计划的绘制要求

① 双代号时标网络计划必须以水平时间坐标为尺度表示工作时间。时标的时间单位应根据需要在编制网络计划之前确定,可为时、天、周、月或季。

② 时标网络计划应以实箭线表示工作,以虚箭线表示虚工作,以波形线表示工作的自由时差。

③ 时标网络计划中所有符号在时间坐标上的水平投影位置,都必须与其时间参数相对应。节点中心必须对准相应的时标位置。虚工作必须以垂直方向的虚箭线表示,用自由时差加波形线表示。

(2) 时标网络计划的绘制方法

时标网络计划一般按工作的最早开始时间绘制。其绘制方法有间接绘制法和直接绘制法。

① 间接绘制法。间接绘制法是先计算网络计划的时间参数,再根据时间参数在时间坐标上进行绘制的方法。其绘制步骤和方法如下:

a. 先绘制双代号网络图,计算时间参数,确定关键工作及关键线路。

b. 根据需要确定时间单位并绘制时标横轴。

c. 根据工作最早开始时间或节点的最早时间确定各节点的位置。

d. 依次在各节点间绘制箭线及时差。绘制时宜先画关键工作、关键线路,再画非关键工作。如箭线长度不足以达到工作的完成节点时,用波形线补足,箭头画在波形线与节点连接处。

e. 用虚箭线连接各有关节点,将有关的工作连接起来。

【例 3-3】 试将图 3-27 所示双代号网络计划绘制成时标网络计划。

解:(1)计算网络计划的时间参数,如图 3-27 所示。

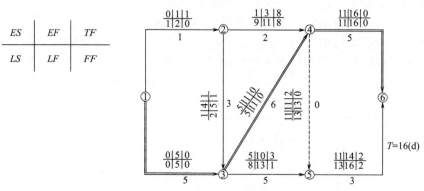

图 3-27 双代号网络计划及时间参数

(2) 建立时间坐标体系,如图 3-28 所示。

工作天	1	2	3	4	5	6	7	8	9	10	11	12	13	14	15	16	17
网络计划																	
工作天	1	2	3	4	5	6	7	8	9	10	11	12	13	14	15	16	17

图 3-28 时间坐标体系

(3) 根据时标网络计划的时间参数,由起点节点依次将各节点定位于时间坐标的纵轴上,并绘出各节点的箭线及时差。如图 3-29、图 3-30 所示。

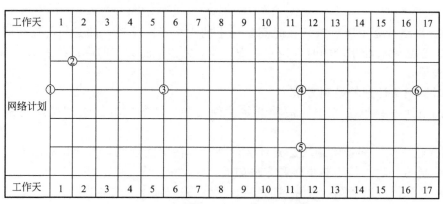

图 3-29 各节点在时标图中的位置

② 直接绘制法。直接绘制法是不计算网络计划时间参数,直接在时间坐标上进行绘制的方法。其绘制步骤和方法可归纳为如下绘图口诀:"时间长短坐标限,曲直斜平应相连;箭线到齐画节点,画完节点补波线;零线尽量拉垂直,否则安排有缺陷。"

a. 时间长短坐标限:箭线的长度代表着具体的施工时间,受到时间坐标的制约。

b. 曲直斜平应相连:箭线的表达方式可以是直线、折线、斜线等,但布图应合理,直观清晰。

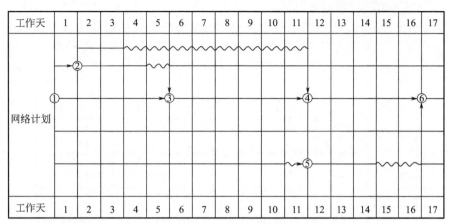

图 3-30 时标网络计划

c.箭线到齐画节点:工作的开始节点必须在该工作的全部紧前工作都画出后,定位在这些紧前工作最晚完成的时间刻度上。

d.画完节点补波线:某些工作的箭线长度不足以达到其完成节点时,用波形线补足。

e.零线尽量拉垂直:虚工作持续时间为零,应尽可能让其为垂直线。

f.否则安排有缺陷:若出现虚工作占据时间的情况,其原因是工作面停歇或施工作业队组工作不连续。

3.2.7.4 双代号时标网络计划的绘制步骤

时标网络计划宜按最早时间编制。编制时标网络计划之前应先按已确定的时间单位绘出时标计划表。时标可标注在时标计划表的顶部或底部。时标的长度单位必须注明。必要时可在顶部时标之上或底部时标之下加注日历的对应时间。

时标计划表中部的刻度线宜为细线。为使图面清楚,此线可以不画或少画。编制时标网络计划应先绘制无时标网络计划草图,然后按以下两种方法之一进行:

① 先计算网络计划的时间参数,再根据时间参数按草图在时标计划表上进行绘制。

② 不计算网络计划时间参数,直接按草图在时标计划表上绘制。用先计算后绘制的方法时,应先将所有节点按其最早时间定位在时标计划表上,再用规定线型绘出工作及其自由时差,形成时标网络计划图。不经计算直接按草图绘制时标网络计划,应按下列方法逐步进行:

a.将起点节点定位在时标计划表的起始刻度线上;

b.按工作持续时间在时标计划表上绘制起点节点的外向箭线;

c.除起点节点以外的其他节点必须在其所有内向箭线绘出以后定位在这些内向箭线最早完成时间最迟的箭线末端。其他内向箭线长度不足以到达该节点时,用波形线补足;

d.用上述方法自左至右依次确定其他节点位置,直至终点节点定位绘完。

3.2.7.5 时标网络计划关键线路与时间参数的判定

(1) 关键线路的判定

在时标图中,自起点节点至终点节点的所有线路中,未出现波形线的线路,即为关键线路。关键线路应用双线、粗线等加以明确标注。

(2) 时间参数的确定

① 工期的确定。时标网络计划的计算工期,应视其终点节点与起点节点所在位置的时标值之差而定。

② 工作最早开始时间和完成时间。

a. 工作最早开始时间。工作箭线左端节点中心所对应的时标值即为该工作的最早开始时间。图 3-31 中①→②工作的最早开始时间为 0；②→③，②→④工作的最早开始时间为 3，依次类推。

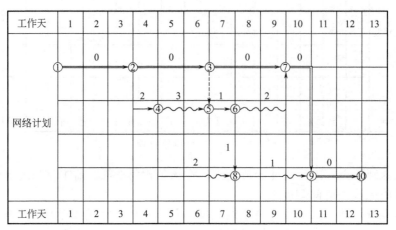

图 3-31 时标网络计划

b. 最早完成时间的判定。

• 当工作箭线右端无波形线，则该箭线右端节点中心所对应的时标值即为该工作的最早完成时间。图 3-31 中①→②工作的最早完成时间为 3，②→④工作的最早完成时间为 4 等。

• 当工作箭线右端有波形线时，则该箭线无波形线部分的右端所对应的时标值为该工作的最早完成时间。如图 3-31 中④→⑧工作的最早完成时间为 6，⑧→⑨工作的最早完成时间为 9 等。

③ 工作的自由时差。工作的自由时差即为时标图中波形线的水平投影长度。如图 3-31 中④→⑤工作的自由时差为值为 2，⑧→⑨工作的自由时差值为 1 等。

④ 工作的总时差。工作的总时差逆箭线由终止工作向起始工作逐个推算。

a. 当只有一项紧后工作时，该工作的总时差等于其紧后工作的总时差与本工作的自由时差之和。即：

$$TF_{i-j} = TF_{j-k} + FF_{i-j}$$

b. 当有多项紧后工作时，该工作的总时差等于其所有紧后工作总时差的最小值与本工作自由时差之和。即：

$$TF_{i-j} = \min\{TF_{j-k}\} + FF_{i-j}$$

⑤ 工作最迟开始和完成时间。工作的最迟开始和完成时间，可由最早时间推算。如图 3-31 所示，②→④工作的最迟开始时间为 3+2=5，其最迟完成时间为 4+2=6；④→⑧工作的最迟开始时间为 4+2=6，其最迟完成时间为 6+2=8。

3.2.8 网络计划的优化

网络计划的绘制和时间参数的计算，只是完成网络计划的第一步，得到的只是计划的初始方案，是一种可行方案，但不一定是最优方案。由初始方案形成最优方案，需要对网络计划进行优化。

网络计划的优化，就是在满足既定约束条件下，按某一目标，通过不断改进网络计划寻求满意方案。

网络计划的优化目标应按计划任务的需要和条件选定，一般有工期目标、费用目标和资源目标等。网络计划的优化，按其优化达到的目标不同，一般分为工期优化、费用优化、资源优化。

(1) 工期优化

工期优化是指在一定约束条件下，按合同工期目标，通过延长或缩短计算工期以达到合同工期的目标。目的是使网络计划满足工期，保证按期完成任务。

① 计算工期大于合同工期时。计算工期大于合同工期时，可通过压缩关键工作的额时间，满足合同工期，与此同时必须相应增加被压缩作业时间的关键工作的资源需要量。

由于关键线路的缩短，次关键线路可能转化为关键线路，即有时需要同时缩短次关键线路上有关工作的作业时间，才能达到合同工期的要求。

优化步骤：

计算并找出网络计划中的关键线路及关键工作；

计算工期与合同工期对比，求出应压缩的时间；

确定各关键工作能压缩的作业时间；

选择关键工作，压缩其作业时间，并重新计算网络计划的工期。

选择压缩作业时间的关键工作应考虑以下因素：

备用资源充足；

压缩作业时间对质量和安全影响较小；

压缩作业时间所需增加的费用最少；

通过上述步骤，若计算工期仍超过合同工期，则重复以上步骤直到满足工期要求；

当所有关键工作的作业时间都已达到其能缩短的极限而工期仍不满足要求时，应对计划的技术、组织方案进行调整或对合同工期重新审定。

② 计算工期小于或等于合同工期时。若计算工期小于合同工期不多或两者相等，一般可不必优化。

若计算工期小于合同工期较多，则宜进行优化。具体优化方法是：首先延长个别关键工作的持续时间，相应变化非关键工作的时差；然后重新计算各工作的时间参数，反复进行，直至满足合同工期为止。

(2) 费用优化

费用优化是通过不同工期及其相应工程费用的比较，寻求与工程费用最低相对应的最优工期。费用优化又叫工期-成本优化。

费用优化计算步骤：

① 确定初始网络计划的关键线路，计算工期。

② 计算初始网络计划的工程直接费和总成本。

③ 计算各项工作的直接费率 ΔC_{i-j}。

④ 确定压缩方案，逐步压缩，寻求最优工期。

a. 当只有一条关键线路时，按各关键工作直接费率由低到高的次序，确定压缩方案。每一次的压缩值，应保证压缩的有效性，保证关键线路不会变成非关键线路。压缩之后，需重新绘制调整后网络计划，确定关键线路和工期，计算增加的直接费及相应的总成本。

b. 当有多条关键线路时，各关键线路应同时压缩。以关键工作的直接费率或组合直接费率由低到高的次序，确定依次压缩方案。

c. 将被压缩工作的直接费率或组合直接费率值与该计划的间接费率值进行比较,若等于间接费率,则已得到优化方案;若小于间接费率,则需继续压缩;若大于间接费率,则在此之前小于间接费率的方案即为优化方案。

d. 绘出优化后的网络计划,计算优化后的总费用。

(3) 资源优化

资源是为完成施工任务所需投入的人力、材料、机械设备和资金等的统称。资源优化即通过调整初始网络计划的每日资源需要量达到:

① 资源均衡使用,减少施工现场各种临时设施的规模,便于施工组织管理,以取得良好的经济效果。

② 在日资源受限制时,使日资源需要量不超过日资源限量,并保证工期最短。

资源优化的方法是利用工作的时差,改变工作的起始时间,使资源按时间的分布符合优化目标。

① 资源均衡目标优化。理想状态下的资源曲线是平行于时间坐标的一条直线,即每天资源需要量保持不变。工期固定,资源均衡的优化,即是通过控制日资源需要量,减少短时期的高峰或低谷,尽可能使实际曲线近似于平均值的过程。

② 资源有限,工期最短目标优化。当一项网络计划某些时段的资源需要量超过施工单位所能供应的数量时,需对初始网络计划进行调整。若该时段只有一项工作,则根据现有资源限量值重新计算该工作的持续时间;若该时段有多项工作共同施工,则需将该时段某些工作的开始时间向后推移,减小该时段资源需要量,满足限量值要求,调整哪些工作,调整值为多少才能在计划工期内,或工期增加量最少的情况下,满足资源限量值,对于这些问题的解决过程,即为"资源有限,工期最短"的优化。

3.3 建筑工程项目进度计划的检查与调整

3.3.1 实际进度监测与调整的系统过程

(1) 建设工程实际进展状态的方法

为了全面、准确地掌握进度计划的执行情况,应认真做好以下三方面的工作。

① 定期收集进度报表资料。进度报表是反映工程实际进度的主要方式之一。进度计划执行单位应按照进度监理制度规定的时间和报表内容,定期填写进度报表。工程师通过收集进度报表资料掌握工程实际进展情况。

② 现场实地检查工程进展情况。派监理人员常驻现场,随时检查进度计划的实际执行情况,这样可以加强进度监测工作,掌握工程实际进度的第一手资料,使获取的数据更加及时、准确。

③ 定期召开现场会议。定期召开现场会议,工程师通过与进度计划执行单位的有关人员面对面地交谈,既可以了解工程实际进度状况,同时也可以协调有关方面的进度关系。

(2) 建设工程进度调整的系统过程

进度调整的系统过程如图 3-32 所示。

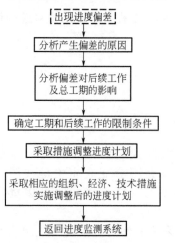

图 3-32 进度调整的系统过程

3.3.2 进度计划实施中的调整方法

3.3.2.1 进度偏差对后续工作及总工期的影响

在工程项目实施过程中,当通过实际进度与计划进度的比较,发现有进度偏差时,需要分析该偏差对后续工作及总工期的影响,从而采取相应的调整措施对原进度计划进行调整,以确保工期目标的顺利实现。进度偏差的大小及其所处的位置不同,对后续工作和总工期的影响程度是不同的,分析时需要利用网络计划中工作总时差和自由时差的概念进行判断。

① 分析出现进度偏差的工作是否为关键工作。如果出现进度偏差的工作位于关键线路上,即该工作为关键工作,则无论其偏差有多大,都将对后续工作和总工期产生影响,必须采取相应的调整措施;如果出现偏差的工作是非关键工作,则需要根据进度偏差值与总时差和自由时差的关系作进一步分析。

② 分析进度偏差是否超过总时差。如果工作的进度偏差大于该工作的总时差,则此进度偏差必将影响其后续工作和总工期,必须采取相应的调整措施;如果工作的进度偏差未超过该工作的总时差,则此进度偏差不影响总工期。至于对后续工作的影响程度,还需要根据偏差值与其自由时差的关系作进一步分析。

③ 分析进度偏差是否超过自由时差。如果工作的进度偏差大于该工作的自由时差,则此进度偏差将对其后续工作产生影响,此时应根据后续工作的限制条件确定调整方法;如果工作的进度偏差未超过该工作的自由时差,则此进度偏差不影响后续工作,因此,原进度计划可以不作调整。

3.3.2.2 进度计划的调整方法

(1) 调整关键线路的方法

① 当关键线路的实际进度比计划进度拖后时,应在尚未完成的关键工作中,选择资源强度小或费用低的工作缩短其持续时间,并重新计算来完成部分的时间参数,将其作为一个新计划实施。

② 当关键线路的实际进度比计划进度提前时,若不拟提前工期,应选用资源占用量大或者直接费用高的后续关键工作,适当延长其持续时间,以降低其资源强度或费用;当确定要提前完成计划时,应将计划尚未完成的部分作为一个新计划,重新确定关键工作的持续时间,按新计划实施。

(2) 非关键工作时差的调整方法

非关键工作时差的调整应在其时差的范围内进行,以便更充分地利用资源、降低成本或满足施工的需要。每一次调整后都必须重新计算时间参数,观察该调整对计划全局的影响。可采用以下几种调整方法:

① 将工作在其最早开始时间与最迟完成时间范围内移动;
② 延长工作的持续时间;
③ 缩短工作的持续时间。

(3) 增、减工作项目时的调整方法

增、减工作项目时应符合下列规定:

① 不打乱原网络计划总的逻辑关系,只对局部逻辑关系进行调整;
② 在增减工作后应重新计算时间参数,分析对原网络计划的影响;当对工期有影响时,应采取调整措施,以保证计划工期不变。

(4) 调整逻辑关系

逻辑关系的调整只有当实际情况要求改变施工方法或组织方法时才可进行。调整时应避免影响原定计划工期和其他工作的顺利进行。

（5）调整工作的持续时间

当发现某些工作的原持续时间估计有误或实现条件不充分时，应重新估算其持续时间，并重新计算时间参数，尽量使原计划工期不受影响。

（6）调整资源的投入

当资源供应发生异常时，应采用资源优化方法对计划进行调整，或采取应急措施，使其对工期的影响最小。

网络计划的调整，可以定期进行，亦可根据计划检查的结果在必要时进行。

3.4 建设工程项目进度控制的措施

3.4.1 项目进度控制的组织措施

组织是目标能否实现的决定性因素，为实现项目的进度目标，应充分重视健全项目管理的组织体系。在项目组织结构中应由专门的工作部门和符合进度控制岗位资格的专人负责进度控制工作。

进度控制的主要工作环节包括进度目标的分析论证、编制进度计划、定期跟踪进度计划的执行情况、采取纠偏措施以及调整进度计划。这些工作任务和相应的管理职能应在项目管理组织设计的任务分工表和管理职能分工表中标示并落实。

应编制项目进度控制的工作流程，如：

① 定义项目进度计划系统的组成；

② 各类进度计划的编制程序、审批程序和计划调整程序等。

进度控制工作包含了大量的组织和协调工作，而会议是组织和协调的重要手段，应进行有关进度控制会议的组织设计，以明确：

① 会议的类型；

② 各类会议的主持人及参加单位和人员；

③ 各类会议的召开时间；

④ 各类会议文件的整理、分发和确定等。

3.4.2 项目进度控制的管理措施

建设工程项目进度控制的管理措施涉及管理的思想、管理的方法、管理的手段、承发包模式、合同管理和风险管理等。在理顺组织的前提下，科学和严谨的管理显得十分重要。

建设工程项目进度控制在管理观念方面存在的主要问题是：

① 缺乏进度计划系统的观念——分别编制各种独立而互不联系的计划，形成不了计划系统；

② 缺乏动态控制的观念——只重视计划的编制，而不重视及时地进行计划的动态调整；

③ 缺乏进度计划多方案比较和选优的观念——合理的进度计划应体现资源的合理使用、工作面的合理安排、有利于提高建设质量、有利于文明施工和有利于合理地缩短建设周期。

用工程网络计划的方法编制进度计划必须很严谨地分析和考虑工作之间的逻辑关系，通过工程网络的计算可发现关键工作和关键线路，也可知道非关键工作可使用的时差，工程网络计划的方法有利于实现进度控制的科学化。

承发包模式的选择直接关系到工程实施的组织和协调。为了实现进度目标,应选择合理的合同结构,以避免过多的合同交界面而影响工程的进展。工程物资的采购模式对进度也有直接的影响,对此应作比较分析。

为实现进度目标,不但应进行进度控制,还应注意分析影响工程进度的风险,并在分析的基础上采取风险管理措施,以减少进度失控的风险量。常见的影响工程进度的风险,如:

① 组织风险;
② 管理风险;
③ 合同风险;
④ 资源(人力、物力和财力)风险;
⑤ 技术风险等。

重视信息技术(包括相应的软件、局域网、互联网以及数据处理设备)在进度控制中的应用。虽然信息技术对进度控制而言只是一种管理手段,但它的应用有利于提高进度信息处理的效率、进度信息的透明度、进度信息的交流和项目各参与方的协同工作。

3.4.3 项目进度控制的经济措施

建设工程项目进度控制的经济措施涉及资金需求计划、资金供应的条件和经济激励措施等。为确保进度目标的实现,应编制与进度计划相适应的资源需求计划(资源进度计划),包括资金需求计划和其他资源(人力和物力资源)需求计划,以反映工程实施的各时段所需要的资源。通过资源需求的分析,可发现所编制的进度计划实现的可能性,若资源条件不具备,则应调整进度计划。资金需求计划也是工程融资的重要依据。

资金供应条件包括可能的资金总供应量、资金来源(自有资金和外来资金)以及资金供应的时间。在工程预算中应考虑加快工程进度所需要的资金,其中包括为实现进度目标将要采取的经济激励措施所需要的费用。

3.4.4 项目进度控制的技术措施

建设工程项目进度控制的技术措施涉及对实现进度目标有利的设计技术和施工技术的选用。不同的设计理念、设计技术路线、设计方案会对工程进度产生不同的影响,在设计工作的前期,特别是在设计方案评审和选用时,应对设计技术与工程进度的关系作分析比较。在工程进度受阻时,应分析是否存在设计技术的影响因素,为实现进度目标分析有无设计变更的可能性。

施工方案对工程进度有直接的影响,在决策其是否选用时,不仅应分析技术的先进性和经济合理性,还应考虑其对进度的影响。在工程进度受阻时,应分析是否存在施工技术的影响因素,为实现进度目标有无改变施工技术、施工方法和施工机械的可能性。

技能训练

一、思考题

1. 建筑工程项目进度管理的目的和任务?
2. 建筑工程项目施工组织形式及其特点?
3. 简要说明建设工程进度调整的系统过程。
4. 简述建设工程实际进度与计划进度的比较方法和特点。
5. 分析进度偏差对后续工作及总工期的影响。
6. 进度计划的调整方法有哪些?

二、单项选择题

1. 根据（　　），为实现项目的进度目标，应健全项目管理的组织体系。
A. 项目管理的组织模式　　　　　B. 项目目标控制的动态控制原理
C. 组织与目标的关系　　　　　　D. 网络计划技术的要求

2. 下列进度控制的各项措施中，属于组织措施的是（　　）。
A. 编制进度控制的工作流程
B. 选择合理的合同结构，以避免因过多合同界面而影响工程的进展
C. 分析影响进度的风险并采取相应措施，以减少进度失衡的风险量
D. 选择科学、合理的施工方案，对施工方案进行技术经济分析并考虑其对进度的影响

3. 下列进度计划中，可直接用于组织施工作业的计划是（　　）。
A. 施工企业的旬生产计划　　　　B. 建设工程项目施工的月度施工计划
C. 施工企业的月度生产计划　　　D. 建设工程项目施工的季度施工计划

4. 下列施工进度计划中，属于实施性施工进度计划的是（　　）。
A. 施工总进度计划　　　　　　　B. 单体工程施工进度计划
C. 项目年度施工计划　　　　　　D. 项目月度施工计划

5. 工程项目的月度施工计划和旬施工作业计划属于（　　）施工进度计划。
A. 控制性　　　　B. 指导性　　　　C. 实施性　　　　D. 竞争性

三、多项选择题

1. 施工方进度控制的措施主要包括（　　）。
A. 组织措施　　　B. 技术措施　　　C. 经济措施
D. 法律措施　　　E. 行政措施

2. 施工方进度控制的组织措施包括（　　）。
A. 设立专门的进度控制工作部门　　　　B. 编制施工进度控制的工作流程
C. 编制进度控制的管理职能分工表　　　D. 编制与进度计划相适应的资源需求计划
E. 重视信息技术在进度控制中的应用

3. 编制控制性施工进度计划的主要目的是（　　）。
A. 对进度目标进行分解　　B. 确定施工的总体部署　　C. 承包合同目标工期
D. 安排施工图出图计划　　E. 确定里程碑事件的进度目标

4. 施工进度计划的调整包括（　　）。
A. 调整工程量　　　　　B. 调整工作起止时间　　　C. 调整工作关系
D. 调整项目质量标准　　E. 调整工程计划造价

5. 施工企业在施工进度计划检查后编制的进度报告，其内容包括（　　）。
A. 进度计划的编制说明
B. 实际工程进度与计划进度的比较
C. 进度计划在实施过程中存在的问题及其原因分析
D. 进度执行情况对工程质量、安全和施工成本的影响情况
E. 进度的预测

四、案例

某工程总承包企业承接了某大型交通枢纽工程的项目总承包业务，并与业主签订了建设项目工程总承包合同。为了实现业主提出的建设总进度目标，工程总承包方开展了如下一系列工作：
（1）分析和论证了总进度目标实现的可能性，编制了总进度纲要论证文件；
（2）编制了项目总进度计划，形成了由不同编制深度、不同功能要求和不同计划周期的

进度计划组成的进度计划系统;

(3) 明确了工程总承包方进度控制的目的和任务,提出了进度控制的各种措施。

回答下列 1~2 题:

1. 建设工程项目的总进度目标是在项目的(　　)阶段确定的。

A. 决策　　　　　B. 设计前准备　　　　C. 设计　　　　　D. 施工

2. 工程总承包方在进行项目总进度目标控制前,首先应(　　)。

A. 确定项目的总进度目标　　　　　B. 分析和论证目标实现的可能性

C. 明确进度控制的目的和任务　　　D. 编制项目总进度计划

模块 4
建设工程项目质量控制

知识目标

熟悉质量管理的基本观点；
熟悉质量管理体系的建立和运行；
掌握质量管理的统计方法；
掌握施工质量的控制依据和程序。

技能目标

能够按施工标准规范的要求进行施工质量控制；
能够对质量问题进行处理。

模块概述

工程质量是指工程适合一定用途，满足使用者要求，符合国家法律法规、技术标准、设计文件、合同等规定的特性综合。建筑工程质量主要包括性能、寿命、可靠性、安全性、经济性以及与环境的协调性6个方面。工程质量控制按实施主体的不同，可分为自控主体和监控主体。其中自控主体是指直接从事质量职能活动者，如勘察单位、施工单位内部的自身控制；监控主体是指对他人质量能力和效果的监控者，如政府部门和工程监理单位等。

 案例导入

情景案例设计：随着社会经济的发展和施工技术的进步，现代工程建设呈现规模不断扩大、技术复杂程度高等特点，大规模的单体工程和综合使用功能的综合性建筑比比皆是，而出现工程质量方面的问题，所造成的损失也往往是巨大的，重庆市綦江县彩虹桥是一座长102m，宽10m，桥净空跨度120m的中承式拱桥，于1994年11月动工，1996年2月完工正式投入使用，耗资368万元。1999年1月4日，整座大桥突然垮塌，桥上群众和武警战士50余人全部坠入綦河中，经奋力抢救，14人受伤，40人遇难死亡，直接经济损失630万元。

经调查，直接原因是：

① 吊杆锚锚问题，主拱钢绞线锚锚方法错误；

② 主拱钢管焊接问题，主拱钢管在工厂加工中，对接焊缝普遍存在裂纹、未焊透、未熔合、气孔、夹渣等严重缺陷，质量达不到施工及验收规范规定的二级焊缝验收标准；

③ 钢管混凝土问题，主钢管内混凝土强度未达设计要求，局部有漏灌现象，在主拱肋板处甚至出现 1m 多长的空洞；

④ 设计问题，设计粗糙，随意更改。施工中对主拱钢结构的材质、焊接质量、接头位置及锁锚质量均无明确要求。

在成桥增设花台等荷载后，主拱承载力不能满足相应规范要求。间接原因是：

① 建设过程严重违反基本建设程序；未进行设计审查，未进行施工招投标，未办理建筑施工许可手续，未进行工程竣工验收；

② 管理混乱；工程总承包关系混乱，总承包单位在履行职责上严重失职；施工管理混乱，设计变更随意，手续不全，技术管理薄弱，责任不落实，关键工序及重要部位的施工质量无人把关；材料及构配件进场管理失控，不按规定进行试验检测，外协加工单位加工的主拱钢管未经焊接质量检测合格就交付施工方使用；质监部门未严格审查项目建设条件就受理质监委托，且未认真履行职责，对项目未经验收就交付使用的错误做法未有效制止；工程档案资料管理混乱，无专人管理；未经验收，强行使用。最终造成重大工程事故。

因此，如何更好地对工程进行质量管理，科学评价工程质量，是施工管理的重要工作内容。

任务 4.1　建设工程质量控制概述

4.1.1　建设工程质量概念

（1）工程质量

建设工程质量简称工程质量，是指工程满足业主需要的，符合国家法律、法规、技术规范标准、设计文件及合同规定的特性综合。工程质量必须满足以下几个特性。

建设工程质量
管理条例

① 适用性（功能）。是指工程满足使用目的的各种性能。包括：理化性能、结构性能、使用性能、外观性能等。

② 耐久性。即寿命，也就是工程竣工后的合理使用寿命周期。

③ 安全性。是指工程建成后在使用过程中保证结构安全、保证人身和环境免受危害的程度。

④ 可靠性。是指工程在规定的时间和规定的条件下完成规定功能的能力。工程不仅要求在交工验收时要达到规定的指标，而且在一定的使用时期内要保持应有的正常功能。

⑤ 经济性。具体表现为设计成本、施工成本、使用成本三者之和。

⑥ 与环境的协调性。是指工程与其周围生态环境协调，与所在地区经济环境协调以及与周围已建工程相协调，以适应可持续发展的要求。

（2）工程质量的特点

① 影响因素多。决策、设计、材料、机具设备、施工方法、施工工艺、技术措施、人员素质、工期、工程造价等。

② 质量波动大。由于建筑生产的单件性、流动性，不像一般工业产品的生产那样，有固定的生产流水线、有规范化的生产工艺和完善的检测技术、有成套的生产设备和稳定的生产环境，因此工程质量容易产生波动且波动大。

③ 质量隐蔽性。建设工程在施工过程中，分项工程交接多、中间产品多、隐蔽工程多。因此质量存在隐蔽性。若在施工中不及时进行质量检查，就容易产生判断错误，即第二类判断错误（将不合格品误认为合格品）。

④ 终检的局限性。工程项目的终检（竣工验收）无法进行工程内在质量的检验，无法

发现隐蔽的质量缺陷。因此，工程项目的终检存在一定的局限性。

这就要求工程质量控制应以预防为主，重视事先、事中控制，防患于未然。

⑤ 评价方法的特殊性。工程质量是在施工单位按合格质量标准自行检查评定的基础上，由监理工程师（或建设单位项目负责人）组织有关单位、人员进行检验确认验收。

(3) 影响施工质量的因素

施工质量的影响因素主要有"人（Man）、材料（Material）、机械（Machine）、方法（Method）及环境（Environment）"等五大方面，即 4M1E。

① 人员因素。人是生产经营活动的主体，人员的素质将直接和间接地对规划、决策、勘察、设计和施工的质量产生影响。

因此，建筑行业实行经营资质管理和各类专业从业人员持证上岗制度是保证人员素质的重要管理措施。

② 机械设备。工程用机具设备其产品质量优劣，直接影响工程使用功能质量。

施工机具设备的类型是否符合工程施工特点，性能是否先进稳定，操作是否方便安全等，都会影响工程项目的质量。

③ 工程材料。工程材料选用是否合理、产品是否合格、材质是否经过检验、保管使用是否得当等，都直接影响建设工程的结构刚度和强度、工程外表及观感、工程的使用功能、工程的使用安全。

④ 方法。在工程施工中，施工方案是否合理、施工工艺是否先进、施工操作是否正确，都对工程质量产生重大的影响。大力推进采用新技术、新工艺、新方法，不断提高工艺技术水平，是保证工程质量稳定提高的重要因素。

⑤ 环境。包括：工程技术环境、工程作业环境、工程管理环境、周边环境等。环境条件往往对工程质量产生特定的影响。加强环境管理，改进作业条件，把握好技术环境，辅以必要的措施，是控制环境对质量影响的重要保证。

4.1.2 工程质量控制

(1) 质量控制的概念

质量控制是质量管理的一部分。质量控制是在明确的质量目标和具体的条件下，通过行动方案和资源配置的计划、实施、检查和监督，进行质量目标的事前预控、事中控制和事后纠偏控制，实现预期质量目标的系统过程。质量控制的内容包括专业技术和管理技术两个方面。

(2) 工程质量控制

工程质量控制是致力于满足工程质量要求，所采取的一系列措施、方法和手段。工程质量要求主要表现为工程合同、设计文件、技术、标准规定的质量标准。

工程质量控制按实施主体的不同，可分为自控主体和监控主体。其中自控主体是指直接从事质量职能活动者，如勘察单位、施工单位内部的自身控制；监控主体是指对他人质量能力和效果的监控者，如政府部门和工程监理单位等。

按工程质量形成过程，包括全过程各阶段的质量控制。

(3) 建立质量体系的原则

① 坚持"质量第一，用户至上"。

② 坚持以人为控制核心。

③ 坚持预防为主。

④ 坚持质量标准。

⑤ 坚持全面控制。

4.1.3 工程质量管理制度

国务院建设行政主管部门对全国的建设工程质量实行统一的监督管理，并出台了多项建设工程质量管理制度，主要有以下几种。

(1) 施工图设计文件审查制度

施工图设计文件审查制度是由有资质的施工图审查机构，根据国家的法律法规、技术标准规范，对施工图进行结构安全和强制性标准、规范的执行情况进行的独立审查。

(2) 工程质量监督制度

工程质量监督制度的主体是各级政府建设行政主管部门，通过行政的手段对工程质量进行监督控制。

(3) 工程质量检测制度

工程质量检测制度是对工程质量进行管理的重要手段之一。由建设行政主管部门认定的有资质的工程检测机构承担检测任务，出具检测报告，承担法律责任。

(4) 工程质量保修制度

工程质量保修制度是指建设工程在竣工验收移交后，在规定的保修期限内，由于勘察、设计、施工等原因造成的质量问题，要由施工单位负责维修、更换，由责任方负责赔偿损失。

① 基础设施工程、房屋建筑工程的地基基础和主体结构工程，为设计文件规定的该工程的合理使用年限；

② 屋面防水工程、有防水要求的卫生间、房间和外墙面的防渗漏，为5年；

③ 供热与供冷系统，为2个采暖期、供冷期；

④ 电气管线、给排水管道、设备安装和装修工程，为2年；

⑤ 其他项目的保修期由发包方与承包方约定。保修期自竣工验收合格之日起计算。

4.1.4 工程质量管理的责任

在工程项目建设过程中，参与建设过程的各方，应根据国家的《建设工程质量管理条例》、国家有关法律法规以及合同、协议和有关文件的规定承担相应的责任，具体有以下内容。

① 建设单位的质量责任。

② 勘察、设计单位的质量责任。

③ 施工单位的质量责任。

④ 工程监理单位的质量责任。

⑤ 材料、构配件及设备生产或供应单位的质量责任。

任务4.2 工程施工的质量控制

建设工程施工质量控制，有两个方面的含义：一是指建设工程项目施工单位的施工质量控制，包括总承包、分包单位，综合的和专业的施工质量控制；二是指广义的施工阶段建设工程项目质量控制，即除了施工单位的施工质量控制外，还包括业主、设计单位、监理单位以及政府质量监督机构，在施工阶段对建设项目质量所实施的监督管理的控制职能。因此，从建设工程项目管理的角度，应全面理解施工质量控制的内涵，掌握建设工程项目施工阶段质量控制的目标、依据与基本环节，以及施工质量计划的编制，施工生产要素、施工准备工作和施工作业过程的质量控制方法。项目施工阶段质量控制流程如图4-1所示。

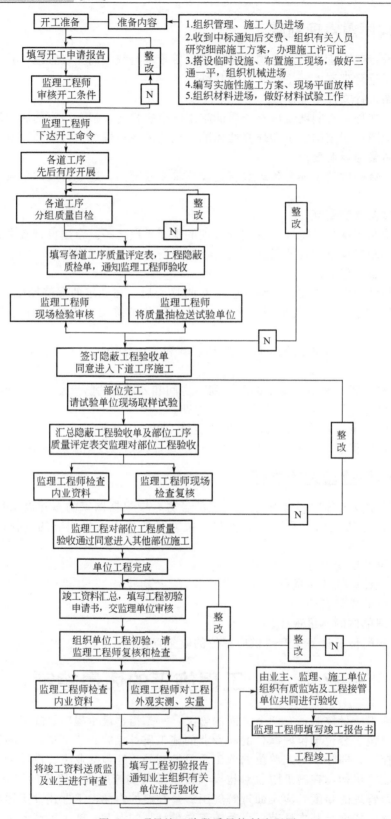

图 4-1 项目施工阶段质量控制流程图

4.2.1 施工质量的基本要求

工程项目施工是实现项目设计意图形成工程实体的阶段，是最终形成项目质量和实现项目使用价值的阶段。项目施工质量控制是整个工程项目质量控制的关键和重点。

施工质量要达到的最基本要求是：通过施工形成的项目工程实体质量经检查验收合格。建筑工程施工质量验收合格应符合下列规定：

① 符合工程勘察、设计文件的要求；

② 符合《建筑工程施工质量验收统一标准》(GB 50300—2013)和相关专业验收规范的规定。

上述规定①是要符合勘察、设计对施工提出的要求。工程勘察、设计单位针对本工程的水文地质条件，根据建设单位的要求，从技术和经济结合的角度，为满足工程的使用功能和安全性、经济性、与环境的协调性等要求，以图纸、文件的形式对施工提出要求，是针对每个工程项目的个性化要求。

规定②是要符合国家法律、法规的要求。国家建设行政主管部门为了加强建筑工程质量管理，规范建筑工程施工质量的验收，保证工程质量，制定相应的标准和规范。这些标准、规范是主要从技术的角度，为保证房屋建筑各专业工程的安全性、可靠性、耐久性而提出的一般性要求。

施工质量在合格的前提下，还应符合施工承包合同约定的要求。施工承包合同的约定具体体现了建设单位的要求和施工单位的承诺，合同的约定全面体现了对施工形成的工程实体的适用性、安全性、耐久性、可靠性、经济性和与环境的协调性等六个方面质量特性的要求。

4.2.2 施工质量控制的依据

(1) 共同性依据

指适用于施工阶段、且与质量管理有关的通用的、具有普遍指导意义和必须遵守的基本条件。

(2) 专门技术法规性依据

指针对不同的行业、不同质量控制对象制定的专门技术法规文件。如：工程建设项目质量检验评定标准，有关建筑材料、半成品和构配件的质量方面的专门技术法规性文件等。

(3) 项目专用性依据

指本项目的工程建设合同、勘察设计文件、设计交底及图纸会审记录、设计修改和技术变更通知，以及相关会议记录和工程联系单等。

4.2.3 施工质量控制的基本环节

施工质量控制应贯彻全面全过程质量管理的思想，运用动态控制原理，进行质量的事前控制、事中控制和事后控制。

(1) 事前控制

即在正式施工前进行的事前主动质量控制，通过编制施工质量计划，明确质量目标，制订施工方案，设置质量管理点，落实质量责任，分析可能导致质量目标偏离的各种影响因素，针对这些影响因素制订有效的预防措施，防患于未然。

事前质量预控要求针对质量控制对象的控制目标、活动条件、影响因素进行周密分析，找出薄弱环节，制订有效的控制措施和对策。

(2) 事中控制

指在施工质量形成过程中,对影响施工质量的各种因素进行全面的动态控制。事中质量控制也称作业活动过程质量控制,包括质量活动主体的自我控制和他人监控的控制方式。自我控制是第一位的,即作业者在作业过程中对自己质量活动行为的约束和技术能力的发挥,以完成符合预定质量目标的作业任务;他人监控是对作业者的质量活动过程和结果,由来自企业内部管理者和企业外部有关方面进行监督检查,如工程监理机构、政府质量监督部门等的监控。

事中质量控制的目标是确保工序质量合格,杜绝质量事故发生;控制的关键是坚持质量标准;控制的重点是工序质量、工作质量和质量控制点的控制。

(3) 事后控制

事后质量控制也称为事后质量把关,以使不合格的工序或最终产品(包括单位工程或整个工程项目)不流入下道工序、不进入市场。事后控制包括对质量活动结果的评价、认定;对工序质量偏差的纠正;对不合格产品进行整改和处理。控制的重点是发现施工质量方面的缺陷,并通过分析提出施工质量改进的措施,保持质量处于受控状态。

以上三大环节不是互相孤立和截然分开的,它们共同构成有机的系统过程,实质上也就是质量管理 PDCA 循环的具体化,在每一次滚动循环中不断提高,达到质量管理和质量控制的持续改进。

4.2.4　施工生产要素的质量控制

施工质量的影响因素主要是人(man)、机械设备(machine)、材料(material)、方法(method)和环境(envivonments)即 4M1E。

(1) 施工人员的质量控制

施工企业必须坚持执业资格注册制度和作业人员持证上岗制度;对所选派的施工项目领导者、组织者进行教育和培训,使其质量意识和组织管理能力能满足施工质量控制的要求;对所属施工队伍进行全员培训,加强质量意识的教育和技术训练,提高每个作业者的质量活动能力和自控能力;对分包单位进行严格的资质考核和施工人员的资格考核,其资质、资格必须符合相关法规的规定,与其分包的工程相适应。

(2) 材料的质量控制

建筑工程采用的主要材料、半成品、成品、建筑构配件等(统称"材料",下同)均应进行现场验收。凡涉及工程安全及使用功能的有关材料,应按各专业工程质量验收规范规定进行复验。

材料质量检验的内容包括:

① 材料标准。

② 检验项目。一般在标准中有明确规定。

如:钢筋要进行拉伸试验、弯曲试验;焊接件的力学性能;混凝土要进行表观密度、塌落度、抗压强试验。

③ 取样方法。材料质量检验的取样必须具有代表性。因此,材料取样严格按规范规定的部位、数量和操作要求进行。

④ 检(试)验方法。材料检查方法分为:书面检查、外观检查、理化检查、无损检查。

⑤ 检验程度。质量检验程度分为免检、抽检、全检三种。

免检:对有足够质量保证的一般材料,以及实践证明质量长期稳定,且质量保证资料齐全的材料,可免去质量检验过程。

抽检:对材料的性能不清楚或对质量保证资料有怀疑,或对成批产品的构配件,均应按一定比例随机抽样进行检查。

全检：凡进口材料、设备和重要部位的材料以及贵重的材料应进行全检。

对材料质量控制的要求：

a. 所有材料、制品和构件必须有出厂合格证和材质化验单；

b. 钢筋水泥等重要材料要进行复试；

c. 现场配置的材料必须进行试配试验。

(3) 施工机械设备的质量控制

施工机械设备的质量控制，就是要使施工机械设备的类型、性能、参数等与施工现场的实际条件、施工工艺、技术要求等因素相匹配，符合施工生产的实际要求。其质量控制主要从机械设备的选型、主要性能参数指标的确定和使用操作要求等方面进行。

① 机械设备选型。施工机械设备型号的选择应本着因地制宜、因工程而异、满足需要的原则。

挖土机：正铲挖土机、反铲挖土机。

塔吊：轨道式、附着式。

搅拌机：强制式、自落式。

② 主要性能参数。选择施工机械性能参数结合工程项目的特点、施工条件和已确定的型号具体进行。

起重机：起重量、起重高度和起重半径等。

③ 使用操作要求。贯彻"三定"和"五好"原则。

三定——"定机、定人、定岗位责任"。

五好——"完成任务好、技术状况好、使用好、保养好、安全好"。

(4) 工艺方案的质量控制

施工工艺的先进合理是直接影响工程质量、工程进度及工程造价的关键因素，施工工艺的合理可靠也直接影响到工程施工安全。对施工工艺方案的质量控制主要包括以下内容：

① 深入正确地分析工程特征、技术关键及环境条件等资料，明确质量目标、验收标准、控制的重点和难点；

② 制订合理有效的有针对性的施工技术方案和组织方案，前者包括施工工艺、施工方法，后者包括施工区段划分、施工流向及劳动组织等；

③ 合理选用施工机械设备和设置施工临时设施，合理布置施工总平面图和各阶段施工平面图；

④ 选用和设计保证质量和安全的模具、脚手架等施工设备；

⑤ 编制工程所采用的新材料、新技术、新工艺的专项技术方案和质量管理方案；

⑥ 针对工程具体情况，分析气象、地质等环境因素对施工的影响，制订应对措施。

(5) 施工环境因素的控制

环境条件是指对工程质量特性起重要作用的环境因素。影响施工质量的环境因素较多，主要有：

① 自然环境。气温、雨、雪、雷、电、风等。

② 工程技术环境。工程地质、水文、地形、地下水位、地面水等。

③ 工程管理环境。质量保证体系和质量管理工作制度。

④ 工程作业环境。作业场所、作业面等，前道工序为后道工序提供的操作环境。

⑤ 经济环境。地方资源条件、交通运输条件、供水供电条件等。

环境因素对施工质量的影响有复杂性、多变性的特点，必须具体问题具体分析。如：气象条件变化无穷，温度、湿度、酷暑、严寒等都直接影响工程质量。

施工现场，应建立文明施工和文明生产的环境，保持材料堆放整齐、道路畅通、工作环境清洁、施工顺序井井有条。

4.2.5 施工准备的质量控制

(1) 工程项目划分

从建筑工程施工质量验收的角度来说，项目划分的要求如下。

① 根据《建筑工程施工质量验收统一标准》(GB 50300—2013)（以下简称《统一标准》）的规定，建筑工程质量验收应划分为单位工程、分部工程、分项工程和检验批。工程项目应逐级划分为单位（子单位）工程、分部（子分部）工程、分项工程和检验批。如图4-2所示。

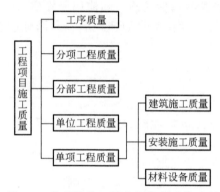

图 4-2 按项目施工层次划分的系统过程

② 单位工程的划分应按下列原则确定：

a. 具备独立施工条件并能形成独立使用功能的建筑物或构筑物为一个单位工程；

b. 建筑规模较大的单位工程，可将其能形成独立使用功能的部分划为若干个子单位工程。

③ 分部工程的划分应按下列原则确定：

a. 分部工程的划分应按专业性质、建筑部位确定；

b. 当分部工程较大或较复杂时，可按材料种类、施工特点、施工程序、专业系统及类别等划分为若干个子分部工程；

④ 分项工程应按主要工种、材料、施工工艺、设备类别等进行划分；

⑤ 分项工程可由一个或若干个检验批组成，检验批可根据施工及质量控制和专业验收需要按楼层、施工段、变形缝等进行划分；

⑥ 室外工程可根据专业类别和工程规模划分单位（子单位）工程。一般室外单位工程可划分为室外建筑环境工程和室外安装工程。

(2) 施工技术准备的质量控制

技术准备是指在正式开展施工作业活动前进行的技术准备工作。这类工作内容繁多，主要在室内进行。如熟悉施工图纸、组织设计交底和图纸会审等。

技术准备的质量控制，包括对技术准备工作成果的复核审查，检查这些成果是否符合相关技术规范、堆积的要求和对施工质量的保证程度；制订施工质量控制计划，设置质量控制点，明确重要部位的质量管理点，等等。

(3) 现场施工准备的质量控制

① 工程定位和标高基准的控制。

a. 监理工程师应要求施工承包单位，对建设单位（或其委托的单位）给定的原始基准点、基准线和标高等测量控制点进行复核，并将复测结果报监理工程师审核，经批准后施工承包单位始能据以进行准确的测量放线，建立施工测量控制网，并应对其正确性负责，同时做好基桩的保护。

b. 复测施工测量控制网。复测施工测量控制网时应抽检建筑方格网、控制高程的水准网点以及标桩埋设位置等。

② 施工平面布置的控制。监理工程师要检查施工现场总体布置是否合理，是否有利于保证施工的正常、顺利地进行，是否有利于保证质量，特别是要对场区的道路、防洪排水、器材存放、给水及供电、混凝土供应及主要垂直运输机械设备布置等方面予以重视。

③ 计量控制。这是施工质量控制的一项重要基础工作。施工过程中的计量，包括施工生产时的投料计量、施工测量、监测计量以及对项目、产品或过程的测试、检验、分析计量等。开工前要建立和完善施工现场计量管理的规章制度；明确计量控制责任者和配置必要的计量人员；严格按规定对计量器具进行维修和校验；统一计量单位，组织量值传递，保证量值统一，从而保证施工过程中计量的准确。

4.2.6 施工过程的质量控制

4.2.6.1 工序施工质量控制

工序的质量控制是施工阶段质量控制的重点。只有严格控制工序质量，才能确保施工项目的实体质量。工序施工质量控制主要包括工序施工条件质量控制和工序施工效果质量控制。

(1) 工序施工条件控制

控制的手段主要有：检查、测试、试验、跟踪监督等。控制的依据主要是：设计质量标准、材料质量标准、机械设备技术性能标准、施工工艺标准以及操作规程等。

(2) 工序施工效果控制

按有关施工验收规范规定，下列工程质量必须进行现场质量检测，合格后才能进行下道工序。

① 地基基础工程。

a. 地基及复合地基承载力静载检测。对灰土地基、砂和砂石地基、土工合成材料地基、粉煤灰地基、强夯地基、注浆地基、预压地基，其竣工后的结果（地基强度或承载力）必须达到设计要求的标准。检验数量，每单位工程不应少于3点，1000m^2以上工程，每100m^2至少应有1点；3000m^2以上工程，每300m^2至少应有1点。每一独立基础下至少应有1点，基槽每20延米（20m）应有1点。

对于水泥土搅拌桩复合地基、高压喷射注浆桩复合地基、砂桩地基、振冲桩复合地基、土和灰土挤密桩复合地基、水泥粉煤灰碎石桩复合地基及夯实水泥土桩复合地基，其承载力检验，数量为总数的0.5%～1%，但不应少于3处。有单桩强度检验要求时，数量为总数的0.5%～1%，但不应少于3根。

b. 桩的承载力检测。对于地基基础设计等级为甲级或地质条件复杂，成桩质量可靠性低的灌注桩，应采用静载荷试验的方法进行检验，检验桩数不应少于总数的1%，且不应少于3根；当总桩数少于50根时，不应少于2根。

c. 桩身完整性检测。对设计等级为甲级或地质条件复杂，成桩质量可靠性低的灌注桩，抽检数量不应少于总数的30%，且不应少于20根；其他桩基工程的抽检数量不应少于总数的20%，且不应少于10根；对混凝土预制桩及地下水位以上且终孔后经过核验的灌注桩，检验数量不应少于总桩数的10%，且不得少于10根。每个柱子承台下不得少于1根。

② 主体结构工程。

a. 混凝土、砂浆、砌体强度现场检测。混凝土：按统计方法评定混凝土强度的基本条件是，同一强度等级的同条件养护试件的留置数量不宜少于 10 组；按非统计方法评定混凝土强度时，留置数量不应少于 3 组。砂浆抽检数量：每一检验批且不超过 $250m^3$ 砌体的各种类型及强度等级的砌筑砂浆，每台搅拌机应至少抽检一次。砌体：普通砖 15 万块、多孔砖 5 万块、灰砂砖及粉煤灰砖 10 万块各为一检验批，抽检数量为一组。

b. 钢筋保护层厚度检测。钢筋保护层厚度检测的结构部位，应由监理（建设）、施工等各方根据结构构件的重要性共同选定。

对梁类、板类构件，应各抽取构件数量的 2%且不少于 5 个构件进行检验。

c. 混凝土预制构件结构性能检测。对成批生产的构件，应按同一工艺正常生产的不超过 1000 件且不超过 3 个月的同类型产品为一批。在每批中应随机抽取一个构件作为试件进行检验。

③ 建筑幕墙工程。

a. 铝塑复合板的剥离强度检测。

b. 石材的弯曲强度、室内用花岗石的放射性检测。

c. 玻璃幕墙用结构胶的邵氏硬度、标准条件拉伸黏结强度、相容性试验；石材用结构胶黏结强度及石材用密封胶的污染性检测。

d. 建筑幕墙的气密性、水密性、风压变形性能、层间变位性能检测。

e. 硅酮结构胶相容性检测。

④ 钢结构及管道工程。

a. 钢结构及钢管焊接质量无损检测。

b. 钢结构、钢管防腐及防火涂装检测。

c. 钢结构节点、机械连用紧固标准件及高强螺栓力学性能检测。

4.2.6.2 施工作业质量的控制

(1) 施工作业质量的自控

施工作业质量的自控过程是由施工作业组织的成员进行的，其基本的控制程序包括：作业技术交底、作业活动的实施和作业质量的自检自查、互检互查以及专职管理人员的质量检查等。

① 施工作业交底是最基层的技术和管理交底活动，施工总承包方和工程监理机构都要对施工作业交底进行监督。作业交底的内容包括作业范围、施工依据、作业程序、技术标准和要领、质量目标以及其他与安全、进度、成本、环境等目标管理有关的要求和注意事项。

② 施工作业活动是由一系列工序所组成的。为了保证工序质量的受控，首先要对作业条件进行再确认，即按照作业计划检查作业准备状态是否落实到位，其中包括对施工程序和作业工艺顺序的检查确认，在此基础上，严格按作业计划的程序、步骤和质量要求展开工序作业活动。

③ 施工作业的质量检查，包括施工单位内部的工序作业质量自检、互检、专检和交接检查；以及现场监理机构的旁站检查、平行检验等。

(2) 施工作业质量的监控

为了保证项目质量，建设单位、监理单位、设计单位及政府的工程质量监督部门，在施工阶段依据法律法规和工程施工承包合同，对施工单位的质量行为和项目实体质量实施监督控制。

设计单位应当就审查合格的施工图纸设计文件向施工单位作出详细说明；应当参与建设

工程质量事故分析，并对因设计造成的质量事故，提出相应的技术处理方案。

建设单位在领取施工许可证或者开工报告前，应当按照国家有关规定办理工程质量监督手续。

作为监控主体之一的项目监理机构，在施工作业实施过程中，根据其监理规划与实施细则，采取现场旁站、巡视、平行检验等形式，对施工作业质量进行监督检查，如发现工程施工不符合工程设计要求、施工技术标准和合同约定的，有权要求施工单位改正。监理机构应进行检查而没有检查或没有按规定进行检查的，给建设单位造成损失时应承担赔偿责任。

4.2.6.3 特殊过程的质量控制

特殊过程是指该施工过程或工序施工质量不易或不能通过其后的检验和试验而得到充分的验证，或者万一发生质量事故则难以挽救的施工过程。特殊过程的质量控制是施工阶段质量控制的重点。质量控制点是指为保证作业过程质量而确定的重点控制对象、关键部位或薄弱环节。对于质量控制点，一般要事先分析可能造成质量问题的原因，再针对原因制定对策和措施进行预控。

（1）选择质量控制点的原则

① 施工过程中的关键工序或环节以及隐蔽工程。
② 施工中的薄弱环节，或质量不稳定的工序、部位或对象。
③ 对后续工程施工或对后续工序质量或安全有重大影响的工序、部位或对象。
④ 采用新技术、新工艺、新材料的部位或环节。
⑤ 施工上无足够把握的、施工条件困难的或技术难度大的工序或环节。

是否设置为质量控制点，主要是视其对质量特性影响的大小、危害程度以及其质量保证的难度大小而定。

（2）作为质量控制点重点控制的对象

① 人的行为。对某些作业或操作，应以人为重点进行控制。
② 物的质量与性能。施工设备和材料是直接影响工程质量和安全的主要因素，对某些工程尤为重要，常作为控制的重点。
③ 关键的操作。
④ 施工技术参数。
⑤ 施工顺序。
⑥ 技术间歇。
⑦ 新工艺、新技术、新材料的应用。
⑧ 产品质量不稳定、不合格率较高及易发生质量通病的工序应列为重点，仔细分析、严格控制。
⑨ 易对工程质量产生重大影响的施工方法。
⑩ 特殊地基或特种结构。

4.2.6.4 现场质量检查

（1）现场质量检查的内容

① 开工前的检查。主要检查是否具备开工条件，开工后是否能够保持连续正常施工，能否保证工程质量。
② 工序交接检查。对于重要的工序或对工程质量有重大影响的工序，应严格执行"三检"制度（即自检、互检、专检），未经监理工程师（或建设单位本项目技术负责人）检查认可，不得进行下道工序施工。

③ 隐蔽工程的检查。施工中凡是隐蔽工程必须检查认证后方可进行隐蔽掩盖。

④ 停工后复工的检查。由于客观因素停工或处理质量事故等停工复工时，经检查认可后方能复工。

⑤ 分项、分部工程完工后的检查。应经检查认可，并签署验收记录后，才能进行下一工程项目的施工。

⑥ 成品保护的检查。检查成品有无保护措施以及保护措施是否有效可靠。

(2) 现场质量检查的方法

对于现场所用原材料、半成品、工序过程或工程产品质量进行检验的方法，一般可分为三类，即目测法、量测法以及试验法。

① 目测法：即凭借感官进行检查，也可以叫做观感检验。这类方法主要是根据质量要求，采用看、摸、敲、照等手法对检查对象进行检查。

② 量测法：就是利用量测工具或计量仪表，通过实际量测结果与规定的质量标准或规范的要求相对照，从而判断质量是否符合要求。量测的手法可归纳为：靠、吊、量、套。

③ 试验法：指通过进行现场试验或试验室试验等理化试验手段，取得数据，分析判断质量情况。包括：理化试验和无损探伤。

4.2.7 隐蔽工程验收与成品质量保护

(1) 隐蔽工程验收

凡被后续施工所覆盖的施工内容，如地基基础工程、钢筋工程等均属于隐蔽工程。加强隐蔽工程质量验收，是施工质量控制的重要环节。其程序要求先自检合格，然后填写《隐蔽工程验收单》。验收单所列验收内容应与已完毕的隐蔽工程实物相一致，并事先通知监理机构及有关方面，按约定时间进行验收。验收合格后由各方共同签署验收记录；验收不合格的，应按验收整改意见进行整改后重新验收。

(2) 成品质量保护

建设工程项目已完施工的成品保护，目的是避免已完施工成品受到来自后续施工以及其他方面的损坏。已完施工的成品保护问题和相应的措施，在工程施工组织设计与计划阶段就应该从施工顺序上进行考虑，防止施工顺序不当或交叉作业造成相互干扰、污染和损坏；成品形成后可采取防护、覆盖、封闭、包裹等相应措施进行保护。

任务 4.3 施工质量验收及质量事故处理

建设项目质量验收主要是指施工质量的验收，施工质量验收包括施工过程质量验收及工程竣工质量验收两部分。

4.3.1 施工过程质量验收

施工过程的工程质量验收是在施工过程中，在施工单位自行质量检查评定的基础上，参与建设活动的有关单位共同对检验批、分项、分部、单位工程的质量进行抽样复验，根据相关标准以书面形式对工程质量达到合格与否做出确认。

检验批是指按同一的生产条件或按规定的方式汇总起来供检验用的，由一定数量样本组成的检验体。检验批是施工质量验收的最小单位，是分项工程乃至整个建筑工程质量验收的基础。检验批可根据施工及质量控制和专业验收需要按楼层、施工段、变形缝等进行划分。

分项工程应按主要工种、材料、施工工艺、设备类别等进行划分。如：混凝土结构工程中按主要工种分为模板工程、钢筋工程、混凝土工程等分项工程；按施工工艺又分为预应力、现浇结构、装配式结构等分项工程。

分部工程的划分应按专业性质、建筑部位确定。如：地基与基础、主体结构、建筑装饰装修、建筑屋面、建筑给水排水及采暖、建筑电气、智能建筑、通风与空调、电梯等九个分部工程。

(1) 检验批质量验收合格应符合下列规定

① 主控项目和一般项目的质量经抽样检验合格。

② 具有完整的施工操作依据、质量检查记录。

检验批质量合格的条件有两个方面：资料检查合格、主控项目和一般项目检验合格。

主控项目是对检验批的基本质量起决定性影响的检验项目。因此，必须全部符合有关专业工程验收规范的规定。这意味着主控项目不允许有不符合要求的检验结果，即这种项目的检查具有否决权，鉴于主控项目对基本质量的决定性影响，必须从严要求。

(2) 分项工程质量验收合格应符合下列规定

① 分项工程所含的检验批均应符合合格质量的规定。

② 分项工程所含的检验批的质量验收记录应完整。

(3) 分部（子分部）工程质量验收合格应符合下列规定

① 分部（子分部）工程所含工程的质量均应验收合格。

② 质量控制资料应完整。

③ 地基与基础、主体结构和设备安装等分部工程有关安全及功能的检验和抽样检测结果应符合有关规定。

④ 观感质量验收应符合要求。

4.3.2 竣工验收

单位工程质量验收也称质量竣工验收，是建筑工程投入使用前的最后一次验收，也是最重要的一次验收。

单位（子单位）工程质量验收合格应符合下列规定：

① 单位（子单位）工程所含分部（子分部）工程的质量均应验收合格。

② 质量控制资料应完整。

③ 单位（子单位）工程所含分部工程有关安全和功能的检测资料应完整。

④ 主要功能项目的抽查结果应符合相关专业质量验收规范的规定。

⑤ 观感质量验收应符合要求。

4.3.3 施工质量不合格的处理

① 经返工重做或换器具、设备的检验批，应重新进行验收。

② 经有资质的检测单位检测鉴定能够达到设计要求的检验批，应予以验收。

③ 经有资质的检测单位检测鉴定达不到设计要求、但经原设计单位核算认可能够满足结构安全和使用功能的检验批，可予以验收。

④ 经返修或加固处理的分项、分部工程，虽然改变外形尺寸但仍能满足安全使用要求，可按技术处理方案和协商文件进行验收。

⑤ 通过返修或加固处理仍不能满足安全使用要求的分部工程、单位（子单位）工程，严禁验收。

4.3.4 质量事故

凡是工程质量不合格的，必须进行返修、加固或报废处理，由此造成直接经济损失低于5000元的称为质量问题；直接经济损失在5000元（含5000元）以上的称为工程质量事故。

按照住房和城乡建设部《关于做好房屋建筑和市政基础设施工程质量事故报告和调查处理工作的通知》（建质〔2010〕111号），根据工程质量事故造成的人员伤亡或者直接经济损失，工程质量事故分为4个等级：

① 特别重大事故，是指造成30人以上死亡，或者100人以上重伤，或者1亿元以上直接经济损失的事故；

② 重大事故，是指造成10人以上30人以下死亡，或者50人以上100人以下重伤，或者5000万元以上1亿元以下直接经济损失的事故；

③ 较大事故，是指造成3人以上10人以下死亡，或者10人以上50人以下重伤，或者1000万元以上5000万元以下直接经济损失的事故；

④ 一般事故，是指造成3人以下死亡，或者10人以下重伤，或者1000万元以下直接经济损失的事故。

4.3.5 质量事故处理

发生质量事故后，其处理程序见图4-3。工程质量事故发生后，事故现场有关人员应当立即向工程建设单位负责报告；工程建设单位负责人接到报告后，应于1h内向事故发生地县级以上人民政府住房和城乡建设主管部门及有关部门报告；同时应按照应急预案采取相应措施。情况紧急时，事故现场有关人员可直接向事故发生地县级以上人民政府住房和城乡建设主管部门报告。

事故调查要按规定区分事故的大小分别由相应级别的人民政府直接或授权委托有关部门组织事故调查组进行调查。未造成人员伤亡的一般事故，县级人民政府也可以委托事故发生单位组织事故调查组进行调查。

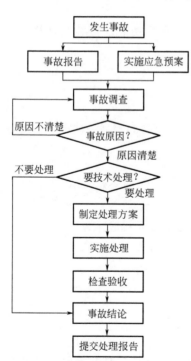

图4-3 施工质量事故处理的一般程序

4.3.6 施工质量缺陷处理的基本方法

(1) 返修处理

当项目的某些部分的质量虽未达到规范、标准或设计规定的要求，存在一定的缺陷，但经过采取整修等措施后可以达到要求的质量标准，又不影响使用功能或外观的要求时，可采取返修处理的方法。

(2) 加固处理

主要是针对危及结构承载力的质量缺陷的处理。通过加固处理，建筑结构恢复或提高承载力，重新满足结构安全性与可靠性的要求，结构能继续使用或改作其他用途。对混凝土结构常用的加固方法主要有：增大截面加固法、外包角钢加固法、粘钢加固法、增设支点加固法、增设剪力墙加固法、预应力加固法等。

(3) 返工处理

当工程质量缺陷经过返修、加固处理后仍不能满足规定的质量标准要求,或不具备补救可能性,则必须采取重新制作、重新施工的返工处理措施。

(4) 限制使用

当工程质量缺陷按修补方法处理后无法保证达到规定的使用要求和安全要求,而又无法返工处理的情况下,不得已时可作出诸如结构卸荷或减荷以及限制使用的决定。

(5) 不作处理

某些工程质量问题虽然达不到规定的要求或标准,但其情况不严重,对结构安全或使用功能影响很小,经过分析、论证、法定检测单位鉴定和设计单位等认可后可不作专门处理。

(6) 报废处理

出现质量事故的项目,通过分析或实践,采取上述处理方法后仍不能满足规定的质量要求或标准,则必须予以报废处理。

任务 4.4　工程质量控制的统计分析方法

4.4.1　质量统计基本知识

4.4.1.1　抽样检验基本概念

① 总体。总体也称母体,是所研究对象的全体。个体是组成总体的基本元素。

② 样本。样本也称子样,是从总体中随机抽取出来,并根据对其研究结果推断总体质量特征的那部分个体。

③ 统计推断工作过程。质量统计推断工作是运用质量统计方法在生产过程中或一批产品中,随机抽取样本,通过对样品进行检测和整理加工,从中获得样本质量数据信息,并以此为依据,以概率数理统计为理论基础,对总体的质量状况作出分析和判断。

4.4.1.2　质量数据的收集方法

(1) 全数检验

全数检验是对总体中的全部个体逐一观察、测量、计数、登记,从而获得对总体质量水平评价结论的方法。

(2) 随机抽样检验

抽样检验是按照随机抽样的原则,从总体中抽取部分个体组成样本,根据对样品进行检测的结果,推断总体质量水平的方法。

① 简单随机抽样。简单随机抽样又称纯随机抽样、完全随机抽样,是对总体不进行任何加工,直接进行随机抽样,获取样本的方法。

② 分层抽样。分层抽样又称分类抽样或分组抽样,是将总体按与研究目的有关的某一特性分为若干组,然后在每组内随机抽取样品组成样本的方法。

③ 等距抽样。等距抽样是将个体按某一特性排队编号后均分为 n 组,这时每组有 $K=N/n$ 个个体（N 为总体),然后在第一组内随机抽取一件样品,以后每隔一定距离（K 号)抽取出其余样品组成样本。

④ 整群抽样。整群抽样一般是将总体按自然存在的状态分为若干群,并从中抽取样品群组成样本,然后在选中的群内进行全数检验。

⑤ 多阶段抽样。多阶段抽样是将各种单阶段抽样方法结合使用,通过多次随机抽样来实现的抽样方法。

4.4.2 质量统计方法

质量统计方法是通过对质量数据的收集、整理和分析研究，了解、整理误差的现状和内在的发展规律，推断工程质量的现状和可能存在的问题，为工程质量管理提供依据的方法。

工程项目质量统计的常用方法有：排列图法、因果分析图法、分层法、直方图法、控制图法、相关图法和统计调查分析法等。施工项目质量管理应用较多的是分层法、因果分析法、排列图法、直方图法等。

4.4.2.1 分层法

分层法又称分类法，是将收集的数据根据不同的目的，按性质、来源、影响因素等进行分类和分层研究的方法。分层法可以使杂乱的数据条理化，找出主要的问题，采取相应的措施。常用的分层方法有以下几种。

① 按工程内容分层。
② 按时间、环境分层。
③ 按机械设备分层。
④ 按操作者分层。
⑤ 按生产工艺分层。
⑥ 按质量检验方法分层。

【例 4-1】 某批钢筋焊接质量调查，共检查接头数量 100 个，其中不合格 25 个，不合格率 25%，试分析问题的原因。

解析： 经查明，这批钢筋是由 A、B、C 三个工人进行焊接的，采用同样的焊接工艺，焊条由两个厂家提供。采用分层法进行分析，可按焊接操作者和焊条供应厂家进行分层，见表 4-1、表 4-2。

表 4-1 按焊接操作者分层

操作者	不合格/个	合格/个	不合格率/%
A	15	35	30
B	6	25	19
C	4	15	21
合计	25	75	25

表 4-2 按焊条供应厂家分层

供应厂家	不合格/个	合格/个	不合格率/%
甲	10	35	22
乙	15	40	27
合计	25	75	25

从表中得知，操作者 B 的操作水平较高，工厂甲的焊条质量较好。

4.4.2.2 排列图法

(1) 排列图法的概念

排列图法是利用排列图寻找影响质量主次因素的一种有效方法。排列图又叫帕累托图或主次因素分析图，它由两个纵坐标、一个横坐标、几个连起来的直方形和一条曲线所组成。

A 类因素：累积频率 0~80%，是影响产品质量的主要因素；
B 类因素：累积频率 80%~90%，是影响产品质量的次要因素；

C类因素：累积频率90%～100%，是影响产品质量的一般因素。

（2）排列图的应用

① 按不合格点的缺陷形式分类，可以分析出造成质量问题的薄弱环节。
② 按生产作业分类，可以找出生产不合格品最多的关键过程。
③ 按生产班组或单位分类，可以分析比较各单位技术水平和质量管理水平。
④ 将采取提高质量措施前后的排列图对比，可以分析采取的措施是否有效。

此外，还可以用于成本费用分析、安全问题分析等。

【例 4-2】 某混凝土构件的不合格频数见表 4-3，绘制不合格点排列图。

表 4-3 不合格点项目频数统计表

序号	项目	频数/点	频率/%	累计频率/%
1	表面平整度	75	50.0	50.0
2	截面尺寸	45	30.0	50.0+30.0=80.0
3	平面水平度	15	10.0	80.0+10.0=90.0
4	垂直度	8	5.3	90.0+5.3=95.3
5	标高	4	2.7	95.3+2.7=98.0
6	其他	3	2.0	98.0+2.0=100
合计		150	100	100

解析： 排列图（图 4-4）的观察与分析。

① 观察直方形。排列图中的每个直方形都表示一个质量问题或影响因素。影响程度与各直方形的高度成正比。

② 确定主次因素。实际应用中，通常利用 A、B、C 分区法进行确定，按累计频率划分为 0～80%、80%～90%、90%～100% 三部分，与其对应的影响因素分别为 A、B、C 三类。A 类为主要因素，是重点要解决的对象；B 类为次要因素；C 类为一般因素，不作为解决的重点。本例中，累计频率曲线所对应的 A、B、C 三类影响因素分别如下。

A 类即主要因素是截面尺寸、表面平整度；B 类即次要因素是平面水平度；C 类即一般因素有垂直度、标高和其他项目。综上分析结果，下步应重点解决 A 类等质量问题。

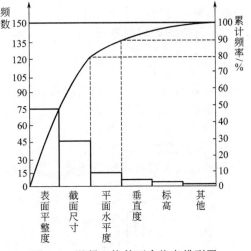

图 4-4 混凝土构件不合格点排列图

4.4.2.3 因果分析图法

因果分析图法是利用因果分析图来系统整理分析某个质量问题（结果）与其影响因素之间关系，采取措施，解决存在的质量问题的方法。因果分析图也称特性要因图，又因其形状而被称为树枝图或鱼刺图如图 4-5 所示。

4.4.2.4 直方图法

（1）直方图的用途

直方图法即频数分布直方图法，它是将收集到的质量数据进行分组整理，绘制成频数分

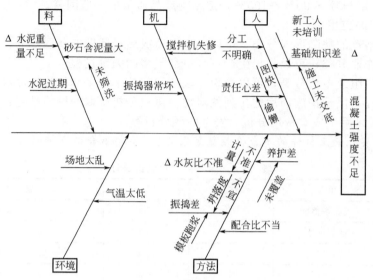

图 4-5 混凝土强度不足因果分析图

布直方图，用以描述质量分布状态的一种分析方法，所以又称质量分布图法。

通过直方图的观察与分析，可了解产品质量的波动情况，掌握质量特性的分布规律，以便对质量状况进行分析判断。同时可通过质量数据特征值的计算，估算施工生产过程总体的不合格品率，评价过程能力等。

（2）直方图的绘制方法

① 收集整理数据。

② 计算极差 R。

③ 对数据分组，包括确定组数、组距和组限。

④ 编制数据频数统计表。

⑤ 绘制频数分布直方图。

（3）直方图的观察与分析

① 通过颁布形状观察直方图。常见的异常直方图，归纳起来一般有五种类型如图 4-6 所示。

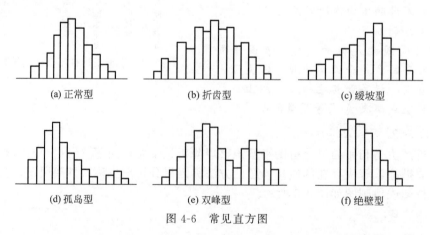

图 4-6 常见直方图

a. 折齿型，是由于分组组数不当或者组距确定不当而出现的直方图。

b. 左（或右）缓坡型，主要是由操作中对上限（或下限）控制太严造成的。

c. 孤岛型，是由原材料发生变化，或者临时他人顶班作业造成的。

d. 双峰型，是由于用两种不同方法或两台设备或两组工人进行生产，然后把两方面数据混在一起整理而产生的。

e. 绝壁型，是由于数据收集不正常，可能有意识地去掉下限以下的数据，或是在检测过程中存在某种人为因素而造成的。

② 通过颁布位置观察分析。所谓位置观察分析是指将直方图的颁布位置与质量控制标准的上下限范围进行比较分析，如图 4-7 所示。

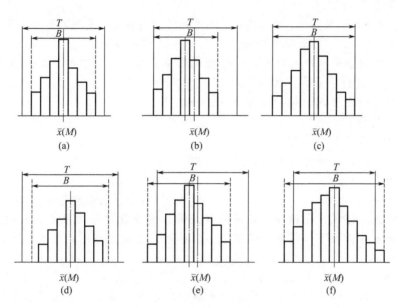

图 4-7　直方图与质量标准上下限
T—质量标准要求界限；B—实际质量特性分布范围

a. 如图 4-7(a) 所示，B 在 T 中间，质量分布中心与质量标准中心 M 重合，实际数据分布与质量标准相比较两边还有一定余地。这样的生产过程质量是很理想的，说明生产过程处于正常的稳定状态，在这种情况下生产出来的产品可认为全部是合格品。

b. 如图 4-7(b) 所示，B 虽然落在 T 内，但质量分布中心与 T 的中心 M 不重合，偏向一边。这样如果生产状态发生变化，就可能超出质量标准下限而出现不合格品。出现这种情况时应迅速采取措施，使直方图移到中间来。

c. 如图 4-7(c) 所示，B 在 T 中间，且 B 的范围接近 T 的范围，没有余地，生产过程一旦发生小的变化，产品的质量特性值就可能超出质量标准。出现这种情况时，必须立即采取措施，以缩小质量分布范围。

d. 如图 4-7(d) 所示，B 在 T 中间，但两边余地太大，说明加工过于精细，不经济。在这种情况下，可以对原材料、设备、工艺、操作等控制要求适当放宽些，有目的地使 B 扩大，从而有利于降低成本。

e. 如图 4-7(e) 所示，质量分布范围 B 已超出标准下限，说明已出现不合格品。此时必须采取措施进行调整，使质量分布位于标准之内。

f. 如图 4-7(f) 所示，质量分布范围 B 完全超出了质量标准上、下界限，散差太大，产生许多废品，说明过程能力不足，应提高过程能力，使质量分布范围 B 缩小。

技能训练

一、单项选择题

1. PDCA 循环中，实施阶段包括两个环节，一是计划行动方案的交底，二是（　　）。
A. 检查是否严格执行了计划的行动方案
B. 按施工质量计划的要求控制施工准备工作状态
C. 按计划规定的方法与要求展开施工作业技术活动
D. 检查计划执行的结果

2. 原材料、半成品、结构件、工程用品设备等施工材料物资，是施工生产过程的（　　）。
A. 劳动主体　　　B. 劳动对象　　　C. 劳动方法　　　D. 劳动手段

3. 事前控制的内涵包括两层意思，一是强调质量目标的计划预控，二是强调（　　）。
A. 按质量计划进行作业方法的控制
B. 按施工质量计划要求，控制施工准备工作状态
C. 质量偏差的纠正
D. 质量活动结果的评价认定

4. 施工质量保证体系运行的原理是（　　）。
A. 质量计划　　　　　　　　　　B. 过程管理
C. PDCA 循环　　　　　　　　　D. 八项质量管理原则

5. 如对已完施工部位，因轴线、标高引测差错而改变设计平面尺寸，若返工损失严重，在不影响使用功能的前提下，经承发包双方协商验收，上述描述所针对的施工质量事故处理方式是（　　）。
A. 不作处理　　　B. 返工处理　　　C. 让步处理　　　D. 降级处理

6. 施工技术方按未经分析论证，贸然组织施工、材料配方失误、违背施工程序指挥施工等都属于（　　）。
A. 指导性责任事故　　　　　　　B. 操作责任事故
C. 重大施工质量事故　　　　　　D. 严重施工质量事故

7. 在工程项目开工前，监督机构接受建设工程质量监督的申报手续，并对（　　）提供的文件资料进行审核，审查合格签发有关质量监督文件。
A. 施工单位　　　B. 建设单位　　　C. 监理单位　　　D. 总承包单位

8. 质量管理体系文件不包括（　　）。
A. 制订企业的质量方针、目标　　B. 质量手册
C. 程序文件　　　　　　　　　　D. 质量计划

9. 根据我国《建筑工程施工质量验收统一标准》规定，按主要工种、材料、施工工艺、设备类别等进行划分的是（　　）。
A. 分项工程　　　B. 检验批　　　C. 分部工程　　　D. 单位工程

10. 在检验批验收过程中，应按（　　）进行验收。
A. 主控项目和一般项目　　　　　B. 主控项目和合格项目
C. 主控项目和允许偏差项目　　　D. 优良项目和合格项目

11. 施工现场物资的 ABC 分类中 A 类物资占总金额的（　　）。
A. 70%～80%　　B. 50%～60%　　C. 10%～20%　　D. 5%～10%

12. 建筑产品质量产生正常波动的因素属于（　　）因素。
A. 偶然性　　　　B. 系统性　　　　C. 一般性　　　　D. 必然性

13. 质量控制点是为了保证作业过程质量而确定的（　　）。

A. 重点控制对象　　B. 施工作业对象　　C. 施工工序　　D. 施工操作

14. 按同一的生产条件或按规定的方式汇总起来供检验用的，由一定数量样本组成的检验体，称之为（　　）。
A. 分项工程　　B. 分部工程　　C. 检验批　　D. 抽样检验方案

15. 建筑工程施工质量验收时，对涉及结构安全和使用功能的分部工程应进行（　　）。
A. 抽样检测　　B. 全数检验　　C. 无损检测　　D. 见证取样检测

16. 分项工程验收合格的条件，除其所含检验批合格外，还应（　　）。
A. 质量控制资料完整
B. 观感质量验收应符合要求
C. 质量验收记录应完整
D. 主要功能项目抽查结果应符合规定

17. 凡工程质量不合格，由此造成直接经济损失在（　　）元以上的称之为工程质量事故。
A. 3000　　B. 4000　　C. 5000　　D. 6000

18. 在影响工程质量的因素中，（　　）是工程质量的基础。
A. 人员素质　　B. 工程材料　　C. 施工机械　　D. 工艺方法

19. 在工程质量统计分析方法中，寻找影响质量主次因素的方法一般采用（　　）。
A. 排列图法
B. 因果分析图法
C. 直方图法
D. 控制图法

20. （　　）也称特性要因图，又因其形状常被称为树枝图和鱼刺图。
A. 排列图　　B. 因果分析图　　C. 直方图　　D. 控制图

二、多项选择题

1. 施工质量控制的基本方法有（　　）。
A. 审核有关技术文件
B. 审核有关报告
C. 审核有关报表
D. 审核有关设备
E. 现场质量检查

2. 施工质量检验的方法包括（　　）。
A. 对比法　　B. 目测法　　C. 试验法
D. 实测法　　E. 观察法

3. 从工程质量控制的角度，施工计量管理主要是指施工现场的（　　）管理。
A. 工程计量　　B. 投料计量　　C. 施工测量
D. 检验计量　　E. 环境计量

4. 施工质量的过程验收包括（　　）。
A. 检验批的验收　　B. 材料进场验收　　C. 单位工程验收
D. 分项工程的验收　　E. 分部工程的验收

5. 人员素质是影响工程质量的重要因素之一，除此之外有（　　）。
A. 工程材料　　B. 机械设备　　C. 评价方法
D. 方法　　E. 环境条件

6. 工程质量的特点主要有（　　）。
A. 质量波动性　　B. 质量隐蔽性　　C. 终检局限性
D. 复杂性　　E. 影响因素多

7. 工程质量事故处理方案类型可分为（　　）。
A. 修补处理　　B. 返工处理　　C. 限制使用
D. 观察研究　　E. 不做处理

8. 发生工程质量事故，通常不用专门处理的情况有（　　）。

A. 不影响结构安全和正常使用　　　　B. 经后续工序可以弥补
C. 经法定单位鉴定合格　　　　　　　D. 经返修或加固补强的分项、分部工程
E. 经原设计单位核算仍能满足结构安全和使用功能

9. 隐蔽工程施工完毕承包单位自检合格后，填写《报验申请表》，附上相应的（　　），报送项目监理机构。
A. 工程检查证　　　B. 材料证明　　　C. 试验报告
D. 工程变更单　　　E. 复验报告

10. 影响工程质量的因素很多，主要有 4M1E，即人员素质、（　　）。
A. 材料　　　　　　B. 机械设备　　　C. 方法
D. 评价方法　　　　E. 环境条件

三、案例

背景资料：

某单位新建一车间，建筑面积 $860m^2$，建筑物檐高 8.75m，砖混结构，屋面结构为后张法预应力梯形屋架，混凝土强度等级为 C40，每层均设置构造柱和圈梁，现浇钢筋混凝土楼板，卷材屋面。施工中发生了如下事件：

事件一：为方便施工，项目经理要求施工时先浇筑构造柱后砌砖墙。

事件二：四层砌筑砂浆强度不合格（偏低），但经原设计核算满足结构安全和使用功能要求。

事件三：屋架制作完成后，发现有一榀屋架试块强度达不到设计强度，经现场回弹测得其强度仍达不到设计强度。

事件四：屋面圈梁拆模后，发现局部蜂窝麻面，且有一处有露筋现象。

事件五：在施工雨篷板时，当混凝土浇筑完毕后，施工人员按照模板拆除方案要求，混凝土达到设计强度70%时将模板拆除，结果根部混凝土随即开裂。

事件六：有一根梁拆模后出现较大挠度。

事件七：屋面防水施工后不久即出现了防水层起鼓现象。

问题：1. 事件一是否正确？为什么？
2. 事件二是否需要补强加固？为什么？
3. 事件三如何处理？
4. 事件四如何处理？
5. 造成事件五雨篷板根部开裂的原因是什么？
6. 分析拆模后梁出现挠度的原因和防治办法。
7. 试分析事件七属于什么质量问题，产生原因及防治措施是什么。

模块 5 建设工程职业健康安全与环境管理

知识目标

熟悉职业健康安全管理体系与环境管理体系；
掌握建设工程安全生产管理要求；
掌握建设工程生产安全事故预案和事故处理；
熟悉建设工程施工现场职业健康安全与环境管理的要素。

技能目标

能够处理施工现场安全隐患及安全事故；
会编制生产安全事故应急预案。

模块概述

随着人类社会的进步和科技发展，职业健康安全与环境的问题越来越受关注，为了保证劳动者在劳动生产过程中的健康安全和保护人类的生存环境，必须加强职业健康安全与环境管理。本项目内容主要介绍职业健康安全管理体系与环境管理体系；建设工程安全生产管理；建设工程生产安全事故应急预案和事故处理；建设工程施工现场职业健康安全与环境管理的要素。

任务 5.1 建设工程职业健康安全与环境管理体系

5.1.1 建设工程职业健康安全与环境管理的要求

5.1.1.1 建设工程项目决策阶段

建设单位应按照有关建设工程法律法规的规定和强制性标准的要求，办理各种有关安全与环境保护方面的审批手续。对需要进行环境影响评价或安全预评价的建设工程项目，应组织或委托有相应资质的单位进行建设工程项目环境影响评价和安全预评价。

5.1.1.2 工程设计阶段

设计单位应按照有关建设工程法律法规的规定和强制性标准的要求，进行环境保护设施和安全设施的设计，防止因设计考虑不周而导致生产安全事故的发生或对环境造成不良影响。

在进行工程设计时，设计单位应当考虑施工安全和防护需要，对涉及施工安全的重点部分和环节在设计文件中应进行注明，并对防范生产安全事故提出指导意见。

对于采用新结构、新材料、新工艺的建设工程和特殊结构的建设工程，设计单位应在设计中提出保障施工作业人员安全和预防生产安全事故的措施建议。

在工程总概算中，应明确工程安全环保设施费用、安全施工和环境保护措施费等。

设计单位和注册建筑师等执业人员应当对其设计负责。

5.1.1.3 工程施工阶段

建设单位在申请领取施工许可证时，应当提供建设工程有关安全施工措施的资料。

对于依法批准开工报告的建设工程，建设单位应当自开工报告批准之日起15日内，将保证安全施工的措施报送建设工程所在地的县级以上人民政府建设行政主管部门或者其他有关部门备案。

对于应当拆除的工程，建设单位应当在拆除工程施工15日前，将拆除施工单位资质等级证明，拟拆除建筑物、构筑物及可能涉及毗邻建筑的说明，拆除施工组织方案，堆放、清除废弃物的措施的资料报送建设工程所在地的县级以上的地方人民政府主管部门或者其他有关部门备案。

施工企业在其经营生产的活动中必须对本企业的安全生产负全面责任。企业的代表人是安全生产的第一负责人，项目经理是施工项目生产的主要负责人。施工企业应当具备安全生产的资质条件，取得安全生产许可证的施工企业应设立安全机构，配备合格的安全人员，提供必要的资源；要建立健全职业健康安全体系以及有关的安全生产责任制和各项安全生产规章制度。对项目要编制切合实际的安全生产计划，制订职业健康安全保障措施；实施安全教育培训制度；不断提高员工的安全意识和安全生产素质。

建设工程实行总承包的，由总承包单位对施工现场的安全生产负总责并自行完成工程主体结构的施工。分包单位应当接受总承包单位的安全生产管理，分包合同中应当明确各自的安全生产方面的权利、义务。分包单位不服从管理导致生产安全事故的，由分包单位承担主要责任，总承包和分包单位对分包工程的安全生产承担连带责任。

5.1.1.4 项目验收试运行阶段

项目竣工后，建设单位应向审批建设工程项目环境影响报告书、环境影响报告或者环境影响登记表的环境保护行政主管部门申请，对环保设施进行竣工验收。环保行政主管部门应在收到申请环保设施竣工验收之日起30日内完成验收。验收合格后，才能投入生产和使用。

对于需要试生产的建设工程项目，建设单位应当在项目投入试生产之日起3个月内向环保行政主管部门申请对其项目配套的环保设施进行竣工验收。

5.1.2 职业健康安全管理体系与环境管理体系的建立和运行

5.1.2.1 职业健康安全管理体系与环境管理体系的建立步骤

(1) 领导决策

最高管理者亲自决策，以便获得各方面的支持和在体系建立过程中所需的资源保证。

(2) 成立工作组

最高管理者或授权管理者代表成立工作小组负责建立体系。工作小组的成员要覆盖组织的主要职能部门，组长最好由管理者代表担任，以保证小组对人力、资金、信息的获取。

(3) 人员培训

培训的目的是使有关人员了解建立体系的重要性，了解标准的主要思想和内容。

(4) 初始状态评审

初始状态评审是对组织过去和现在的职业健康安全与环境的信息、状态进行收集、调查分析；识别和获取现有的适用的法律法规和其他要求，进行危险源辨识和风险评价、环境因素识别和重要环境因素评价。评审的结果将作为确定职业健康安全与环境方针、制订管理方案、编制体系文件的基础。初始状态评审的内容包括：

① 辨识工作场所中的危险源和环境因素；
② 确定适用的有关职业健康安全与环境法律、法规和其他要求；
③ 评审组织现有的管理制度，并与标准进行对比；
④ 评审过去的事故，进行分析评价，以及检查组织是否建立了处罚和预防措施；
⑤ 了解相关方对组织在职业健康安全与环境管理工作的看法和要求。

(5) 制订方针、目标、指标和管理方案

方针是组织对其职业健康安全与环境行为的原则和意图的声明，也是组织自觉承担其责任和义务的承诺。方针不仅为组织确定了总的指导方向和行动准则，而且是评价一切后续活动的依据，并为更加具体的目标和指标提供一个框架。

职业健康安全及环境目标、指标的制订是组织为了实现其在职业健康安全及环境方针中所体现出的管理理念及其对整体绩效的期许与原则，与企业的总目标相一致，目标和指标制订的依据和准则如下：

① 依据并符合方针；
② 考虑法律、法规和其他要求；
③ 考虑自身潜在的危险和重要环境因素；
④ 考虑商业机会和竞争机遇；
⑤ 考虑可实施性；
⑥ 考虑监测考评的现实性；
⑦ 考虑相关方的观点。

管理方案是实现目标、指标的行动方案。为保证职业健康安全和环境管理体系目标的实现，需结合年度管理目标和企业客观实际情况，策划制订职业健康安全和环境管理方案，方案中应明确旨在实现目标、指标的相关部门的职责、方法、时间表以及资源的要求。

(6) 管理体系策划与设计

体系策划与设计是依据制订的方针、目标和指标、管理方案确定组织机构职责和筹划各种运行程序。文件策划的主要工作有：

① 确定文件结构；
② 确定文件编写格式；
③ 确定各层文件名称及编号；
④ 制订文件编写计划；
⑤ 安排文件的审查、审批和发布工作。

(7) 体系文件编写

体系文件包括管理手册、程序文件、作业文件三个层次。

① 体系文件编写的原则。职业健康安全与环境管理体系是系统化、结构化、程序化的管理体系，是遵循 PDCA 管理模式并以文件支持的管理制度和管理办法。

体系文件编写应遵循以下原则：标准要求的要写到、文件写到的要做到、做到的要有有效记录。

②管理手册的编写。管理手册是对组织整个管理体系的整体性描述，它为体系的进一步展开以及后续程序文件的制订提供了框架要求和原则规定，是管理体系的纲领性文件。手册可使组织的各级管理者明确体系概况，了解各部门的职责权限和相互关系，以便统一分工和协调管理。

管理手册除反映了组织管理体系需要解决的问题所在之外，也反映出组织的管理思路和理念。同时也向组织内外部人员提供了查询所需文件和记录的途径，相当于体系文件的索引。

(8) 文件的审查、审批和发布

文件编写完成后应进行审查，经审查、修改、汇总后进行审批，然后发布。

5.1.2.2 职业健康安全管理体系与环境管理体系的运行

(1) 管理体系的运行

体系运行是指按照已建立体系的要求实施，其实施的重点围绕培训意识和能力，信息交流，文件管理，执行控制程序，监测，不符合、纠正和预防措施，记录等活动推进体系的运行工作。上述运行活动简述如下。

① 培训意识和能力。由主管培训的部门根据体系、体系文件（培训意识和能力程序文件）的要求，制订详细的培训计划，明确培训的组织部门、时间、内容、方法和考核要求。

② 信息交流。信息交流是确保各要素构成一个完整的、动态的、持续改进的体系和基础，应关注信息交流的内容和方式。

③ 文件管理。

a. 对现有有效文件进行整理编号，方便查询索引；

b. 对适用的规范、规程等行业标准应及时购买补充，对适用的表格要及时发放；

c. 对在内容上有抵触的文件和过期的文件要及时作废并妥善处理。

④ 执行控制程序文件的规定。体系的运行离不开程序文件的指导，程序文件及其相关的作业文件在组织内部都具有法定效力，必须严格执行，才能保证体系正确运行。

⑤ 监测。为保证体系正确有效地运行，必须严格监测体系的运行情况。监测中应明确监测的对象和监测的方法。

⑥ 不符合、纠正和预防措施。体系在运行过程中，不符合的出现是不可避免的，包括事故也难免要发生，关键是相应的纠正与预防措施是否及时有效。

⑦ 记录。在体系运行过程中及时按文件要求进行记录，如实反映体系运行情况。

(2) 管理体系的维持

① 内部审核。内部审核是组织对其自身的管理体系进行的审核，是对体系是否正常进行以及是否达到了规定的目标所作的独立的检查和评价，是管理体系自我保证和自我监督的一种机制。内部审核要明确提出审核的方式方法和步骤，形成审核日程计划，并发至相关部门。

② 管理评审。管理评审是由组织的最高管理者对管理体系的系统评价，判断组织的管理体系面对内部情况的变化和外部环境是否充分适应有效，由此决定是否对管理体系作出调整，包括方针、目标、机构和程序等。

管理评审中应注意以下问题：

a. 信息输入的充分性和有效性；

b. 评审过程充分严谨，应明确评审的内容和对相关信息的收集、整理，并进行充分的讨论和分析；

c. 评审结论应该清楚明了，表述准确；

d. 评审中提出的问题应认真进行整改，不断改进。

③ 合规性评价。为了履行对合规性承诺，合规性评价分公司级和项目组级评价两个层次进行。项目组级评价，由项目经理组织有关人员对施工中应遵守的法律法规和其他要求的执行情况进行一次合规性评价。当某个阶段施工时间超过半年时，合规性评价不少于一次。项目工程结束时应针对整个项目工程进行系统的合规性评价。

公司级评价每年进行一次，制订计划后由管理者代表组织企业相关部门和项目组，对公司应遵守的法律法规和其他要求的执行情况进行合规性评价。

各级合规性评价后，对不能充分满足要求的相关活动或行为，通过管理方案或纠正措施等方式进行逐步改进。上述评价和改进的结果，应形成必要的记录和证据，作为管理评审的输入。

管理评审时，最高管理者应结合上述合规性评价的结果、企业的客观管理实际、相关法律法规和其他要求，系统评价体系运行过程中对适用法律法规和其他要求的遵守执行情况，并由相关部门或最高管理者提出改进要求。

任务 5.2 建设工程安全生产管理

5.2.1 安全生产管理制度

由于建设工程规模大、周期长、参与人数多、环境复杂多变、安全生产的难度很大，因此，通过建立各项制度，规范建设工程的生产行为，对于提高建设工程安全生产水平是非常重要的。《中华人民共和国建筑法》《中华人民共和国安全生产法》（以下简称《安全生产法》）、《安全生产许可证条例》《建设工程安全生产管理条例》《建筑施工企业安全生产许可证管理规定》等建设工程相关法律法规和部门规章，对政府部门、有关企业及相关人员的建设工程安全生产和管理行为进行了全面的规范，确立了一系列建设工程安全生产管理制度。现阶段正在执行的主要安全生产管理制度包括安全生产责任制度-安全生产许可证制度；政府安全生产监督检查制度；安全生产教育培训制度；安全措施计划制度；特种作业人员持证上岗制度；专项施工方案专家论证制度；危及施工安全工艺、设备、材料淘汰制度；施工起重机械使用登记制度；安全检查制度；生产安全事故报告和调查处理制度；"三同时"制度；安全预评价制度；意外伤害保险制度；等等。

二维码5.1

建设工程安全生产管理条例

5.2.1.1 安全生产责任制度

安全生产责任制是最基本的安全管理制度，是所有安全生产管理制度的核心。安全生产责任制是按照安全生产管理方针和"管生产的同时必须管安全"的原则，将各级负责人员、各职能部门及其工作人员和各岗位生产工人在安全生产方面应做的事情及应负的责任加以明确规定的一种制度。具体来说，就是将安全生产责任分解到相关单位的主要负责人、项目负责人、班组长以及每个岗位的作业人员身上。

根据《建设工程安全生产管理条例》和《建筑施工安全检查标准》的相关规定，安全生产责任制度的主要内容如下。

① 安全生产责任制度主要包括企业主要负责人的安全责任，负责人或其他副职的安全责任，项目负责人（项目经理）的安全责任，生产、技术、材料等各职能管理负责人及其工作人员的安全责任，技术负责人（工程师）的安全责任，专职安全生产管理人员的安全责任，施工员的安全责任，班组长的安全责任和岗位人员的安全责任等。

② 项目应对各级、各部门安全生产责任制应规定检查和考核办法，并按规定期限进行考核，对考核结果及兑现情况应有记录。

③ 项目独立承包的工程在签订承包合同中必须有安全生产工作的具体指标和要求。工

程由多单位施工时，总分包单位在签订分包合同的同时要签订安全生产合同（协议），签订合同前要检查分包单位的营业执照、企业资质证、安全资格证等。分包队伍的资质应与工程要求相符，在安全合同中应明确总分包单位各自的安全职责，原则上，实行总承包的由总承包单位负责，分包单位向总包单位负责，服从总包单位对施工现场的安全管理，分包单位在其分包范围内建立施工现场安全生产管理制度，并组织实施。

④ 项目的主要工种应有相应的安全技术操作规程，一般应包括砌筑、拌灰、混凝土、木作、钢筋、机械、电气焊、起重、信号指挥、塔式起重机司机、架子、水暖、油漆等工种，特殊作业应另行补充。应将安全技术操作规程列为日常安全活动和安全教育的主要内容，并应悬挂在操作岗位前。

⑤ 施工现场应按工程项目大小配备专（兼）职安全人员。以建筑工程为例，可按建筑面积1万平方米以下的工地至少有1名专职人员；1万平方米至5万平方米的工程设2或3名专职人员；5万平方米以上的工程不少于3人。

总之，企业实行安全生产责任制必须做到在计划、布置、检查、总结、评比生产的时候，计划、布置、检查、总结、评比安全工作。其内容大体分为两个方面：纵向方面是各级人员的安全生产责任制，即从最高管理者、管理者代表到项目负责人（项目经理）、技术负责人（工程师）、专职安全生产管理人员、施工员、班组长和岗位人员等各级人员的安全生产责任制；横向方面是各个部门的安全生产责任制，即各职能部门（如安全环保、设备、技术、生产、财务等部门）的安全生产责任制。只有这样，才能建立健全安全生产责任制，做到群防群治。

5.2.1.2 安全生产许可证制度

《安全生产许可证条例》规定国家对建筑施工企业实施安全生产许可证制度。其目的是严格规范安全生产条件，进一步加强安全生产监督管理，防止和减少安全生产事故。

国务院建设主管部门负责中央管理的建筑施工企业安全生产许可证的颁发和管理；其他企业由省、自治区、直辖市人民政府建设主管部门进行颁发和管理，并接受国务院建设主管部门的指导和监督。

企业取得安全生产许可证，应当具备下列安全生产条件：
① 建立、健全安全生产责任制，制订完备的安全生产规章制度和操作规程；
② 安全投入符合安全生产要求；
③ 设置安全生产管理机构，配备专职安全生产管理人员；
④ 主要负责人和安全生产管理人员经考核合格；
⑤ 特种作业人员经有关业务主管部门考核合格，取得特种作业操作资格证书；
⑥ 从业人员经安全生产教育和培训合格；
⑦ 依法参加工伤保险，为从业人员缴纳保险费；
⑧ 厂房、作业场所和安全设施、设备、工艺符合有关安全生产法律、法规、标准和规程的要求；
⑨ 有职业危害防治措施，并为从业人员配备符合国家标准或者行业标准的劳动防护用品；
⑩ 依法进行安全评价；
⑪ 有重大危险源检测、评估、监控措施和应急预案；
⑫ 有生产安全事故应急救援预案、应急救援组织或者应急救援人员，配备必要的应急救援器材、设备；
⑬ 法律、法规规定的其他条件。

企业进行生产前，应当依照该条例的规定向安全生产许可证颁发管理机关申请领取安全生产许可证，并提供该条例第六条规定的相关文件、资料。安全生产许可证颁发管理机关应当自收到申请之日起4～5日内审查完毕，经审查符合该条例规定的安全生产条件的，颁发安全生产许可证；不符合该条例规定的安全生产条件的，不予颁发安全生产许可证，书面通知企业并说明理由。

安全生产许可证的有效期为3年。安全生产许可证有效期满需要延期的，企业应当于期满前3个月向原安全生产许可证颁发管理机关办理延期手续。

企业在安全生产许可证有效期内，严格遵守有关安全生产的法律法规，未发生死亡事故的，安全生产许可证有效期届满时，经原安全生产许可证颁发管理机关同意，不再审查，安全生产许可证有效期延期3年。

企业不得转让、冒用安全生产许可证或者使用伪造的安全生产许可证。

5.2.1.3 政府安全生产监督检查制度

政府安全监督检查制度是指国家法律、法规授权的行政部门，代表政府对企业的安全生产过程实施监督管理。《建设工程安全生产管理条例》第五章"监督管理"对建设工程安全监督管理的规定内容如下。

① 国务院负责安全生产监督管理的部门依照《中华人民共和国安全生产法》的规定，对全国建设工程安全生产工作实施综合监督管理。

② 县级以上地方人民政府负责安全生产监督管理的部门依照《中华人民共和国安全生产法》的规定，对本行政区域内建设工程安全生产工作实施综合监督管理。

③ 国务院建设行政主管部门对全国的建设工程安全生产实施监督管理。国务院铁路、交通、水利等有关部门按照国务院规定的职责分工，负责有关专业建设工程安全生产的监督管理。

④ 县级以上地方人民政府建设行政主管部门对本行政区域内的建设工程安全生产实施监督管理。县级以上地方人民政府交通、水利等有关部门在各自的职责范围内，负责本行政区域内的专业建设工程安全生产的监督管理。

⑤ 县级以上人民政府负有建设工程安全生产监督管理职责的部门在各自的职责范围内履行安全监督检查职责时，有权纠正施工中违反安全生产要求的行为，责令立即排除检查中发现的安全事故隐患，对重大隐患可以责令暂时停止施工。建设行政主管部门或者其他有关部门可以将施工现场安全监督检查委托给建设工程安全监督机构具体实施。

5.2.1.4 安全生产教育培训制度

企业安全生产教育培训一般包括对管理人员、特种作业人员和企业员工的安全教育。

(1) 管理人员的安全教育

① 企业领导的安全教育。对企业法定代表人安全教育的主要内容包括：

a. 国家有关安全生产的方针、政策、法律、法规及有关规章制度；

b. 安全生产管理职责、企业安全生产管理知识及安全文化；

c. 有关事故案例及事故应急处理措施等。

② 项目经理、技术负责人和技术干部的安全教育。项目经理、技术负责人和技术干部安全教育的主要内容包括：

a. 安全生产方针、政策和法律、法规；

b. 项目经理部安全生产责任；

c. 典型事故案例剖析；

d. 本系统安全及其相应的安全技术知识。

③ 行政管理干部的安全教育。行政管理干部安全教育的主要内容包括：

a. 安全生产方针、政策和法律、法规；
b. 基本的安全技术知识；
c. 本职的安全生产责任。
④ 企业安全管理人员的安全教育。企业安全管理人员安全教育内容应包括：
a. 国家有关安全生产的方针、政策、法律、法规和安全生产标准；
b. 企业安全生产管理、安全技术、职业病知识、安全文件；
c. 员工伤亡事故和职业病统计报告及调查处理程序；
d. 有关事故案例及事故应急处理措施。
⑤ 班组长和安全员的安全教育。班组长和安全员的安全教育内容包括：
a. 安全生产法律、法规、安全技术及技能、职业病和安全文化的知识；
b. 本企业、本班组和工作岗位的危险因素、安全注意事项；
c. 本岗位安全生产职责；
d. 典型事故案例；
e. 事故抢救与应急处理措施。

(2) 特种作业人员的安全教育

① 特种作业的定义。根据《特种作业人员安全技术培训考核管理规定》（国家安全生产监督管理总局令第30号），特种作业是指容易发生事故，对操作者本人、他人的安全健康及设备、设施的安全可能造成重大危害的作业。特种作业人员，是指直接从事特种作业的从业人员。

② 特种作业的范围。根据《特种作业人员安全技术培训考核管理规定》，特种作业的范围主要有（未详细列出）：
a. 电工作业，包括高压电工作业、低压电工作业、防爆电气作业；
b. 焊接与热切割作业，包括熔化焊接与热切割作业、压力焊作业、钎焊作业；
c. 高处作业，包括登高架设作业、高处安装、维护、拆除作业；
d. 制冷与空调作业，包括制冷与空调设备运行操作作业、制冷与空调设备安装修理作业；
e. 煤矿安全作业；
f. 金属非金属矿山安全作业；
g. 石油天然气安全作业；
h. 冶金（有色）生产安全作业；
i. 危险化学品安全作业；
j. 烟花爆竹安全作业；
k. 安全监管总局认定的其他作业。

特种作业人员应具备的条件是：
a. 年满18周岁，且不超过国家法定退休年龄；
b. 经社区或者县级以上医疗机构体检健康合格，并无妨碍从事相应特种作业的器质性心脏病、癫痫病、美尼尔氏症、眩晕症、癔病、震颤麻痹症、精神病、痴呆症以及其他疾病和生理缺陷；
c. 具有初中及以上文化程度；
d. 具备必要的安全技术知识与技能；
e. 相应特种作业规定的其他条件。

③ 特种作业人员安全教育要求。特种作业人员必须经专门的安全技术培训并考核合格，取得《中华人民共和国特种作业操作证》后，方可上岗作业。

特种作业人员应当接受与其所从事的特种作业相应的安全技术理论培训和实际操作培训。已经取得职业高中、技工学校及中专以上学历的毕业生从事与其所学专业相应的特种作业，持学历证明经考核发证机关同意，可以免予相关专业的培训。

跨省、自治区、直辖市从业的特种作业人员，可以在户籍所在地或者从业所在地参加培训。

(3) 企业员工的安全教育

企业员工的安全教育主要有新员工上岗前的三级安全教育、改变工艺和变换岗位安全教育、经常性安全教育三种形式。

① 新员工上岗前的三级安全教育。三级安全教育通常是指进厂、进车间、进班组三级，对建设工程来说，具体指企业（公司）、项目（或工区、工程处、施工队）、班组三级。

企业新员工上岗前必须进行三级安全教育，企业新员工须按规定通过三级安全教育和实际操作训练，并经考核合格后方可上岗。

a. 企工业（公司）级安全教育由企业主管领导负责，企业职业健康安全管理部门会同有关部门组织实施，内容应包括安全生产法律、法规、通用安全技术、职业卫生和安全文化的基本知识，本企业安全生产规章制度及状况、劳动纪律和有关事故案例等。

b. 项目（或工区、工程处、施工队）级安全教育由项目级负责人组织实施，专职或兼职安全员协助，内容包括工程项目的概况，安全生产状况和规章制度，主要危险因素及安全事项，预防工伤事故和职业病的主要措施，典型事故案例及事故应急处理措施等。

c. 班组级安全教育由班组长组织实施，内容包括遵章守纪，岗位安全操作规程，岗位间工作衔接配合的安全生产事项，典型事故及发生事故后应采取的紧急措施，劳动防护用品（用具）的性能及正确使用方法等。

② 改变工艺和变换岗位时的安全教育。

a. 企业（或工程项目）在实施新工艺、新技术或使用新设备、新材料时，必须对有关人员进行相应级别的安全教育，要按新的安全操作规程教育和培训参加操作的岗位员工和有关人员，使其了解新工艺、新设备、新产品的安全性能及安全技术，以适应新的岗位作业的安全要求。

b. 当组织内部员工发生从一个岗位调到另外一个岗位，或从某工种改变为另一工种，或因放长假离岗一年以上重新上岗的情况，企业必须进行相应的安全技术培训和教育，以使其掌握现岗位安全生产特点和要求。

③ 经常性安全教育。无论何种教育都不可能是一劳永逸的，安全教育同样如此，必须坚持不懈、经常不断地进行，这就是经常性安全教育。在经常性安全教育中，安全思想、安全态度教育最重要。进行安全思想、安全态度教育，要通过采取多种多样形式的安全教育活动，激发员工搞好安全生产的热情，促使员工重视和真正实现安全生产。经常性安全教育的形式有：每天的班前班后会上说明安全注意事项；安全活动日；安全生产会议；事故现场会；张贴安全生产招贴画、宣传标语及标志等。

5.2.1.5 安全措施计划制度

安全措施计划制度是指企业进行生产活动时，必须编制安全措施计划，它是企业有计划地改善劳动条件和安全卫生设施，防止工伤事故和职业病的重要措施之一，对企业加强劳动保护，改善劳动条件，保障职工的安全和健康，促进企业生产经营的发展都起着积极作用。

(1) 安全措施计划的范围

安全措施计划的范围应包括改善劳动条件、防止事故发生、预防职业病和职业中毒等内容，具体包括：

① 安全技术措施。安全技术措施是预防企业员工在工作过程中发生工伤事故的各项措

施，包括防护装置、保险装置、信号装置和防爆炸装置等。

② 职业卫生措施。职业卫生措施是预防职业病和改善职业卫生环境的必要措施，包括防尘、防毒、防噪声、通风、照明、取暖、降温等措施。

③ 辅助用房间及设施。辅助用房间及设施是为了保证生产过程安全卫生所必需的房间及一切设施，包括更衣室、休息室、淋浴室、消毒室、妇女卫生室、厕所和冬期作业取暖室等。

④ 安全宣传教育措施。安全宣传教育措施是为了宣传普及有关安全生产法律、法规、基本知识所需要的措施，其主要内容包括安全生产教材、图书、资料，安全生产展览，安全生产规章制度，安全操作方法训练设施，劳动保护和安全技术的研究与实验等。

（2）编制安全措施计划的依据

① 国家发布的有关职业健康安全政策、法规和标准；
② 在安全检查中发现的尚未解决的问题；
③ 造成伤亡事故和职业病的主要原因和所采取的措施；
④ 生产发展需要所应采取的安全技术措施；
⑤ 安全技术革新项目和员工提出的合理化建议。

（3）编制安全技术措施计划的一般步骤

编制安全技术措施计划可以按照下列步骤进行：
① 工作活动分类
② 危险源识别；
③ 风险确定
④ 风险评价；
⑤ 制订安全技术措施计划；
⑥ 评价安全技术措施计划的充分性。

5.2.1.6 特种作业人员持证上岗制度

《建设工程安全生产管理条例》第二十五条规定：垂直运输机械作业人员、起重机械安装拆卸工、爆破作业人员、起重信号工、登高架设作业人员等特种作业人员，必须按照国家有关规定经过专门的安全作业培训，并取得特种作业操作资格证书后，方可上岗作业。

特种作业人员必须按照国家有关规定经过专门的安全作业培训，并取得特种作业操作资格证书后，方可上岗作业。专门的安全作业培训，是指由有关主管部门组织的专门针对特种作业人员的培训，也就是特种作业人员在独立上岗作业前，必须进行与本工种相适应的、专门的安全技术理论学习和实际操作训练。经培训考核合格，取得特种作业操作资格证书后，才能上岗作业。特种作业操作资格证书在全国范围内有效，离开特种作业岗位一定时间后，应当按照规定重新进行实际操作考核，经确认合格后方可上岗作业。对于未经培训考核，即从事特种作业的，条例第六十二条规定了行政处罚；造成重大安全事故，构成犯罪的，对直接责任人员，依照刑法的有关规定追究刑事责任。

特种作业操作证由安全监管总局统一式样、标准及编号。特种作业操作证有效期为6年，在全国范围内有效。特种作业操作证每3年复审1次。特种作业人员在特种作业操作证有效期内，连续从事本工种10年以上，严格遵守有关安全生产法律法规的，经原考核发证机关或者从业所在地考核发证机关同意，特种作业操作证的复审时间可以延长至每6年1次。特种作业操作证申请复审或者延期复审前，特种作业人员应当参加必要的安全培训并考试合格。安全培训时间不少于8学时，主要培训法律、法规、标准、事故案例和有关新工艺、新技术、新装备等知识。

5.2.1.7 专项施工方案专家论证制度

依据《建设工程安全生产管理条例》第二十六条的规定：施工单位应当在施工组织设计中编制安全技术措施和施工现场临时用电方案，对下列达到一定规模的危险性较大的分部分项工程编制专项施工方案，并附具安全验算结果，经施工单位技术负责人、总监理工程师签字后实施，由专职安全生产管理人员进行现场监督，包括基坑支护与降水工程；土方开挖工程；模板工程；起重吊装工程；脚手架工程；拆除、爆破工程；国务院建设行政主管部门或者其他有关部门规定的其他危险性较大的工程。

对上述所列工程中涉及深基坑、地下暗挖工程、高大模板工程的专项施工方案，施工单位还应当组织专家进行论证、审查。

5.2.1.8 危及施工安全工艺、设备、材料淘汰制度

严重危及施工安全的工艺、设备、材料是指不符合生产安全要求，极有可能导致生产安全事故发生，致使人民生命和财产遭受重大损失的工艺、设备和材料。

《建设工程安全生产管理条例》第四十五条规定："国家对严重危及施工安全的工艺、设备、材料实行淘汰制度。具体目录由我部会同国务院其他有关部门制定并公布。"本条明确规定，国家对严重危及施工安全的工艺、设备和材料实行淘汰制度。这一方面有利于保障安全生产；另一方面也体现了优胜劣汰的市场经济规律，有利于提高生产经营单位的工艺水平，促进设备更新。

根据本条的规定，对严重危及施工安全的工艺、设备和材料，实行淘汰制度，需要国务院建设行政主管部门会同国务院其他有关部门确定哪些是严重危及施工安全的工艺、设备和材料，并且以明示的方法予以公布。对于已经公布的严重危及施工安全的工艺、设备和材料，建设单位和施工单位都应当严格遵守和执行，不得继续使用此类工艺和设备，也不得转让他人使用。其他的制度如下所示：

（1）施工起重机械使用登记制度

《建设工程安全生产管理条例》第三十五条规定："施工单位应当自施工起重机械和整体提升脚手架、模板等自升式架设设施验收合格之日起三十日内，向建设行政主管部门或者其他有关部门登记。登记标志应当置于或者附着于该设备的显著位置。"

这是对施工起重机械的使用进行监督和管理的一项重要制度，能够有效防止不合格机械和设施投入使用；同时，还有利于监管部门及时掌握施工起重机械和整体提升脚手架、模板等自升式架设设施的使用情况，以利于监督管理。

进行登记应当提交施工起重机械有关资料，包括：

① 生产方面的资料，如设计文件、制造质量证明书、检验证书、使用说明书、安装证明等；

② 使用的有关情况资料，如施工单位对于这些机械和设施的管理制度和措施、使用情况、作业人员的情况等。

监管部门应当对登记的施工起重机械建立相关档案，及时更新，加强监管，减少生产安全事故的发生。施工单位应当将标志置于显著位置，便于用户监督，保证施工起重机械的安全使用。

（2）安全检查制度

① 安全检查的目的。安全检查制度是清除隐患、防止事故、改善劳动条件的重要手段，是企业安全生产管理工作的一项重要内容。通过安全检查可以发现企业及生产过程中的危险因素，以便有计划地采取措施，保证安全生产。

② 安全检查的方式。检查方式有企业组织的定期安全检查，各级管理人员的日常巡回

检查，专业性检查，季节性检查，节假日前后的安全检查，班组自检、交接检查，不定期检查等。

③ 安全检查的内容。安全检查的主要内容包括：查思想、查管理、查隐患、查整改、查伤亡事故处理等。安全检查的重点是检查"三违"和安全责任制的落实。检查后应编写安全检查报告，报告应包括以下内容：已达标项目，未达标项目，存在问题，原因分析，纠正和预防措施。

④ 安全隐患的处理程序。对查出的安全隐患，不能立即整改的要制订整改计划，定人、定措施、定经费、定完成日期，在未消除安全隐患前，必须采取可靠的防范措施，如有危及人身安全的紧急险情，应立即停工。应按照"登记—整改—复查—销案"的程序处理安全隐患。

(3) 生产安全事故报告和调查处理制度

关于生产安全事故报告和调查处理制度，《安全生产法》《建筑法》《建设工程安全生产管理条例》《生产安全事故报告和调查处理条例》《特种设备安全监察条例》等法律法规都对此作了相应的规定。

《安全生产法》第七十条规定："生产经营单位发生生产安全事故后，事故现场有关人员应当立即报告本单位负责人"；"单位负责人接到事故报告后，应当迅速采取有效措施，组织抢救，防止事故扩大，减少人员伤亡和财产损失，并按照国家有关规定立即如实报告当地负有安全生产监督管理职责的部门，不得隐瞒不报、谎报或者拖延不报，不得故意破坏事故现场、毁灭有关证据。"

《建筑法》第五十一条规定："施工中发生事故时，建筑施工企业应当采取紧急措施减少人员伤亡和事故损失，并按照国家有关规定及时向有关部门报告。"

《建设工程安全生产管理条例》第五十条对建设工程生产安全事故报告制度的规定为："施工单位发生生产安全事故，应当按照国家有关伤亡事故报告和调查处理的规定，及时、如实地向负责安全生产监督管理的部门、建设行政主管部门或者其他有关部门报告；特种设备发生事故的，还应当同时向特种设备安全监督管理部门报告。接到报告的部门应当按照国家有关规定，如实上报。"本条是关于发生伤亡事故时的报告义务的规定。一旦发生安全事故，及时报告有关部门是及时组织抢救的基础，也是认真进行调查分清责任的基础。因此，施工单位在发生安全事故时，不能隐瞒事故情况。

《特种设备安全监察条例》第六十二条："特种设备发生事故，事故发生单位应当迅速采取有效措施，组织抢救，防止事故扩大，减少人员伤亡和财产损失，并按照国家有关规定，及时、如实地向负有安全生产监督管理职责的部门和特种设备安全监督管理部门等有关部门报告。不得隐瞒不报、谎报或者拖延不报。"本条例规定在特种设备发生事故时，应当同时向特种设备安全监督管理部门报告。这是因为特种设备的事故救援和调查处理专业性、技术性更强，所以，由特种设备安全监督部门组织有关救援和调查处理更方便一些。

2007年6月1日起实施的《生产安全事故报告和调查处理条例》对生产安全事故报告和调查处理制度作了更加明确的规定。

(4) "三同时"制度

"三同时"制度是指凡是我国境内新建、改建、扩建的基本建设项目［工程、技术改建项目（工程）］和引进的建设项目，其安全生产设施必须符合国家规定的标准，必须与主体工程同时设计、同时施工、同时投入生产和使用。安全生产设施主要是指安全技术方面的设施、职业卫生方面的设施、生产辅助性设施。

《中华人民共和国劳动法》第五十三条规定："新建、改建、扩建工程的劳动安全卫生设施必须与主体工程同时设计、同时施工、同时投入生产和使用。"

《中华人民共和国安全生产法》第二十四条规定："生产经营单位新建、改建、扩建工程项目的安全设施，必须与主体工程同时设计、同时施工、同时投入生产和使用。安全设施投资应当纳入建设项目概算。"

新建、改建、扩建工程的初步设计要经过行业主管部门、安全生产管理部门、卫生部门和工会的审查，同意后方可进行施工；工程项目完成后，必须经过主管部门、安全生产管理行政部门、卫生部门和工会的竣工检验；建设工程项目投产后，不得将安全设施闲置不用，生产设施必须和安全设施同时使用。

(5) 安全预评价制度

安全预评价是在建设工程项目前期，应用安全评价的原理和方法对工程项目的危险性、危害性进行预测性评价。

开展安全预评价工作，是贯彻落实"安全第一，预防为主"方针的重要手段，是企业实施科学化、规范化安全管理的工作基础。科学、系统地开展安全评价工作，不仅直接起到了消除危险有害因素、减少事故发生的作用，有利于全面提高企业的安全管理水平，而且有利于系统地、有针对性地加强对不安全状况的治理、改造，最大限度地降低安全生产风险。

(6) 意外伤害保险制度

根据《建筑法》第四十八条规定，建筑职工意外伤害保险是法定的强制性保险。2003年5月23日建设部公布了《建设部关于加强建筑意外伤害保险工作的指导意见》（建质〔2003〕07号），从九个方面对加强和规范建筑意外伤害保险工作提出了较详尽的规定，明确了建筑施工企业应当为施工现场从事施工作业和管理的人员，在施工活动过程中发生的人身意外伤亡事故提供保障，办理建筑意外伤害保险、支付保险费，范围应当覆盖工程项目。同时，还对保险期限、金额、保费、投保方式、索赔、安全服务及行业自保等都提出了指导性意见。

5.2.2　施工安全技术措施和安全技术交底

5.2.2.1　建设工程施工安全技术措施

(1) 施工安全控制

① 安全控制的概念。安全控制是生产过程中涉及的计划、组织、监控、调节和改进等一系列致力于满足生产安全所进行的管理活动。

② 安全控制的目标。安全控制的目标是减少和消除生产过程中的事故，保证人员健康安全和财产免受损失。具体应包括：

a. 减少或消除人的不安全行为的目标；

b. 减少或消除设备、材料的不安全状态的目标；

c. 改善生产环境和保护自然环境的目标。

③ 施工安全控制的特点。建设工程施工安全控制的特点主要有以下几个方面。

a. 控制面广。由于建设工程规模较大，生产工艺复杂、工序多，因此在建造过程中流动作业多，高处作业多，作业位置多变，遇到的不确定因素多，安全控制工作涉及范围大，控制面广。

b. 控制的动态性。

- 建设工程项目的单件性，使得每项工程所处的条件不同，所面临的危险因素和防范措施也会有所改变，员工在转移工地后，熟悉一个新的工作环境需要一定的时间，有些工作制度和安全技术措施也会有所调整，员工同样有个熟悉的过程。

- 建设工程项目施工的分散性。因为现场施工分散于施工现场的各个部位，尽管有各种规章制度和安全技术交底的环节，但是面对具体的生产环境时，仍然需要自己的判断和处理,有经验的人员还必须适应不断变化的情况。

c.控制系统交叉性。建设工程项目是开放系统,受自然环境和社会环境影响很大,同时也会对社会和环境造成影响,安全控制需要把工程系统、环境系统及社会系统结合起来。

d.控制的严谨性。由于建设工程施工的危害因素复杂、风险程度高、伤亡事故多,因此预防控制措施必须严谨,如有疏漏就可能发展到失控,而酿成事故,造成损失和伤害。

④ 施工安全的控制程序。

a.确定每项具体建设工程项目的安全目标。按"目标管理"方法在以项目经理为首的项目管理系统内进行分解,从而确定每个岗位的安全目标,实现全员安全控制。

b.编制建设工程项目安全技术措施计划。工程施工安全技术措施计划是对生产过程中的不安全因素,用技术手段加以消除和控制的文件,是落实"预防为主"方针的具体体现,是进行工程项目安全控制的指导性文件。

c.安全技术措施计划的落实和实施。安全技术措施计划的落实和实施包括建立健全安全生产责任制,设置安全生产设施,采用安全技术和应急措施,进行安全教育和培训,安全检查,事故处理,沟通和交流信息,通过一系列安全措施的贯彻,使生产作业的安全状况处于受控状态。

d.安全技术措施计划的验证。安全技术措施计划的验证是通过施工过程中对安全技术措施计划实施情况的安全检查,纠正不符合安全技术措施计划的情况,保证安全技术措施的贯彻和实施。

e.持续改进。根据安全技术措施计划的验证结果,对不适宜的安全技术措施计划进行修改、补充和完善。

(2) 施工安全技术措施的一般要求和主要内容

① 施工安全技术措施的一般要求。

a.施工安全技术措施必须在工程开工前制订。施工安全技术措施是施工组织设计的重要组成部分,应在工程开工前与施工组织设计一同编制。为保证各项安全设施的落实,在工程图纸会审时,就应特别注意考虑安全施工的问题,并在开工前制订好安全技术措施,使得用于该工程的各种安全设施有较充分的时间进行采购、制作和维护等准备工作。

b.施工安全技术措施要有全面性。按照有关法律法规的要求,在编制工程施工组织设计时,应当根据工程特点制订相应的施工安全技术措施。对于大中型工程项目、结构复杂的重点工程,除必须在施工组织设计中编制施工安全技术措施外,还应编制专项工程施工安全技术措施,详细说明有关安全方面的防护要求和措施,确保单位工程或分部分项工程的施工安全。对爆破、拆除、起重吊装、水下、基坑支护和降水、土方开挖、脚手架、模板等危险性较大的作业,必须编制专项安全施工技术方案。

c.施工安全技术措施要有针对性。施工安全技术措施是针对每项工程的特点制定的,编制安全技术措施的技术人员必须掌握工程概况、施工方法、施工环境、条件等一手资料,并熟悉安全法规、标准等,才能制订有针对性的安全技术措施。

d.施工安全技术措施应力求全面、具体、可靠。施工安全技术措施应把可能出现的各种不安全因素考虑周全,制订的对策措施方案应力求全面、具体、可靠,这样才能真正做到预防事故的发生。但是,全面具体不等于罗列一般通常的操作工艺、施工方法以及日常安全工作制度、安全纪律等。这些制度性规定,安全技术措施中不需要再作抄录,但必须严格执行。

对于大型群体工程或一些面积大、结构复杂的重点工程,除必须在施工组织总设计中编制施工安全技术总体措施外,还应编制单位工程或分部分项工程安全技术措施,详细地制定出有关安全方面的防护要求和措施,确保该单位工程或分部分项工程的安全施工。

e.施工安全技术措施必须包括应急预案。施工安全技术措施是在相应的工程施工实施之前制订的,所涉及的施工条件和危险情况大都是建立在可预测的基础上,而建设工程施工过程是开放的过程,在施工期间的变化是经常发生的,还可能出现预测不到的突发事件或灾害(如地震、火灾、台风、洪水等)。所以,施工技术措施计划必须包括面对突发事件或紧急状态的各种应急设施、人员逃生和救援预案,以便在紧急情况下,能及时启动应急预案,减少损失,保护人员安全。

f.施工安全技术措施要有可行性和可操作性。施工安全技术措施应能够在每个施工工序之中得到贯彻实施,既要考虑保证安全要求,又要考虑现场环境条件和施工技术条件能够做得到。

② 施工安全技术措施的主要内容。

a.进入施工现场的安全规定;

b.地面及深槽作业的防护;

c.高处及立体交叉作业的防护;

d.施工用电安全;

e.施工机械设备的安全使用;

f.在采取"四新"技术时,有针对性的专门安全技术措施;

g.有针对自然灾害预防的安全措施;

h.预防有毒、有害、易燃、易爆等作业造成危害的安全技术措施;

i.现场消防措施。

安全技术措施中必须包含施工总平面图,在图中必须对危险的油库、易燃材料库、变电设备、材料和构配件的堆放位置、塔式起重机、物料提升机(井架、龙门架)、施工用电梯、垂直运输设备位置、搅拌台的位置等按照施工需求和安全规程的要求明确定位,并提出具体要求。

结构复杂、危险性大、特性较多的分部分项工程,应编制专项施工方案和安全措施。如基坑支护与降水工程、土方开挖工程、模板工程、起重吊装工程、脚手架工程、拆除工程、爆破工程等,必须编制单项的安全技术措施,并要有设计依据、计算、详图、文字要求。

季节性施工安全技术措施,就是考虑夏季、雨季、冬季等不同的气候对施工生产带来的不安全因素可能造成的各种突发性事故,而从防护上、技术上、管理上采取的防护措施。一般工程可在施工组织设计或施工方案的安全技术措施中编制季节性施工安全措施;危险性大、高温期长的工程,应单独编制季节性的施工安全措施。

5.2.2.2 安全技术交底

(1) 安全技术交底的内容

安全技术交底是一项技术性很强的工作,对于贯彻设计意图、严格实施技术方案、按图施工、循规操作、保证施工质量和施工安全至关重要。

安全技术交底主要内容如下:

① 本施工项目的施工作业特点和危险点;

② 针对危险点的具体预防措施;

③ 应注意的安全事项;

④ 相应的安全操作规程和标准;

⑤ 发生事故后应及时采取的避难和急救措施。

(2) 安全技术交底的要求

① 项目经理部必须实行逐级安全技术交底制度,纵向延伸到班组全体作业人员;

② 技术交底必须具体、明确,针对性强;

③ 技术交底的内容应针对分部分项工程施工中给作业人员带来的潜在危险因素和存在问题；

④ 应优先采用新的安全技术措施；

⑤ 对于涉及"四新"项目或技术含量高、技术难度大的单项技术设计，必须经过两阶段技术交底，即初步设计技术交底和实施性施工图技术设计交底；

⑥ 应将工程概况、施工方法、施工程序、安全技术措施等向工长、班组长进行详细交底；

⑦ 定期向由两个以上作业队和多工种进行交叉施工的作业队伍进行书面交底；

⑧ 保持书面安全技术交底签字记录。

(3) 安全技术交底的作用

① 让一线作业人员了解和掌握该作业项目的安全技术操作规程和注意事项，减少因违章操作而导致事故的可能；

② 是安全管理人员在项目安全管理工作中的重要环节；

③ 安全管理内业的内容要求，同时做好安全技术交底也是安全管理人员自我保护的手段。

5.2.3 安全生产检查的类型和内容

工程项目安全检查的目的是清除隐患、防止事故、改善劳动条件及提高员工安全生产意识，是安全控制工作的一项重要内容。通过安全检查可以发现工程中的危险因素，以便有计划地采取措施，保证安全生产。施工项目的安全检查应由项目经理组织，定期进行。

5.2.3.1 安全检查的主要类型

(1) 全面安全检查

全面检查应包括职业健康安全管理方针、管理组织机构及其安全管理的职责、安全设施、操作环境、防护用品、卫生条件、运输管理、危险品管理、火灾预防、安全教育和安全检查制度等项内容。对全面检查的结果必须进行汇总分析，详细探讨所出现的问题及相应对策。

(2) 经常性安全检查

工程项目和班组应开展经常性安全检查，及时排除事故隐患。工作人员必须在工作前，对所用的机械设备和工具进行仔细的检查，发现问题立即上报。下班前，还必须进行班后检查，做好设备的维修保养和清整场地等工作，保证交接安全。

(3) 专业或专职安全管理人员的专业安全检查

由于操作人员在进行设备的检查时，往往是根据其自身的安全知识和经验进行主观判断，因而有很大的局限性，不能反映出客观情况，流于形式。而专业或专职安全管理人员则有较丰富的安全知识和经验，通过其认真检查就能够得到较为理想的效果。专业或专职安全管理人员在进行安全检查时，必须不徇私情，按章检查，发现违章操作情况要立即纠正，发现隐患及时指出并提出相应防护措施，并及时上报检查结果。

(4) 季节性安全检查

要对防风防沙、防涝抗旱、防雷电、防暑防害等工作进行季节性的检查，根据各个季节自然灾害的发生规律，及时采取相应的防护措施。

(5) 节假日检查

在节假日，坚持上班的人员较少，往往放松思想警惕，容易发生意外，而且一旦发生意外事故，也难以进行有效的救援和控制。因此，节假日必须安排专业安全管理人员进行安全检查，对重点部位要进行巡视。此时配备一定数量的安全保卫人员，搞好安全保卫工作，绝不能麻痹大意。

(6) 要害部门重点安全检查

对于企业要害部门和重要设备必须进行重点检查。由于其重要性和特殊性,一旦发生意外,会造成大的伤害,给企业的经济效益和社会效益带来不良的影响。为了确保安全,对设备的运转和零件的状况要定时进行检查,发现损伤立刻更换,决不能"带病"作业;一过有效年限即使没有故障,也应该予以更新,不能因小失大。

5.2.3.2 安全检查的主要内容

(1) 查思想

检查企业领导和员工对安全生产方针的认识程度,对建立健全安全生产管理和安全生产规章制度的重视程度,对安全检查中发现的安全问题或安全隐患的处理态度等。

(2) 查制度

为了实施安全生产管理制度,工程承包企业应结合本身的实际情况,建立健全一整套本企业的安全生产规章制度,并落实到具体的工程项目施工任务中。在安全检查时,应对企业的施工安全生产规章制度进行检查。施工安全生产规章制度一般应包括以下内容:

① 安全生产责任制度;
② 安全生产许可证制度;
③ 安全生产教育培训制度;
④ 安全措施计划制度;
⑤ 特种作业人员持证上岗制度;
⑥ 专项施工方案专家论证制度;
⑦ 危及施工安全工艺、设备、材料淘汰制度;
⑧ 施工起重机械使用登记制度;
⑨ 生产安全事故报告和调查处理制度;
⑩ 各种安全技术操作规程;
⑪ 危险作业管理审批制度;
⑫ 易燃、易爆、剧毒、放射性、腐蚀性等危险物品生产、储运、使用的安全管理制度;
⑬ 防护物品的发放和使用制度;
⑭ 安全用电制度;
⑮ 危险场所动火作业审批制度;
⑯ 防火、防爆、防雷、防静电制度;
⑰ 危险岗位巡回检查制度;
⑱ 安全标志管理制度。

(3) 查管理

主要检查安全生产管理是否有效,安全生产管理和规章制度是否真正得到落实。

(4) 查隐患

主要检查生产作业现场是否符合安全生产要求,检查人员应深入作业现场,检查工人的劳动条件、卫生设施、安全通道,零部件的存放,防护设施状况,电气设备、压力容器、化学用品的储存,粉尘及有毒有害作业部位点的达标情况,车间内的通风照明设施,个人劳动防护用品的使用是否符合规定等。要特别注意对一些要害部位和设备加强检查,如锅炉房、变电所、各种剧毒、易燃、易爆等场所。

(5) 查整改

主要检查对过去提出的安全问题和发生安全生产事故及安全隐患后是否采取了安全技术措施和安全管理措施,进行整改的效果如何。

(6) 查事故处理

检查对伤亡事故是否及时报告，对责任人是否已经作出严肃处理。在安全检查中必须成立一个适应安全检查工作需要的检查组，配备适当的人力物力。检查结束后应编写安全检查报告，说明已达标项目、未达标项目、存在问题、原因分析，给出纠正和预防措施的建议。

5.2.3.3 安全检查的注意事项

① 安全检查要深入基层、紧紧依靠职工，坚持领导与群众相结合的原则，组织好检查工作。

② 建立检查的组织领导机构，配备适当的检查力量，挑选具有较高技术业务水平的专业人员参加。

③ 做好检查的各项准备工作，包括思想、业务知识、法规政策和物资、奖金准备。

④ 明确检查的目的和要求。既要严格要求，又要防止一刀切，要从实际出发，分清主、次矛盾，力求实效。

⑤ 把自查与互查有机结合起来。基层以自检为主，企业内相应部间互相检查，取长补短，相互学习和借鉴。

⑥ 坚持查改结合。检查不是目的，只是一种手段，整改才是最终目的。发现问题，要及时采取切实有效的防范措施。

⑦ 建立检查档案。结合安全检查表的实施，逐步建立健全检查档案，收集基本的数据，掌握基本安全状况，为及时消除隐患提供数据，同时也为以后的职业健康安全检查奠定基础。

⑧ 在制订安全检查表时，应根据用途和目的具体确定安全检查表的种类。安全检查表的主要种类有：设计用安全检查表、厂级安全检查表、车间安全检查表、班组及岗位安全检查表、专业安全检查表等。制订安全检查表要在安全技术部门的指导下，充分依靠职工来进行。初步制订出来的检查表，要经过群众的讨论，反复试行，再加以修订，最后由安全技术部门审定后方可正式实行。

5.2.4 安全隐患的处理

5.2.4.1 建设工程安全的隐患

建设工程安全隐患包括三个部分的不安全因素：人的不安全因素、物的不安全状态和组织管理上的不安全因素。

(1) 人的不安全因素

能够使系统发生故障或发生性能不良的事件的个人的不安全因素和违背安全要求的错误行为。

① 个人的不安全因素。包括人员的心理、生理、能力中所具有不能适应工作、作业岗位要求的影响安全的因素。

a. 心理上的不安全因素有影响安全的性格、气质和情绪（如急躁、懒散、粗心等）。

b. 生理上的不安全因素大致有 5 个方面：
- 视觉、听觉等感觉器官不能适应作业岗位要求的因素；
- 体能不能适应作业岗位要求的因素；
- 年龄不能适应作业岗位要求的因素；
- 有不适合作业岗位要求的疾病；
- 疲劳和酒醉或感觉朦胧。

c. 能力上的不安全因素包括知识技能、应变能力、资格等不能适应工作和作业岗位要求的影响因素。

② 人的不安全行为。人的不安全行为指能造成事故的人为错误，是人为地使系统发生故障或发生性能不良事件，是违背设计和操作规程的错误行为。

不安全行为的类型有：
a. 操作失误、忽视安全、忽视警告；
b. 造成安全装置失效；
c. 使用不安全设备；
d. 手代替工具操作；
e. 物体存放不当；
f. 冒险进入危险场所；
g. 攀坐不安全位置；
h. 在起吊物下作业、停留；
i. 在机器运转时进行检查、维修、保养；
j. 有分散注意力的行为；
k. 未正确使用个人防护用品、用具；
l. 不安全装束；
m. 对易燃易爆等危险物品处理错误。

（2）物的不安全状态

物的不安全状态是指能导致事故发生的物质条件，包括机械设备或环境所存在的不安全因素。

① 物的不安全状态的内容。
a. 物本身存在的缺陷；
b. 防护保险方面的缺陷；
c. 物的放置方法的缺陷；
d. 作业环境场所的缺陷；
e. 外部的和自然界的不安全状态；
f. 作业方法导致的物的不安全状态；
g. 保护器具信号、标志和个体防护用品的缺陷。

② 物的不安全状态的类型。
a. 防护等装置缺陷；
b. 设备、设施等缺陷；
c. 个人防护用品缺陷；
d. 生产场地环境的缺陷。

（3）组织管理上的不安全因素

组织管理上的缺陷，也是事故潜在的不安全因素，作为间接的原因共有以下几方面：
① 技术上的缺陷；
② 教育上的缺陷；
③ 生理上的缺陷；
④ 心理上的缺陷；
⑤ 管理工作上的缺陷；
⑥ 学校教育和社会、历史上的原因造成的缺陷。

5.2.4.2 建设工程安全隐患的处理

在工程建设过程中，安全事故隐患是难以避免的，但要尽可能预防和消除安全事故隐患的发生。首先，需要项目参与各方加强安全意识，做好事前控制，建立健全各项安全生产管理制度，落实安全生产责任制，注重安全生产教育培训，保证安全生产条件所需资金的投入，将安全隐患消除在萌芽之中；其次，根据工程的特点确保各项安全施工措施的落实，加强对工程安全生产的检查监督，及时发现安全事故隐患；最后，对发现的安全事故隐患及时进行处理，查找原因，防止事故隐患的进一步扩大。

(1) 安全事故隐患治理原则

① 冗余安全度治理原则。为确保安全，在治理事故隐患时应考虑设置多道防线，即使发生有一两道防线无效，还有冗余的防线可以控制事故隐患。例如：道路上有一个坑，既要设防护栏及警示牌，又要设照明及夜间提示红灯。

② 单项隐患综合治理原则。人、机、料、法、环境五者任一个环节产生安全事故隐患，都要从五者安全匹配的角度考虑，调整匹配的方法，提高匹配的可靠性。一个单项隐患问题的整改需综合（多角度）治理。人的隐患，既要治人也要治机具及生产环境等各环节。例如某工地发生触电事故，不但要进行人的安全用电操作教育，同时现场也要设置漏电开关，对配电箱、用电线路进行防护改造，也要严禁非专业电工乱接乱拉电线。

③ 事故直接隐患与间接隐患并治原则。对人、机、环境系统进行安全治理，同时还需治理安全管理措施。

④ 预防与减灾并重治理原则。治理安全事故隐患时，需尽可能减少发生事故的可能性，如果不能安全控制事故的发生，也要设法将事故等级降低。但是不论预防措施如何完善，都不能保证事故绝对不会发生，还必须对事故减灾作好充分准备，研究应急技术操作规范。如应及时切断供料及切断能源的操作方法；应及时降压、降温、降速以及停止运行的方法；应及时排放毒物的方法；应及时疏散及抢救的方法；应及时请求救援的方法；等等。还应定期组织训练和演习，使该生产环境中每名干部及工人都真正掌握这些减灾技术。

⑤ 重点治理原则。按对隐患的分析评价结果实行危险点分级治理，也可以用安全检查表打分，对隐患危险程度分级。

⑥ 动态治理原则。动态治理就是对生产过程进行动态随机安全化治理，生产过程中发现问题及时治理，既可以及时消除隐患，又可以避免小的隐患发展成大的隐患。

(2) 安全事故隐患的处理

在建设工程中，安全事故隐患的发现可以来自于各参与方，包括建设单位、设计单位、监理单位、施工单位、供货商、工程监管部门等。各方对于事故安全隐患处理的义务和责任，以及相关的处理程序在《建设工程安全生产管理条例》中已有明确的界定。这里仅从施工单位角度谈其对事故安全隐患的处理方法。

① 当场指正，限期纠正，预防隐患发生。对于违章指挥和违章作业行为，检查人员应当场指出，并限期纠正，预防事故的发生。

② 做好记录，及时整改，消除安全隐患。对检查中发现的各类安全事故隐患，应做好记录，分析安全隐患产生的原因，制订消除隐患的纠正措施，报相关方审查批准后进行整改，及时消除隐患。对重大安全事故隐患排除前或者排除过程中无法保证安全的，责令从危险区域内撤出作业人员或者暂时停止施工，待隐患消除后再行施工。

③ 分析统计，查找原因，制定预防措施。对于反复发生的安全隐患，应通过分析统计，属于多个部位存在的同类型隐患，即"通病"；属于重复出现的隐患，即"顽症"。查找产生"通病"和"顽症"的原因，修订和完善安全管理措施，制定预防措施，从源头上消除安全事故隐患的发生。

④ 跟踪验证。检查单位应对受检单位的纠正和预防措施的实施过程和实施效果，进行跟踪验证，并保存验证记录。

任务 5.3 建设工程生产安全事故应急预案和事故处理

5.3.1 生产安全事故应急预案的内容

应急预案是对特定的潜在事件和紧急情况发生时所采取措施的计划安排，是应急响应的行动指南。编制应急预案的目的，是防止一旦紧急情况发生时出现混乱，按照合理的响应流程采取适当的救援措施，预防和减少可能随之引发的职业健康安全和环境影响。

应急预案的制订，首先必须与重大环境因素和重大危险源相结合，特别是与这些环境因素和危险源一旦控制失效可能导致的后果相适应，还要考虑在实施应急救援过程中可能产生新的伤害和损失。

5.3.1.1 应急预案体系的构成

应急预案应形成体系，针对各级各类可能发生的事故和所有危险源制订专项应急预案和现场应急处置方案，并明确事前、事发、事中、事后的各个过程中相关部门和有关人员的职责。生产规模小、危险因素少的生产经营单位，综合应急预案和专项应急预案可以合并编写。

① 综合应急预案。综合应急预案是从总体上阐述事故的应急方针、政策，应急组织结构及相关应急职责，应急行动、措施和保障等基本要求和程序，是应对各类事故的综合性文件。

② 专项应急预案。专项应急预案是针对具体的事故类别（如基坑开挖、脚手架拆除等事故）、危险源和应急保障而制订的计划或方案，是综合应急预案的组成部分，应按照综合应急预案的程序和要求组织制订，并作为综合应急预案的附件。专项应急预案应制订明确的救援程序和具体的应急救援措施。

③ 现场处置方案。现场处置方案是针对具体的装置、场所或设施、岗位所制订的应急处置措施。现场处置方案应具体、简单、针对性强。现场处置方案应根据风险评估及危险性控制措施逐一编制，做到事故相关人员应知应会、熟练掌握，并通过应急演练，做到迅速反应、正确处置。

5.3.1.2 建设工程生产安全事故应急预案编制的要求和内容

(1) 建设工程生产安全事故应急预案编制的要求

① 符合有关法律、法规、规章和标准的规定；
② 结合本地区、本部门、本单位的安全生产实际情况；
③ 结合本地区、本部门、本单位的危险性分析情况；
④ 应急组织和人员的职责分工明确，并有具体的落实措施；
⑤ 有明确、具体的事故预防措施和应急程序，并与其应急能力相适应；
⑥ 有明确的应急保障措施，并能满足本地区、本部门、本单位的应急工作要求；
⑦ 预案基本要素齐全、完整，预案附件提供的信息准确；
⑧ 预案内容与相关应急预案相互衔接。

(2) 建设工程生产安全事故应急预案编制内容

详见二维码 5.3.1。

二维码5.2

建设工程生产安全事故应急预案编制内容

5.3.2 生产安全事故应急预案的管理

建设工程生产安全事故应急预案的管理包括应急预案的评审、备案、实施和奖惩。

国家安全生产监督管理总局负责应急预案的综合协调管理工作。国务院其他负有安全生产监督管理职责的部门按照各自的职责负责本行业、本领域内应急预案的管理工作。

县级以上地方各级人民政府安全生产监督管理部门负责本行政区域内应急预案的综合协调管理工作。县级以上地方各级人民政府其他负有安全生产监督管理职责的部门按照各自的职责负责辖区内本行业、本领域应急预案的管理工作。

5.3.2.1 应急预案的评审

地方各级安全生产监督管理部门应当组织有关专家对本部门编制的应急预案进行审定，必要时可以召开听证会，听取社会有关方面的意见。涉及相关部门职能或者需要有关部门配合的，应当征得有关部门同意。

参加应急预案评审的人员应当包括应急预案涉及的政府部门工作人员和有关安全生产及应急管理方面的专家。

评审人员与所评审预案的生产经营单位有利害关系的，应当回避。

应急预案的评审或者论证应当注重应急预案的实用性、基本要素的完整性、预防措施的针对性、组织体系的科学性、响应程序的操作性、应急保障措施的可行性、应急预案的衔接性等内容。

5.3.2.2 应急预案的备案

地方各级安全生产监督管理部门的应急预案，应当报同级人民政府和上一级安全生产监督管理部门备案。

其他负有安全生产监督管理职责的部门的应急预案，应当抄送同级安全生产监督管理部门。

中央管理的总公司（总厂、集团公司、上市公司）的综合应急预案和专项应急预案，报国务院国有资产监督管理部门、国务院安全生产监督管理部门和国务院有关主管部门备案；其所属单位的应急预案分别抄送所在地的省、自治区、直辖市或者设区的市人民政府安全生产监督管理部门和有关主管部门备案。

上述规定以外的其他生产经营单位中涉及实行安全生产许可的，其综合应急预案和专项应急预案，按照隶属关系报所在地县级以上地方人民政府安全生产监督管理部门和有关主管部门备案；未实行安全生产许可的，其综合应急预案和专项应急预案的备案，由省、自治区、直辖市人民政府安全生产监督管理部门确定。

5.3.2.3 应急预案的实施

各级安全生产监督管理部门、生产经营单位应当采取多种形式开展应急预案的宣传教育，普及生产安全事故预防、避险、自救和互救知识，提高从业人员安全意识和应急处置技能。

生产经营单位应当制订本单位的应急预案演练计划，根据本单位的事故预防重点，每年至少组织一次综合应急预案演练或者专项应急预案演练，每半年至少组织一次现场处置方案演练。

有下列情形之一的，应急预案应当及时修订：

① 生产经营单位因兼并、重组、转制等而导致隶属关系、经营方式、法定代表人发生变化的；

② 生产经营单位生产工艺和技术发生变化的；

③ 周围环境发生变化，形成新的重大危险源的；
④ 应急组织指挥体系或者职责已经调整的；
⑤ 依据的法律、法规、规章和标准发生变化的；
⑥ 应急预案演练评估报告要求修订的；
⑦ 应急预案管理部门要求修订的。

生产经营单位应当及时向有关部门或者单位报告应急预案的修订情况，并按照有关应急预案报备程序重新备案。

5.3.2.4 奖惩

生产经营单位应急预案未按照有关规定备案的，由县级以上安全生产监督管理部门给予警告，并处三万元以下罚款。

生产经营单位未制订应急预案或者未按照应急预案采取预防措施，导致事故救援不力或者造成严重后果的，由县级以上安全生产监督管理部门依照有关法律、法规和规章的规定，责令停产停业整顿，并依法给予行政处罚。

5.3.3 职业健康安全事故的分类和处理

5.3.3.1 职业伤害事故的分类

职业健康安全事故分两大类型，即职业伤害事故与职业病。职业伤害事故是指由于生产过程及工作原因或与其相关的其他原因而造成的伤亡事故。

(1) 按照事故发生的原因分类

按照我国《企业伤亡事故分类标准》（GB 6441—86）规定，职业伤害事故分为20类，其中与建筑业有关的有以下12类。包括物体打击、车辆伤害、机械伤害、起重伤害、触电、灼烫、火灾、高处坠落、坍塌、火药爆炸、中毒、窒息和其他伤害。

以上12类职业伤害事故中，在建设工程领域中最常见的是高处坠落、物体打击、机械伤害、触电、坍塌、中毒、火灾7类。

(2) 按事故后果严重程度分类

我国《企业伤亡事故分类标准》（GB 6441—86）规定，按事故后果严重程度分类，事故分为：

① 轻伤事故，是指造成职工肢体或某些器官功能性或器质性轻度损伤，能引起劳动能力轻度或暂时丧失的伤害的事故，一般每个受伤人员休息1个工作日以上，105个工作日以下；

② 重伤事故，一般指受伤人员肢体残缺或视觉、听觉等器官受到严重损伤，能引起人体长期存在功能障碍或劳动能力有重大损失的伤害，或者造成每个受伤人损失105个工作日以上的失能伤害的事故；

③ 死亡事故，一次事故中死亡职工1~2人的事故；
④ 重大伤亡事故，一次事故中死亡3人以上（含3人）的事故；
⑤ 特大伤亡事故，一次死亡10人以上（含10人）的事故。

(3) 按事故造成的人员伤亡或者直接经济损失分类

依据2007年6月1日起实施的《生产安全事故报告和调查处理条例》规定，按生产安全事故造成的人员伤亡或者直接经济损失，事故分为：

① 特别重大事故，是指造成30人以上死亡，或者100人以上重伤（包括急性工业中毒，下同），或者1亿元以上直接经济损失的事故；

② 重大事故，是指造成10人以上30人以下死亡，或者50人以上100人以下重伤，或

者 5000 万元以上 1 亿元以下直接经济损失的事故；

③ 较大事故，是指造成 3 人以上 10 人以下死亡，或者 10 人以上 50 人以下重伤，或者 1000 万元以上 5000 万元以下直接经济损失的事故；

④ 一般事故，是指造成 3 人以下死亡，或者 10 人以下重伤，或者 1000 万元以下直接经济损失的事故。

目前，在建设工程领域中，判别事故等级较多采用的是《生产安全事故报告和调查处理条例》。

5.3.3.2 建设工程安全事故的处理

一旦事故发生，通过应急预案的实施，尽可能防止事态的扩大和减少事故的损失。通过事故处理程序，查明原因，制订相应的纠正和预防措施，避免类似事故的再次发生。

(1) 事故处理的原则（"四不放过"原则）

国家对发生事故后的"四不放过"处理原则，其具体内容如下。

① 事故原因未查清不放过。要求在调查处理伤亡事故时，首先要把事故原因分析清楚，找出导致事故发生的真正原因，未找到真正原因决不轻易放过。并搞清各因素之间的因果关系才算达到事故原因分析的目的，避免今后类似事故的发生。

② 事故责任人未受到处理不放过。这是安全事故责任追究制的具体体现，对事故责任者要严格按照安全事故责任追究的法律法规的规定进行严肃处理；不仅要追究事故直接责任人的责任，同时要追究有关负责人的领导责任。当然，处理事故责任者必须谨慎，避免事故责任追究的扩大化。

③ 事故责任人和周围群众没有受到教育不放过。使事故责任者和广大群众了解事故发生的原因及所造成的危害，并深刻认识到搞好安全生产的重要性，从事故中吸取教训，提高安全意识，改进安全管理工作。

④ 事故没有制订切实可行的整改措施不放过。必须针对事故发生的原因，提出防止相同或类似事故发生的切实可行的预防措施，并督促事故发生单位加以实施。只有这样，才算达到了事故调查和处理的最终目的。

(2) 建设工程安全事故处理

① 迅速抢救伤员并保护事故现场。事故发生后，事故现场有关人员应当立即向本单位负责人报告；单位负责人接到报告后，应当于 1h 内向事故发生地县级以上人民政府安全生产监督管理部门和负有安全生产监督管理职责的有关部门报告。并有组织、有指挥地抢救伤员、排除险情；防止人为或自然因素的破坏，便于事故原因的调查。

由于建设行政主管部门是建设安全生产的监督管理部门，对建设安全生产实行的是统一的监督管理，因此，各个行业的建设施工中出现了安全事故，都应当向建设行政主管部门报告。对于专业工程的施工中出现生产安全事故的，由于有关的专业主管部门也承担着对建设安全生产的监督管理职能，因此，专业工程出现安全事故，还需要向有关行业主管部门报告。

a. 情况紧急时，事故现场有关人员可以直接向事故发生地县级以上人民政府安全生产监督管理部门和负有安全生产监督管理职责的有关部门报告。

b. 安全生产监督管理部门和负有安全生产监督管理职责的有关部门接到事故报告后，应当依照下列规定上报事故情况，并通知公安机关、劳动保障行政部门、工会和人民检察院。

• 特别重大事故、重大事故逐级上报至国务院安全生产监督管理部门和负有安全生产监督管理职责的有关部门；

• 较大事故逐级上报至省、自治区、直辖市人民政府安全生产监督管理部门和负有安全生产监督管理职责的有关部门；

• 一般事故上报至设区的市级人民政府安全生产监督管理部门和负有安全生产监督管理职责的有关部门。

安全生产监督管理部门和负有安全生产监督管理职责的有关部门依照前款规定上报事故情况，应当同时报告本级人民政府。国务院安全生产监督管理部门和负有安全生产监督管理职责的有关部门以及省级人民政府接到发生特别重大事故、重大事故的报告后，应当立即报告国务院。必要时，安全生产监督管理部门和负有安全生产监督管理职责的有关部门可以越级上报事故情况。

安全生产监督管理部门和负有安全生产监督管理职责的有关部门逐级上报事故情况，每级上报的时间不得超过2h。事故报告后出现新情况的，应当及时补报。

② 组织调查组，开展事故调查。

a. 特别重大事故由国务院或者国务院授权有关部门组织事故调查组进行调查，重大事故、较大事故、一般事故分别由事故发生地省级人民政府、设区的市级人民政府、县级人民政府负责调查。省级人民政府、设区的市级人民政府、县级人民政府可以直接组织事故调查组进行调查，也可以授权或者委托有关部门组织事故调查组进行调查。未造成人员伤亡的一般事故，县级人民政府也可以委托事故发生单位组织事故调查组进行调查。

b. 事故调查组有权向有关单位和个人了解与事故有关的情况，并要求其提供相关文件、资料，有关单位和个人不得拒绝。事故发生单位的负责人和有关人员在事故调查期间不得擅离职守，并应当随时接受事故调查组的询问，如实提供有关情况。事故调查中发现涉嫌犯罪的，事故调查组应当及时将有关材料或者其复印件移交司法机关处理。

③ 现场勘察。事故发生后，调查组应迅速到现场进行及时、全面、准确和客观的勘察，包括现场笔录、现场拍照和现场绘图。

④ 分析事故原因。通过调查分析，查明事故经过，按受伤部位、受伤性质、起因物、致害物、伤害方法、不安全状态、不安全行为等，查清事故原因，包括人、物、生产管理和技术管理等方面的原因。通过直接和间接地分析，确定事故的直接责任者、间接责任者和主要责任者。

⑤ 制订预防措施。根据事故原因分析，制订防止类似事故再次发生的预防措施。根据事故后果和事故责任者应负的责任提出处理意见。

⑥ 提交事故调查报告。事故调查组应当自事故发生之日起60日内提交事故调查报告；特殊情况下，经负责事故调查的人民政府批准，提交事故调查报告的期限可以适当延长，但延长的期限最长不超过60日。事故调查报告应当包括下列内容：

a. 事故发生单位概况；

b. 事故发生经过和事故救援情况；

c. 事故造成的人员伤亡和直接经济损失；

d. 事故发生的原因和事故性质；

e. 事故责任的认定以及对事故责任者的处理建议；

f. 事故防范和整改措施。

⑦ 事故的审理和结案。重大事故、较大事故、一般事故，负责事故调查的人民政府应当自收到事故调查报告之日起15日内作出批复；特别重大事故，30日内作出批复，特殊情况下，批复时间可以适当延长，但延长的时间最长不超过30日。

有关机关应当按照人民政府的批复，依照法律、行政法规规定的权限和程序，对事故发生单位和有关人员进行行政处罚，对负有事故责任的国家工作人员进行处分。事故发生单位应当按照负责事故调查的人民政府的批复，对本单位负有事故责任的人员进行处理。

负有事故责任的人员涉嫌犯罪的，依法追究刑事责任。

事故处理的情况由负责事故调查的人民政府或者其授权的有关部门、机构向社会公布，依法应当保密的除外。事故调查处理的文件记录应长期完整地保存。

5.3.3.3 安全事故统计规定

国家安全生产监督管理总局制定的《生产安全事故统计报表制度》（安监总统计〔2010〕62号）有如下规定。

① 本统计报表由各级安全生产监督管理部门、煤矿安全监察机构负责组织实施，每月对本行政区内发生的生产安全事故进行全面统计。其中：火灾、道路交通、水上交通、民航飞行、铁路交通、农业机械、渔业船舶等事故由其主管部门统计，每月抄送同级安全生产监督管理部门。

② 省级安全生产监督管理部门和煤矿安全监察机构，在每月5日前报送上月事故统计报表。国务院有关部门在每月5日前将上月事故统计报表抄送国家安全生产监督管理总局。

③ 各部门、各单位都要严格遵守《中华人民共和国统计法》，按照本统计报表制度的规定，全面、如实填报生产安全事故统计报表。对于不报、瞒报、迟报或伪造、篡改数字的要依法追究其责任。

任务5.4　建设工程施工现场文明施工和环境保护的要求

5.4.1　施工现场文明施工的要求

文明施工是指保持施工现场良好的作业环境、卫生环境和工作秩序。因此，文明施工也是保护环境的一项重要措施。文明施工主要包括：规范施工现场的场容，保持作业环境的整洁卫生；科学组织施工，使生产有序进行；减少施工对周围居民和环境的影响；遵守施工现场文明施工的规定和要求，保证职工的安全和身体健康。

文明施工可以适应现代化施工的客观要求，有利于员工的身心健康，有利于培养和提高施工队伍的整体素质，促进企业综合管理水平的提高，提高企业的知名度和市场竞争力。

5.4.2　建设工程现场文明施工的要求

依据我国相关标准，文明施工的要求主要包括现场围挡、封闭管理、施工场地、材料堆放、现场住宿、现场防火、治安综合治理、施工现场标牌、生活设施、保健急救、社区服务11项内容。总体上应符合以下要求：

① 有整套的施工组织设计或施工方案，施工总平面布置紧凑，施工场地规划合理，符合环保、市容、卫生的要求；

② 有健全的施工组织管理机构和指挥系统，岗位分工明确；工序交叉合理，交接责任明确；

③ 有严格的成品保护措施和制度，大小临时设施和各种材料构件、半成品按平面布置堆放整齐；

④ 施工场地平整，道路畅通，排水设施得当，水电线路整齐，机具设备状况良好，使用合理。施工作业符合消防和安全要求；

⑤ 搞好环境卫生管理，包括施工区、生活区环境卫生和食堂卫生管理；

⑥ 文明施工应贯穿施工结束后的清场。

实现文明施工，不仅要抓好现场的场容管理，而且要做好现场材料、机械、安全、技术、保卫、消防和生活卫生等方面的工作。

5.4.3 建设工程现场文明施工的措施

(1) 加强现场文明施工的组织措施

① 建立文明施工的管理组织。应确立项目经理为现场文明施工的第一责任人，以各专业工程师、施工质量、安全、材料、保卫、后勤等现场项目经理部人员为成员的施工现场文明管理组织，共同负责本工程现场文明施工工作。

② 健全文明施工的管理制度。包括建立各级文明施工岗位责任制、将文明施工工作考核列入经济责任制，建立定期的检查制度，实行自检、互检、交接检查制度，建立奖惩制度，开展文明施工立功竞赛，加强文明施工教育培训等。

(2) 落实现场文明施工的各项管理措施

针对现场文明施工的各项要求，落实相应的各项管理措施。

① 施工平面布置。施工总平面图是现场管理、实现文明施工的依据。施工总平面图应对施工机械设备设置、材料和构配件的堆场、现场加工场地，以及现场临时运输道路、临时供水供电线路和其他临时设施进行合理布置，并随工程实施的不同阶段进行场地布置和调整。

② 现场围挡、标牌。

a.施工现场必须实行封闭管理，设置进出口大门，制订门卫制度，严格执行外来人员进场登记制度。沿工地四周连续设置围挡，市区主要路段和其他涉及市容景观路段的工地设置围挡的高度不低于2.5m，其他工地的围挡高度不低于1.8m，围挡材料要求坚固、稳定、统一、整洁、美观。

b.施工现场必须设有"五牌一图"，即工程概况牌、管理人员名单及监督电话牌、消防保卫（防火责任）牌、安全生产牌、文明施工牌和施工现场平面图。

c.施工现场应合理悬挂安全生产宣传和警示牌，标牌悬挂牢固可靠，特别是主要施工部位、作业点和危险区域以及主要通道口都必须有针对性地悬挂醒目的安全提示牌。

③ 施工场地。

a.施工现场应积极推行硬化地坪施工，作业区、生活区主干道地面必须用一定厚度的混凝土硬化，场内其他次道路地面也应硬化处理。

b.施工现场道路畅通、平坦、整洁，无散落物。

c.施工现场设置排水系统，排水畅通，不积水。

d.严禁泥浆、污水、废水外流或堵塞下水道和排水河道。

e.施工现场适当地方设置吸烟处，作业区内禁止随意吸烟。

f.积极美化施工现场环境，根据季节变化，适当进行绿化布置。

④ 材料堆放、周转设备管理。

a.建筑材料、构配件，料具必须按施工现场总平面布置图堆放，布置合理。

b.建筑材料、构配件及其他料具等必须做到安全、整齐堆放（存放）、不得超高，堆料分门别类，悬挂标牌，标牌应统一制作，标明名称、品种、规格数等。

c.建立材料收发管理制度，仓库、工具间材料堆放整齐，易燃易爆物品分类堆放，专人负责，确保安全。

d.施工现场建立清扫制度，落实到人，做到"工完料尽场地清"，车辆进出场应有防泥带出措施。建筑垃圾及时清运，临时存放现场的也应集中堆放整齐、悬挂标牌。不用的施工机具和设备应及时出场。

e.施工设施、大模板、砖夹等，集中堆放整齐，大模板成对放稳，角度正确。钢模及零配件、脚手扣件分类分规格，集中存放。竹木杂料，分类堆放、规则成方，不散不乱，不作他用。

⑤ 现场生活设施。

a. 施工现场作业区与办公、生活区必须明显划分，确因场地狭窄不能划分的，要有可靠的隔离栏防护措施。

b. 宿舍内应确保主体结构安全，设施完好。宿舍周围环境应保持整洁、安全。

c. 宿舍内应有保暖、消暑、防煤气中毒、防蚊虫叮咬等措施。严禁使用煤气灶、煤油炉、电饭煲、热得快、电炒锅、电炉等器具。

d. 食堂应有良好的通风和洁卫措施，保持卫生整洁，炊事员持健康证上岗。

e. 建立现场卫生责任制，设卫生保洁员。

f. 施工现场应设固定的男、女简易淋浴室和厕所，并要保证结构稳定、牢固和防风雨。并实行专人管理、及时清扫，保持整洁，要有灭蚊蝇滋生措施。

⑥ 现场消防、防火管理。

a. 现场建立消防管理制度，建立消防领导小组，落实消防责任制和责任人员，做到思想重视、措施跟上、管理到位。

b. 定期对有关人员进行消防教育，落实消防措施。

c. 现场必须有消防平面布置图，临时设施按消防条例有关规定搭设，做到标准规范。

d. 易燃易爆物品堆放间、油漆间、木工间、总配电室等消防防火重点部位要按规定设置灭火器和消防沙盒，并由专人负责，对违反消防条例的有关人员进行严肃处理。

e. 施工现场用明火做到严格按动用明火规定执行，审批手续齐全。

⑦ 医疗急救的管理。展开卫生防病教育，准备必要的医疗设施，配备经过培训的急救人员，有急救措施、急救器材和保健医药箱。在现场办公室的显著位置张贴急救车和有关医院的电话号码等。

⑧ 社区服务的管理。建立施工不扰民的措施。现场不得焚烧有毒、有害物质等。

⑨ 治安管理。

a. 建立现场治安保卫领导小组，由专人管理。

b. 新入场的人员做到及时登记，做到合法用工。

c. 按照治安管理条例和施工现场的治安管理规定搞好各项管理工作。

d. 建立门卫值班管理制度，严禁无证人员和其他闲杂人员进入施工现场。

(3) 建立检查考核制度

对于建设工程文明施工，国家和各地大多制定了标准或规定，也有比较成熟的经验。在实际工作中，项目应结合相关标准和规定建立文明施工考核制度，推进各项文明施工措施的落实。

(4) 抓好文明施工建设工作

① 建立宣传教育制度。现场宣传安全生产、文明施工、国家大事、社会形势、企业精神、好人好事等。

② 坚持以人为本，加强管理人员和班组文明建设。教育职工遵纪守法，提高企业整体管理水平和文明素质。

③ 主动与有关单位配合，积极开展共建文明活动，树立企业良好的社会形象。

5.4.4 施工现场环境保护的要求

建设工程项目必须满足有关环境保护法律法规的要求，在施工过程中注意环境保护，对企业发展、员工健康和社会文明有重要意义。

环境保护是按照法律法规、各级主管部门和企业的要求，保护和改善作业现场的环境，控制现场的各种粉尘、废水、废气、固体废弃物、噪声、振动等对环境的污染和危害。环境保护也是文明施工的重要内容之一。

5.4.4.1 建设工程施工现场环境保护的要求

① 根据《中华人民共和国环境保护法》和《中华人民共和国环境影响评价法》的有关规定，建设工程项目对环境保护的基本要求如下。

a. 涉及依法划定的自然保护区、风景名胜区、生活饮用水水源保护区及其他需要特别保护的区域时，应当符合国家有关法律法规及该区域内建设工程项目环境管理的规定，不得建设污染环境的工业生产设施；建设的工程项目设施的污染物排放不得超过规定的排放标准。

b. 开发利用自然资源的项目，必须采取措施保护生态环境。

c. 建设工程项目选址、选线、布局应当符合区域、流域规划和城市总体规划。

d. 应满足项目所在区域环境质量、相应环境功能区划和生态功能区划标准或要求。

e. 拟采取的污染防治措施应确保污染物排放达到国家和地方规定的排放标准，满足污染物总量控制要求；涉及可能产生放射性污染的，应采取有效预防和控制放射性污染措施。

f. 建设工程应当采用节能、节水等有利于环境与资源保护的建筑设计方案、建筑材料、装修材料、建筑构配件及设备。建筑材料和装修材料必须符合国家标准。禁止生产、销售和使用有毒、有害物质超过国家标准的建筑材料和装修材料。

g. 应减少建设工程施工中所产生的干扰周围生活环境的噪声。

h. 应采取生态保护措施，有效预防和控制生态破坏。

i. 对环境可能造成重大影响、应当编制环境影响报告书的建设工程项目，可能严重影响项目所在地居民生活环境质量的建设工程项目，以及存在重大意见分歧的建设工程项目，环保部门可以举行听证会，听取有关单位、专家和公众的意见，并公开听证结果，说明对有关意见采纳或不采纳的理由。

j. 建设工程项目中防治污染的设施，必须与主体工程同时设计、同时施工、同时投产使用。防治污染的设施必须经原审批环境影响报告书的环境保护行政主管部门验收合格后，该建设工程项目方可投入生产或者使用。

k. 禁止引进不符合我国环境保护规定要求的技术和设备。

l. 任何单位不得将产生严重污染的生产设备转移给没有污染防治能力的单位使用。

②《中华人民共和国海洋环境保护法》规定：在进行海岸工程建设和海洋石油勘探开发时，必须依照法律的规定，防止对海洋环境的污染损害。

5.4.4.2 建设工程施工现场环境保护的措施

工程建设过程中的污染主要包括对施工场界内的污染和对周围环境的污染。对施工场界内的污染防治属于职业健康安全问题，而对周围环境的污染防治是环境保护的问题。

建设工程环境保护措施主要包括大气污染的防治、水污染的防治、噪声污染的防治、固体废弃物的处理以及文明施工措施等。

(1) 大气污染的防治

① 大气污染物的分类。大气污染物的种类有数千种，已发现有危害作用的有100多种，其中大部分是有机物。大气污染物通常以气体状态和粒子状态存在于空气中。

② 施工现场空气污染的防治措施。

a. 施工现场垃圾渣土要及时清理出现场。

b. 高大建筑物清理施工垃圾时，要使用封闭式的容器或者采取其他措施处理高空废弃物，严禁凌空随意抛撒。

c. 施工现场道路应指定专人定期洒水清扫，形成制度，防止道路扬尘。

d. 对于细颗粒散体材料（如水泥、粉煤灰、白灰等）的运输、储存要注意遮盖、密封，防止和减少飞扬。

e. 车辆开出工地要做到不带泥沙，基本做到不撒土、不扬尘，减少对周围环境污染。

f. 除设有符合规定的装置外，禁止在施工现场焚烧油毡、橡胶、塑料、皮革、树叶、枯草、各种包装物等废弃物品以及其他会产生有毒、有害烟尘和恶臭气体的物质。

g. 机动车都要安装减少尾气排放的装置，确保符合国家标准。

h. 工地茶炉应尽量采用电热水器。若只能使用烧煤茶炉和锅炉时，应选用消烟除尘型茶炉和锅炉，大灶应选用消烟节能回风炉灶，使烟尘降至允许排放范围。

i. 大城市市区的建设工程已不容许搅拌混凝土。在容许设置搅拌站的工地，应将搅拌站封闭严密，并在进料仓上方安装除尘装置，采用可靠措施控制工地粉尘污染。

j. 拆除旧建筑物时，应适当洒水，防止扬尘。

（2）水污染的防治

① 水污染物主要来源。

a. 工业污染源：指各种工业废水向自然水体的排放。

b. 生活污染源：主要有食物废渣、食油、粪便、合成洗涤剂、杀虫剂、病原微生物等。

c. 农业污染源：主要有化肥、农药等。

施工现场废水和固体废物随水流流入水体部分，包括泥浆、水泥、油漆、各种油类、混凝土添加剂、重金属、酸碱盐、非金属无机毒物等。

② 施工过程水污染的防治措施。

a. 禁止将有毒有害废弃物作土方回填。

b. 施工现场搅拌站废水，现制水磨石的污水，电石（碳化钙）的污水必须经沉淀池沉淀合格后再排放，最好将沉淀水用于工地洒水降尘或采取措施回收利用。

c. 现场存放油料，必须对库房地面进行防渗处理，如采用防渗混凝土地面、铺油毡等措施。使用时，要采取防止油料跑、冒、滴、漏的措施，以免污染水体。

d. 施工现场 100 人以上的临时食堂，污水排放时可设置简易有效的隔油池，定期清理，防止污染。

e. 工地临时厕所、化粪池应采取防渗漏措施。中心城市施工现场的临时厕所可采用水冲式厕所，并有防蝇灭蛆措施，防止污染水体和环境。

f. 化学用品、外加剂等要妥善保管，库内存放，防止污染环境。

（3）噪声污染的防治

① 噪声的分类与危害。按噪声来源可分为交通噪声（如汽车、火车、飞机等）、工业噪声（如鼓风机、汽轮机、冲压设备等）、建筑施工的噪声（如打桩机、推土机、混凝土搅拌机等发出的声音）、社会生活噪声（如高音喇叭、收音机等）。为防止噪声扰民，应控制人为强噪声。

根据国家标准《建筑施工场界噪声限值》（GB 12523—2011）的要求，对建筑施工过程中场界环境噪声排放限值见表 5-1。

表 5-1 建筑施工场界噪声排放限值　　　　　　　　单位：dB（A）

昼间	夜间
70	55

② 施工现场噪声的控制措施。噪声控制技术可从声源、传播途径、接收者防护等方面

来考虑。

　　a. 声源控制。
- 声源上降低噪声，这是防止噪声污染的最根本的措施。
- 尽量采用低噪声设备和加工工艺代替高噪声设备与加工工艺，如低噪声振捣器、风机、电动空压机、电锯等。
- 在声源处安装消声器消声，即在通风机、鼓风机、压缩机、燃气机、内燃机及各类排气放空装置等进出风管的适当位置设置消声器。

　　b. 传播途径的控制。
- 吸声：利用吸声材料（大多由多孔材料制成）或由吸声结构形成的共振结构（金属或木质薄板钻孔制成的空腔体）吸收声能，降低噪声。
- 隔声：应用隔声结构，阻碍噪声向空间传播，将接收者与噪声声源分隔。隔声结构包括隔声室、隔声罩、隔声屏障、隔声墙等。
- 消声：利用消声器阻止传播。允许气流通过的消声降噪是防治空气动力性噪声的主要装置。如对空气压缩机、内燃机产生的噪声等。
- 减振降噪：对来自振动引起的噪声，通过降低机械振动减小噪声，如将阻尼材料涂在振动源上，或改变振动源与其他刚性结构的连接方式等。

　　c. 接收者的防护。让处于噪声环境下的人员使用耳塞、耳罩等防护用品，减少相关人员在噪声环境中的暴露时间，以减轻噪声对人体的危害。

　　d. 严格控制人为噪声。
- 进入施工现场不得高声喊叫、无故甩打模板、乱吹哨，限制高音喇叭的使用，最大限度地减少噪声扰民。
- 凡在人口稠密区进行强噪声作业时，须严格控制作业时间，一般在晚 10 点到次日早 6 点之间停止强噪声作业。确系特殊情况必须昼夜施工时，尽量采取降低噪声措施，并会同建设单位找当地居委会、村委会或当地居民协调，出安民告示，求得群众谅解。

（4）**固体废物的处理**

① 建设工程施工工地上常见的固体废物。

　　a. 建筑渣土：包括砖瓦、碎石、渣土、混凝土碎块、废钢铁、碎玻璃、废屑、废弃装饰材料等；

　　b. 废弃的散装大宗建筑材料：包括水泥、石灰等；

　　c. 生活垃圾：包括炊厨废物、丢弃食品、废纸、生活用具、玻璃、陶瓷碎片、废电池、废日用品、废塑料制品、煤灰渣、废交通工具等；

　　d. 设备、材料等的包装材料；

　　e. 粪便。

② 固体废物的处理和处置。固体废物处理的基本思想是：采取资源化、减量化和无害化的处理，对固体废物产生的全过程进行控制。固体废物的主要处理方法如下。

　　a. 回收利用。回收利用是对固体废物进行资源化、减量化的重要手段之一。粉煤灰在建设工程领域的广泛应用就是对固体废弃物进行资源化利用的典型范例。又如发达国家炼钢原料中有 70% 是利用回收的废钢铁。所以，钢材可以看成是可再生利用的建筑材料。

　　b. 减量化处理。减量化是对已经产生的固体废物进行分选、破碎、压实浓缩、脱水等减少其最终处置量，减少处理成本，减少对环境的污染。在减量化处理的过程中，也包括和其他处理技术相关的工艺方法，如焚烧、热解、堆肥等。

　　c. 焚烧。焚烧用于不适合再利用且不宜直接予以填埋处置的废物，除有符合规定的装置外，不得在施工现场熔化沥青和焚烧油毡、油漆，亦不得焚烧其他可产生有毒有害和恶臭气体的废弃物。垃圾焚烧处理应使用符合环境要求的处理装置，避免对大气的二次污染。

d. 稳定和固化。利用水泥、沥青等胶结材料，将松散的废物胶结包裹起来，减少有害物质从废物中向外迁移、扩散，使得废物对环境的污染减少。

e. 填埋。填埋是固体废物经过无害化、减量化处理的废物残渣集中到填埋场进行处置。禁止将有毒有害废弃物现场填埋，填埋场应利用天然或人工屏障。尽量使需处置的废物与环境隔离，并注意废物的稳定性和长期安全性。

技能训练

一、单项选择题

1. 职业健康安全管理体系与环境管理体系中管理的主体是（　　）。
   A. 集合　　　　B. 团体　　　　C. 组织　　　　D. 机构
2. 建筑产品的特性使建设项目的职业健康安全和环境管理涉及大量的露天作业，受到气候条件、工程地质等不可控因素的影响较大，因此决定了职业健康安全与环境管理具有（　　）。
   A. 单一性　　　B. 复杂性　　　C. 不可逆性　　D. 重复性
3. 决定职业健康安全与环境管理的持续性的特点是（　　）。
   A. 受气候条件、工程地质条件影响较大
   B. 项目建设周期长，诸多工序环环相扣
   C. 项目建设现场材料、设备和工具的流动性大
   D. 项目建设涉及的各工程经常需要交叉作业或平行作业
4. 安全生产许可证有效期满需要延期的，企业应当于期满前最晚（　　）向原安全生产许可证颁发管理机关办理延期手续。
   A. 1个月　　　B. 2个月　　　C. 3个月　　　D. 4个月
5. 特种作业人员应具备的条件不包括（　　）。
   A. 年满18周岁，且不超过国家法定退休年龄
   B. 具备初中及以上文化程度
   C. 具备必要的安全技术知识与技能
   D. 在本行业工作6年以上
6. 属于安全生产内部管理不良预警系统的是（　　）。
   A. 自然环境突变的预警　　　　B. 人的行为活动管理预警
   C. 政策法规变化的预警　　　　D. 技术变化的预警
7. 受到事故的严重威胁，Ⅱ级预警，用来表示的颜色是（　　）。
   A. 橙色　　　　B. 黄色　　　　C. 绿色　　　　D. 蓝色
8. 安全预警活动的前提是（　　）。
   A. 诊断　　　　B. 识别　　　　C. 监测　　　　D. 评价
9. 针对基坑开挖、脚手架拆除而制订的计划或方案属于（　　）。
   A. 综合应急预案　　　　　　　B. 专项应急预案
   C. 现场处置方案　　　　　　　D. 现场应急预案
10. 生产经营单位应当制订本单位的应急预案演练计划，每年至少组织（　　）次现场处置方案演练。
    A. 1　　　　　B. 2　　　　　C. 3　　　　　D. 4
11. 职业伤害事故按照事故发生的原因进行分类，起重机驾驶员在上下驾驶室时发生的坠落伤害属于（　　）。
    A. 机械伤害　　B. 超重伤害　　C. 高处坠落　　D. 其他伤害

12. 依据《生产安全事故报告和调查处理条例》规定：造成10人以上30人以下死亡，或者50人以上100人以下重伤，或者5000万元以上1亿元以下直接经济损失的事故属于（　　）。
    A. 重伤事故　　　　　B. 死亡事故　　　　　C. 较大事故　　　　　D. 重大事故
13. 按照我国现行规定，某县发生的重大事故的事故调查组应由（　　）负责组织。
    A. 事故发生地省级人民政府　　　　　B. 事故发生地设区的市级人民政府
    C. 事故发生地县级人心政府　　　　　D. 国务院
14. 根据《建筑施工场界噪声排放标准》（GB 12523—2011）规定，推土机在昼间施工时的施工噪声应控制在（　　）dB（A）以内。
    A. 55　　　　　B. 65　　　　　C. 70　　　　　D. 75
15. 施工现场宿舍的设置，符合要求的是（　　）。
    A. 室内净高不得小于2.2m　　　　　B. 每间宿舍居住人员18人
    C. 2层床铺　　　　　D. 通道宽度1.2m

二、多项选择题

1. 职业健康安全管理体系与环境管理体系培训的目的有（　　）。
    A. 使有关人员了解建立体系的重要性
    B. 使有关人员了解标准的主要思想
    C. 使有关人员了解标准的主要内容
    D. 证实体系处于有效运行状态
    E. 表明组织对职业健康安全管理与环境管理的承诺，特别是最高管理者的承诺
2. 安全预控对策的活动阶段包括（　　）。
    A. 组织准备　　　　　B. 事故征兆诊断
    C. 日常监控　　　　　D. 识别事故征兆
    E. 事故危机管理
3. 专项应急预案中信息报告程序主要包括（　　）。
    A. 确定报警系统及程序
    B. 确定现场报警方式
    C. 确定24h与相关部门的通信、联络方式
    D. 明确应急反应人员向外救援的方式
    E. 明确相互认可的通告、报警形式和内容
4. 属于现场消防防火重点部位的有（　　）。
    A. 电料库房　　　　　B. 油漆间　　　　　C. 木工间
    C. 总配电室　　　　　E. 生活区宿舍

三、简答题

1. 阐述建设工程安全生产管理制度都包括哪些。
2. 施工安全技术措施有哪些要求？
3. 阐述安全技术交底的内容和要求。
4. 建设工程安全隐患包括哪些？
5. 职业伤害事故如何分类？
6. 施工现场文明施工有哪些要求？

模块 6
建设项目合同与合同管理

> **知识目标**

　　掌握施工招标与投标的内容；
　　掌握施工合同双方的责任、权利与义务；
　　熟悉合同计价的三种方式；
　　熟悉施工合同变更的管理；
　　掌握建设工程索赔的内容。

> **技能目标**

　　能够熟悉投标的过程；
　　能够编制一份施工合同；
　　能够进行合同变更的处理；
　　能够处理工程索赔。

> **模块概述**

　　合同管理是建设工程项目管理的一项重要内容，在项目运行期间，对建设项目合同处理好可以使项目利益最大化。因此本知识模块主要介绍了招标、投标的内容，施工合同、专业承包合同、材料采购合同的内容，合同计价方式、合同实施过程的管理与控制、合同索赔等。本章主要以施工合同为例进行讲述。

　　合同管理是建设工程项目管理的重要内容。在建设工程项目的实施过程中，往往会涉及许多合同，比如设计合同、咨询合同、科研合同、施工承包合同、供货合同、总承包合同、分包合同等等。大型建设项目的合同数量可能会达数百上千。所谓合同管理，不仅包括对每个合同的签订、履行、变更和解除等过程的控制和管理，还包括对所有合同进行筹划的过程。

任务 6.1　建设工程施工招标与投标

　　建设工程招标一般是建设单位（或业主）就拟建的工程发布通告，用法定方式吸引建设项目的承包单位参加竞争，进而通过法定程序从中选择条件优越者来完成工程建设任务的法律行为。建设工程投标一般是经过特定审查而获得投标资格的建设项目承包单位，按照招标文件的要求，在规定的时间内向招标单位填报投标书，并争取中标的法律行为。

二维码6.1

中华人民共和国招标投标法

6.1.1 施工招标的内容

6.1.1.1 施工招标的条件

建设工程施工招标应该具备的条件包括以下几项：招标人已经依法成立；初步设计及概算应当履行审批手续的，已经批准；招标范围、招标方式和招标组织形式等应当履行核准手续的，已经核准；有相应资金或资金来源已经落实；有招标所需的设计图纸及技术资料。这些条件和要求，一方面是从法律上保证了项目和项目法人的合法化；另一方面，也从技术和经济上为项目的顺利实施提供了支持和保障。

6.1.1.2 施工招标的范围

《中华人民共和国招标投标法》指出，凡在中华人民共和国境内进行下列工程建设项目，包括项目的勘察、设计、施工、监理以及与工程建设有关的重要设备、材料等的采购，必须进行招标。一般包括：

① 大型基础设施、公用事业等关系社会公共利益、公共安全的项目；

② 全部或者部分使用国有资金投资或国家融资的项目；

③ 使用国际组织或者外国政府贷款、援助资金的项目。

6.1.1.3 施工招标的方式

《中华人民共和国招标投标法》规定，招标分公开招标和邀请招标两种方式。

（1）公开招标

公开招标亦称无限竞争性招标，是由招标单位通过报刊、广播、电视等方式发布招标广告，有投标意向的承包商均可参加投标资格审查，审查合格的承包商可购买或领取招标文件，参加投标的招标方式。按规定应该招标的建设工程项目，一般应采用公开招标方式。

公开招标方式的优点是：投标的承包商多、竞争范围大，业主有较大的选择余地，有利于降低工程造价，提高工程质量和缩短工期。其缺点是：由于投标的承包商多，招标工作最大，组织工作复杂，需投入较多的人力、物力，招标过程所需时间较长，因而此类招标方式主要适用于投资额度大以及工艺、结构复杂的较大型工程建设项目。

如果采用公开招标方式，招标人就不得以不合理的条件限制或排斥潜在的投标人。例如不得限制本地区以外或本系统以外的法人或组织参加投标等。

（2）邀请招标

邀请招标又称为有限竞争性招标。这种方式不发布广告，业主根据自己的经验和所掌握的各种信息资料，向有承担该项工程施工能力的三个以上（含三个）承包商发出投标邀请书，收到邀请书的单位有权利选择是否参加投标。邀请招标与公开招标一样都必须按规定的招标程序进行，要制订统一的招标文件，投标人都必须按招标文件的规定进行投标。

为了保护公共利益，避免邀请招标方式被滥用，各个国家和世界银行等金融组织都有相关规定：按规定应该招标的建设工程项目，一般应采用公开招标，如果要采用邀请招标，需经过批准。

对于有些特殊项目，采用邀请招标方式确实更加有利。根据我国的有关规定，有下列情形之一的，经批准可以进行邀请招标：

① 技术复杂、有特殊要求或者受自然环境限制，只有少量潜在投标人可供选择；

② 采用公开招标方式的费用占项目合同金额的比例过大。

招标人采用邀请招标方式，应当向三个以上具备承担招标项目的能力、资信良好的特定的法人或者其他组织发出投标邀请书。一般情况，被邀请的承包商数目在3~10个，不能少于3个，也不宜多于10个。

6.1.1.4 自行招标与委托招标

招标人可自行办理招标事宜，也可以委托招标代理机构代为办理招标事宜。招标人自行办理招标事宜，应当具有编制招标文件和组织评标的能力。招标人不具备自行招标能力的，必须委托具备相应资质的招标代理机构代为办理招标事宜。

工程招标代理机构资格分为甲、乙两级。其中乙级工程招标代理机构只能承担工程投资额（不含征地费、大市政配套费与拆迁补偿费）1亿元以下的工程招标代理业务。工程招标代理机构可以跨省、自治区、直辖市承担工程招标代理业务。

6.1.1.5 招标信息的发布

工程招标是一种公开的经济活动。因此要采用公开的方式发布信息。资格预审公告和招标公告应在国务院发展改革部门依法指定的媒介发布。在不同媒介发布的同一招标项目的资格预审公告或者招标公告的内容应当一致。指定媒介发布依法必须进行招标的项目的境内资格预审公告、招标公告，不得收取费用。

招标公告应当载明招标人的名称和地址、招标项目的性质、数量、实施地点和时间、投标截止日期以及获取招标文件的办法等事项。招标人或其委托的招标代理机构应当保证招标公告内容的真实、准确和完整。

招标人应当按招标公告或者投标邀请书规定的时间、地点出售招标文件或资格预审文件。自招标文件或者资格预审文件出售之日起至停止出售之日止，最短不得少于5个工作日。

投标人必须自费购买相关招标或资格预审文件。招标人发售资格预审文件、招标文件收取的费用应当限于补偿印刷、邮寄的成本支出，不得以营利为目的。对于所附的设计文件，招标人可以向投标人酌收押金；对于开标后投标人退还设计文件的，招标人应当向投标人退还押金。招标文件或者资格预审文件售出后，不予退还。招标人在发布招标公告、发出投标邀请书后或者售出招标文件或资格预审文件后不得擅自终止招标。

如果招标人在招标文件已经发布之后，发现有问题需要进行下一步的澄清或修改，必须依据以下原则进行：

① 时限：招标人对已发出的招标文件进行必要的澄清或者修改，应当在招标文件要求提交投标文件截止时间至少15日前发出；

② 形式：所有澄清文件必须以书面形式进行；

③ 全面：所有澄清文件必须直接通知所有招标文件收受人。

由于修正与澄清文件是对于原招标文件的进一步的补充或说明，因此该澄清或者修改的内容应为招标文件的有效组成部分。

6.1.1.6 资格预审

在国际上，对公开招标发布招标公告有两种做法：

一是实行资格预审（即在投标前进行资格审查）的，用资格预审通告代替招标公告，即只发布资格预审通告即可。通过发布资格预审通告，招请一切愿意参加工程投标的承包商申请投标资格审查。

二是实行资格后审（即在开标后进行资格审查）的，不发资格审查通告，而只发标公告。通过发布招标公告，招请一切愿意参加工程投标的承包商申请投标。

我国各地的做法，习惯上都是在投标前对投标人进行资格审查，这应属于资格预审。

公开招标资格预审和资格后审的主要内容是一样的，都是审查投标人的下列情况：
① 投标人组织与机构，资质等级证书，独立订立合同的权利；
② 近三年来的工程的情况；
③ 目前正在履行合同情况；
④ 履行合同的能力，包括专业、技术资格和能力、资金、财务、设备和其他物质状况、管理能力、经验、信誉和相应的工作人员、劳力等情况；
⑤ 受奖、罚的情况和其他有关资料，没有处于被责令停业，财产被接管或查封、扣押、冻结，破产状态，在近 3 年（包括其董事或主要职员）没有与骗取合同有关的犯罪或严重违法行为。投标人应向招标人提交能证明上述条件的法定证明文件和相关资料。

6.1.1.7　投标预备会

投标预备会也称答疑会、标前会议，是指招标人为澄清或解答招标文件或现场踏勘中的问题，以便投标人更好地编制投标文件而组织召开的会议。投标预备会一般安排在招标文件发出后的 7~28 天内举行。参加会议的人员包括招标人、投标人、代理人、招标文件编制单位的人员、招标投标管理机构的人员等。会议由招标人主持。

无论是会议纪要还是对个别投标人的问题的解答，都应以书面形式发给每一个获得投标文件的投标人，以保证招标的公平和公正。但对问题的答复不需要说明问题来源。会议纪要和答复函件形成招标文件的补充文件，都是招标文件的有效组成部分。与招标文件具有同等法律效力。当补充文件与招标文件内容不一致时，应以补充文件为准。

为了使投标单位在编写投标文件时有充分的时间考虑招标人对招标文件的补充或修改内容，招标人可以根据实际情况在标前会议上确定延长投标截止时间。

6.1.1.8　评标

评标必须在招标投标管理机构的监督下，由招标人依法组建的评标委员会进行。依法必须进行施工招标的工程，其评标委员会由招标人的代表和有关技术、经济等方面的专家组成，成员人数为 5 人以上单数，其中招标人、招标代理机构以外的技术、经济等方面专家不得少于成员总数的 2/3。

评标分为评标的准备、初步评审、详细评审、编写评标报告等过程。

初步评审主要是进行符合性审查，即重点审查投标书是否实质上响应了招标文件的要求。审查内容包括：投标资格审查、投标文件完整性审查、投标担保的有效性、与招标文件是否有显著的差异和保留等。如果投标文件实质上不响应招标文件的要求，将作无效标处理，不必进行下一阶段的评审。另外还要对报价计算的正确性进行审查，如果计算有误，通常的处理方法是：大小写不一致的以大写为准，单价与数量的乘积之和与所报的总价不一致的应以单价为准；标书正本和副本不一致的，则以正本为准。这些修改一般应由投标人代表签字确认。

详细评审是评标的核心，是对标书进行实质性审查，包括技术评审和商务评审。技术评审主要是对投标书的技术方案、技术措施、技术手段、技术装备、人员配备、组织结构、进度计划等的先进性、合理性、可靠性、安全性、经济性等进行分析评价。商务评审主要是对投标书的报价高低、报价构成、计价方式、计算方法、支付条件、取费标准、价格调整、税费、保险及优惠条件等进行评审。

评标方法可以采用评议法、综合评分法或评标价法等，可根据不同的招标内容选择确定相应的方法。

中标人的投标，应符合下列条件之一：
① 能够最大限度地满足招标文件中规定的各项综合评价标准；

② 能够满足招标文件实质性要求，并且经评审的投标价格最低，但投标价格低于成本的除外。

评标结束应该推荐中标候选人。评标委员会推荐的中标候选人应当限定在 1~3 人，并标明排列顺序。

6.1.2 施工投标的内容

（1）研究招标文件

投标单位取得投标资格，获得招标文件之后的首要工作就是认真仔细地研究招标文件，充分了解其内容和要求，以便有针对性地安排投标工作。重点应放在投标者须知、合同条款、设计图纸、工程范围及工程量表上，还要研究技术规范要求，看是否有特殊的要求。投标人应该重点注意招标文件中的以下几个方面：

① 投标人须知。"投标人须知"是招标人向投标人传递基础信息的文件，包括工程概况、招标内容、招标文件的组成、投标文件的组成、报价的原则、招标投标时间安排等关键的信息（2组内况报时）。

首先，投标人需要注意招标工程的详细内容和范围，避免遗漏或多报。

其次，还要特别注意投标文件的组成，避免因提供的资料不全而被作为废标处理。例如，曾经有一资信良好的著名企业在投标时因为遗漏资产负债表而失去了本来非常有希望的中标机会。在工程实践中，这方面的先例不在少数。

还要注意招标答疑时间、投标截止时间等重要时间安排，避免由于遗忘或迟到等原因而失去竞争机会。

② 投标书附录与合同条件。这是招标文件的重要组成部分，其中可能标明了招标人的特殊要求，即投标人在中标后应享受的权利、所要承担的义务和责任等，投标人在报价时需要考虑这些因素。

③ 技术说明。要研究招标文件中的施工技术说明，熟悉所采用的技术规范，了解技术说明中有无特殊施工技术要求和有无特殊材料设备要求，以及有关选择代用材料、设备的规定，以便根据相应的定额和市场确定价格，计算有特殊要求项目的报价。

④ 永久性工程之外的报价补充文件。永久性工程是指合同的标的物——建设工程项目及其附属设施，但是为了保证工程建设的顺利进行，不同的业主还会对承包商提出额外的要求。这些可能包括：对旧有建筑物和设施的拆除，工程师的现场办公室及其各项开支、模型、广告、工程照片和会议费用等。如果有的话，则需要将其列入工程总价中去、弄清一切费用纳入工程总报价的方式，以免产生遗漏从而导致损失。

（2）进行各项调查研究

在研究招标文件的同时，投标人需要开展详细的调查研究，即对招标工程的自然、经济和社会条件进行调查，这些都是工程施工的制约因素，必然会影响到工程成本，是投标报价所必须考虑的，所以在报价前必须了解清楚。

① 市场宏观经济环境调查。应调查工程所在地的经济形势和经济状况，包括与投标工程实施有关的法律法规、劳动力与材料的供应状况、设备市场的租赁状况、专业施工公司的经营状况与价格水平等。

② 工程现场考察和工程所在地区的环境考察。要认真地考察施工现场，认真调查具体工程所在地区的环境，包括一般自然条件、施工条件及环境，如地质地貌、气候、交通、水电等的供应和其他资源情况等。

③ 工程业主方和竞争对手公司的调查。业主、咨询工程师的情况，尤其是业主的项目资金落实情况、参加竞争的其他公司与工程所在地的工程公司的情况，与其他承包商或分包

商的关系。参加现场踏勘与标前会议，可以获得更充分的信息。

(3) 复核工程量

有的招标文件中提供了工程量清单，尽管如此，投标者还是需要进行复核，因为这直接影响到投标报价以及中标的机会。例如，当投标人大体上确定了工程总报价以后，可适当采用报价技巧如不平衡报价法，对某些工程量可能增加的项目提高报价，而对某些工程量可能减少的可以降低报价。

对于单价合同，尽管是以实测工程量结算工程款，但投标人仍应根据图纸仔细核算工程量，当发现相差较大时，投标人应向招标人要求澄清。

对于总价固定合同，更要特别引起重视，工程量估算的错误可能带来无法弥补的经济损失，因为总价合同是以总报价为基础进行结算的，如果工程量出现差异，可能对施工方极为不利。对于总价合同，如果业主在投标前对争议工程量不予更正，而且是对投标者不利的情况，投标者在投标时要附上声明：工程量表中某项工程量有错误，施工结算应按实际完成量计算。

承包商在核算工程量时，还要结合招标文件中的技术规范弄清工程量中每一细目的具体内容，避免出现在计算单位、工程量或价格方面的错误与遗漏。

(4) 选择施工方案

施工方案是报价的基础和前提，也是招标人评标时要考虑的重要因素之一。有什么样的方案，就有什么样的人工、机械与材料消耗，就会有相应的报价。因此，必须弄清分项工程的内容、工程量、所包含的相关工作、工程进度计划的各项要求、机械设备状态、劳动与组织状况等关键环节，据此制订施工方案。

施工方案应由投标单位的技术负责人主持制订，主要应考虑施工方法、主要施工机具的配置、各工种劳动力的安排及现场施工人员的平衡、施工进度及分批竣工的安排、安全措施等。施工方案的制订应在技术、工期和质量保证等方面对招标人有吸引力，同时又有利于降低施工成本。

① 要根据分类汇总的工程数量和工程进度计划中该类工程的施工周期、合同技术规范要求以及施工条件和其他情况选择和确定每项工程的施工方法，应根据实际情况和自身的施工能力来确定各类工程的施工方法。对各种不同施工方法应当从保证完成计划目标、保证工程质量、节约设备费用、降低劳务成本等多方面综合比较，选定最适用的、经济的施工方案。

② 要根据上述各类工程的施工方法选择相应的机具设备并计算所需数量和使用周期，研究确定采购新设备、租赁当地设备或调动企业现有设备。

③ 要研究确定工程分包计划。根据概略指标估算劳务数量，考虑其来源及进场时间安排。注意当地是否有限制外籍劳务的规定。另外，从所需劳务的数量，估算所需管理人员和生活性临时设施的数量和标准等。

④ 要用概略指标估算主要的和大宗的建筑材料的需用量，考虑其来源和分批进场的时间安排，从而可以估算现场用于存储、加工的临时设施（例如仓库、露天堆放场、加工场地或工棚等）。

⑤ 根据现场设备、高峰人数和一切生产和生活方面的需要，估算现场用水、用电量，确定临时供电和排水设施；考虑外部和内部材料供应的运输方式，估计运输和交通车辆的需要和来源；考虑其他临时工程的需要和建设方案；提出某些特殊条件下保证正常施工的措施，例如排除或降低地下水以保证地面以下工程施工的措施；冬期、雨期施工措施以及其他必需的临时设施安排，例如现场安全保卫设施，包括临时围墙、警卫设施、夜间照明等，现场临时通信联络设施等。

(5) 投标计算

投标计算是投标人对招标工程施工所要发生的各种费用的计算。在进行投标计算时，必须首先根据招标文件复核或计算工程量。作为投标计算的必要条件，应预先确定施工方案和施工进度。此外，投标计算还必须与采用的合同计价形式相协调。

(6) 确定投标策略

正确的投标策略对提高中标率并获得较高的利润有重要作用。常用的投标策略又以信誉取胜、以低价取胜、以缩短工期取胜、以改进设计取胜或者以现金或特殊的施工方案取胜等。不同的投标策略要在不同投标阶段的工作（如制订施工方案、投标计算等）中体现和贯彻。

(7) 正式投标

投标人按照招标人的要求完成标书的准备与填报之后，就可以向招标人正式提交投标文件。在投标时需要注意以下几方面。

① 注意投标的截止日期。招标人所规定的投标截止日就是提交标书最后的期限。投标人在投标截止日之前所提交的投标是有效的，超过该日期之后就会被视为无效投标。在招标文件要求提交投标文件的截止时间后送达的投标文件，招标人可以拒收。

② 投标文件的完备性。投标人应当按照招标文件的要求编制投标文件。投标文件应当对招标文件提出的实质性要求和条件作出响应。投标文件不完备或投标没有达到招标人的要求，在招标范围以外提出新的要求，均被视为对于招标文件的否定，不会被招标人所接受。投标人必须为自己所投出的标书负责，如果中标，必须按照投标文件中所阐述的方案来完成工程，这其中包括质量标准、工期与进度计划、报价限额等基本指标以及招标人所提出的其他要求。

③ 注意标书的标准。标书的提交要有固定标准的要求，基本内容是：签章、密封。如果不密封或密封不满足要求，投标是无效的。投标书还需要按照要求签章，投标书需要盖有投标企业公章以及企业法定代表人的名章（或签字）。如果项目所在地与企业距离较远，由当地项目经理部组织投标，需要提交企业法人对于投标项目经理的授权委托书。

④ 注意投标的担保。投标担保是指投标人向招标人提供的担保，保证投标人一旦中标即按中标通知书、投标文件和招标文件等有关规定与业主签订承包合同。投标担保可以采用银行保函、担保公司担保书、同业担保书和投标保证金担保方式，多数采用银行投标保函和投标保证金担保方式，具体方式由招标人在招标文件中规定。未能按照招标文件要求提供投标担保的投标，可被视为不响应招标而被拒绝。

根据《工程建设项目施工招标投标办法》规定，施工投标保证金的数额一般不得超过投标总价的2%，但最高不得超过80万元人民币。投标保证金有效期应当超出投标有效期三十天。投标保证金有效期应当与投标有效期一致。

任务 6.2　建设工程合同的内容

一个建设工程项目的实施，涉及的建设任务很多，往往需要许多单位共同参与，不同的建设任务往往由不同的单位分别承担，这些参与单位与业主之间应该通过合同明确其承担的任务和责任以及所拥有的权利。

由于建设工程项目的规模和特点的差异，不同项目的合同数量可能会有很大的差别，大型建设项目可能会有成百上千个合同。但不论合同数量的多少，根据合同中的任务内容来划分，有勘察合同、设计合同、施工承包合同、物资采购合同、工程监理合同、咨询合同、代理合同等。根据《中华人民共和国合同法》，勘察合同、设计合同、施工承包合同属于建设工程合同，工程监理合同、咨询合同等属于委托合同。

建设工程施工承包合同有施工总承包合同和施工分包合同之分。施工总承包合同的发包人是建设工程的建设单位或取得建设项目总承包资格的项目总承包单位，在合同中一般称为业主或发包人。施工总承包合同的承包人是承包单位，在合同中一般称为承包人。施工分包合同又有专业工程分包合同和劳务作业分包合同之分。分包合同的发包人一般是取得施工总承包合同的承包单位，在分包合同中一般仍沿用施工总承包合同中的名称，即仍称为承包人。而分包合同的承包人一般是专业化的专业工程施工单位或劳务作业单位，在分包合同中一般称为分包人或劳务分包人。另外，业主可以根据施工承包合同的约定，选择某个单位作为指定分包商，指定分包商一般是与承包人签订专业分包合同，接受承包人的管理和协调。

6.2.1 建设工程施工合同

国家住房和城乡建设部和国家工商行政管理总局于2013年颁发了修改的《建设工程施工合同》（示范文本）（GF—2013—0201），由以下3部分组成：协议书、通用条款、专用条款。构成施工合同文件的组成部分，除了协议书、通用条款和专用条款以外，一般还应该包括：中标通知书、投标书及其附件、有关的标准、规范及技术文件、图纸、工程量清单、工程报价单或预算书等。上述各个文件，其优先顺序是不同的，解释合同文件优先顺序的规定一般在合同通用条款内。以下是合同通用条款规定的优先顺序：

① 协议书（包括补充协议）；
② 中标通知书；
③ 投标书及其附件；
④ 专用合同条款；
⑤ 通用合同条款；
⑥ 有关的标准、规范及技术文件；
⑦ 图纸；
⑧ 工程量清单；
⑨ 工程报价单或预算书等。

发包人在编制招标文件时，可以根据具体情况规定优先顺序。
建设工程施工合同（示范文本）的主要内容：

6.2.1.1 发包方的主要责任与义务

(1) 图纸的提供和交底

发包人应按照专用合同条款约定的期限、数量和内容向承包人免费提供图纸，并组织承包人、监理人和设计人进行图纸会审和设计交底。发包人至迟不得晚于第7.3.2项（开工通知）载明的开工日期前14天向承包人提供图纸。

(2) 对化石、文物的保护

发包人、监理人和承包人应按有关政府行政管理部门要求对施工现场发掘的所有文物、古迹以及具有地质研究或考古价值的其他遗迹、化石、钱币或物品采取妥善的保护措施，由此增加的费用和（或）延误的工期由发包人承担。

(3) 出入现场的权利

除专用合同条款另有约定外，发包人应根据施工需要，负责取得出入施工现场所需的批准手续和全部权利，以及取得因施工所需修建道路、桥梁以及其他基础设施的权利，并承担相关手续费用和建设费用。承包人应协助发包人办理修建场内外道路、桥梁以及其他基础设施的手续。

（4）场外交通

发包人应提供场外交通设施的技术参数和具体条件，承包人应遵守有关交通法规，严格按照道路和桥梁的限制荷载行驶，执行有关道路限速、限行、禁止超载的规定，并配合交通管理部门的监督和检查。场外交通设施无法满足工程施工需要的，由发包人负责完善并承担相关费用。

（5）场内交通

发包人应提供场内交通设施的技术参数和具体条件，并应按照专用合同条款的约定向承包人免费提供满足工程施工所需的场内道路和交通设施。由于承包人原因而造成上述道路或交通设施损坏的，承包人负责修复并承担由此增加的费用。

（6）许可或批准

发包人应遵守法律，并办理法律规定由其办理的许可、批准或备案，包括但不限于建设用地规划许可证、建设工程规划许可证、建设工程施工许可证、施工所需临时用水、临时用电、中断道路交通、临时占用土地等许可和批准。发包人应协助承包人办理法律规定的有关施工证件和批件。由于发包人原因未能及时办理完毕前述许可、批准或备案，由发包人承担由此增加的费用和（或）延误的工期，并支付承包人合理的利润。

（7）提供施工现场

除专用合同条款另有约定外，发包人应最迟于开工日期 7 天前向承包人移交施工现场。

（8）提供施工条件

除专用合同条款另有约定外，发包人应负责提供施工所需要的条件，包括：

① 将施工用水、电力、通信线路等施工所必需的条件接至施工现场内；

② 保证向承包人提供正常施工所需要的进入施工现场的交通条件；

③ 协调处理施工现场周围地下管线和邻近建筑物、构筑物、古树名木的保护工作，并承担相关费用；

④ 按照专用合同条款约定应提供的其他设施和条件。

（9）提供基础资料

发包人应当在移交施工现场前向承包人提供施工现场及工程施工所必需的毗邻区域内供水、排水、供电、供气、供热、通信、广播电视等地下管线资料，气象和水文观测资料，地质勘察资料，相邻建筑物、构筑物和地下工程等有关基础资料，并对所提供资料的真实性、准确性和完整性负责。按照法律规定确需在开工后方能提供的基础资料，发包人应尽其努力及时地在相应工程施工前的合理期限内提供，合理期限应以不影响承包人的正常施工为限。

（10）资金来源证明及支付担保

除专用合同条款另有约定外，发包人应在收到承包人要求提供资金来源证明的书面通知后 28 天内，向承包人提供能够按照合同约定支付合同价款的相应资金来源证明。除专用合同条款另有约定外，发包人要求承包人提供履约担保的，发包人应当向承包人提供支付担保。支付担保可以采用银行保函或担保公司担保等形式，具体由合同当事人在专用合同条款中约定。

6.2.1.2 承包方的主要责任与义务

① 办理法律规定应由承包人办理的许可和批准，并将办理结果书面报送发包人留存。

② 按法律规定和合同约定完成工程，并在保修期内承担保修义务。

③ 按法律规定和合同约定采取施工安全和环境保护措施，办理工伤保险，确保工程及人员、材料、设备和设施的安全。

④ 按合同约定的工作内容和施工进度要求，编制施工组织设计和施工措施计划，并对所有施工作业和施工方法的完备性和安全可靠性负责。

⑤ 在进行合同约定的各项工作时，不得侵害发包人与他人使用公用道路、水源、市政管网等公共设施的权利，避免对邻近的公共设施产生干扰。承包人占用或使用他人的施工场地，影响他人作业或生活的，应承担相应责任。

⑥ 按照第 6.3 款（环境保护）约定负责施工场地及其周边环境与生态的保护工作。

⑦ 按第 6.1 款（安全文明施工）约定采取施工安全措施，确保工程及其人员、材料、设备和设施的安全，防止因工程施工而造成人身伤害和财产损失。

⑧ 将发包人按合同约定支付的各项价款专用于合同工程，且应及时支付其雇用人员工资，并及时向分包人支付合同价款。

⑨ 按照法律规定和合同约定编制竣工资料，完成竣工资料立卷及归档，并按专用合同条款约定的竣工资料的套数、内容、时间等要求移交发包人。

6.2.1.3 进度控制的主要条款内容

（1）进度计划

① 施工进度计划的编制。承包人应按照专用合同条款约定提交详细的施工进度计划，施工进度计划的编制应当符合国家法律规定和一般工程实践惯例，施工进度计划经发包人批准后实施。施工进度计划是控制工程进度的依据，发包人和监理人有权按照施工进度计划检查工程进度情况。

② 施工进度计划的修订。施工进度计划不符合合同要求或与工程的实际进度不一致的，承包人应向监理人提交修订的施工进度计划，并附具有关措施和相关资料，由监理人报送发包人。除专用合同条款另有约定外，发包人和监理人应在收到修订的施工进度计划后 7 天内完成审核和批准或提出修改意见。发包人和监理人对承包人提交的施工进度计划的确认，不能减轻或免除承包人根据法律规定和合同约定应承担的任何责任或义务。

③ 开工日期与工期。发包人应按照法律规定获得工程施工所需的许可。经发包人同意后，监理人发出的开工通知应符合法律规定。监理人应在计划开工日期 7 天前向承包人发出开工通知，工期自开工通知中载明的开工日期起算。

（2）工期调整

① 因发包人原因导致工期延误。在合同履行过程中，因下列情况导致工期延误和（或）费用增加的，由发包人承担由此延误的工期和（或）增加的费用，且发包人应支付承包人合理的利润：

a. 发包人未能按合同约定提供图纸或所提供图纸不符合合同约定的；

b. 发包人未能按合同约定提供施工现场、施工条件、基础资料、许可、批准等开工条件的；

c. 发包人提供的测量基准点、基准线和水准点及其书面资料存在错误或疏漏的；

d. 发包人未能在计划开工日期之日起 7 天内同意下达开工通知的；

e. 发包人未能按合同约定日期支付工程预付款、进度款或竣工结算款的；

f. 监理人未按合同约定发出指示、批准等文件的；

g. 专用合同条款中约定的其他情形。

因发包人原因未按计划开工日期开工的，发包人应按实际开工日期顺延竣工日期，确保实际工期不低于合同约定的工期总日历天数。

② 因承包人原因导致工期延误。因承包人原因造成工期延误的，可以在专用合同条款中约定逾期竣工违约金的计算方法和逾期竣工违约金的上限。承包人支付逾期竣工违约金后，不免除承包人继续完成工程及修补缺陷的义务。

③ 异常恶劣的气候条件。由于出现专用合同条款规定的异常恶劣气候的条件而导致工期延误的，承包人有权要求发包人延长工期。

④ 提前竣工。发包人要求承包人提前竣工，或承包人提出提前竣工的建议能够给发包人带来效益的，合同当事人可以在专用合同条款中约定提前竣工的奖励。

(3) 暂停施工

① 因发包人原因引起的暂停施工。因发包人原因引起暂停施工的，监理人经发包人同意后，应及时下达暂停施工指示。因发包人原因引起的暂停施工，发包人应承担由此增加的费用和（或）延误的工期，并支付承包人合理的利润。

② 因承包人原因引起的暂停施工。因承包人原因引起的暂停施工，承包人应承担由此增加的费用和（或）延误的工期：

a. 承包人违约引起的暂停施工；

b. 由于承包人原因为工程合理施工和安全保障所必需的暂停施工；

c. 承包人擅自暂停施工；

d. 因承包人其他原因引起的暂停施工；

e. 专用合同条款约定由承包人承担的其他暂停施工。

③ 指示暂停施工。监理人认为有必要时，并经发包人批准后，可向承包人作出暂停施工的指示，承包人应按监理人指示暂停施工。

④ 紧急情况下的暂停施工。因紧急情况需暂停施工，且监理人未及时下达暂停施工指示的，承包人可先暂停施工，并及时通知监理人。监理人应在接到通知后24h内发出指示，逾期未发出指示，视为同意承包人暂停施工。监理人不同意承包人暂停施工的，应说明理由，承包人对监理人的答复有异议，按照争议解决的约定处理。

6.2.1.4 质量控制的主要条款内容

(1) 承包人的质量管理

承包人应在施工场地设置专门的质量检查机构，配备专职质量检查人员，建立完善的质量检查制度。承包人应在合同约定的期限内，提交工程质量保证措施文件，包括质量检查机构的组织和岗位责任、质检人员的组成、质量检查程序和实施细则等，报送监理人审批。

承包人应按合同约定对材料、工程设备以及工程的所有部位及其施工工艺进行全过程的质量检查和检验，并作详细记录，编制工程质量报表，报送监理人审查。

(2) 监理人的质量检查

监理人按照法律规定和发包人授权对工程的所有部位及其施工工艺、材料和工程设备进行检查和检验。承包人应为监理人的检查和检验提供方便，包括监理人到施工现场，或制造、加工地点，或合同约定的其他地方进行察看和查阅施工原始记录。监理人为此进行的检查和检验，不免除或减轻承包人按照合同约定应当承担的责任。

(3) 隐蔽工程检查

① 检查程序。除专用合同条款另有约定外，工程隐蔽部位经承包人自检确认具备覆盖条件的，承包人应在共同检查前48h书面通知监理人检查，通知中应载明隐蔽检查的内容、时间和地点，并应附有自检记录和必要的检查资料。

监理人应按时到场并对隐蔽工程及其施工工艺、材料和工程设备进行检查。经监理人检查确认质量符合隐蔽要求，并在验收记录上签字后，承包人才能进行覆盖。经监理人检查质量不合格的，承包人应在监理人指示的时间内完成修复，并由监理人重新检查，由此增加的费用和（或）延误的工期由承包人承担。

除专用合同条款另有约定外，监理人不能按时进行检查的，应在检查前24h向承包人提交书面延期要求，但延期不能超过48h，由此导致工期延误的，工期应予以顺延。监理人未按时进行检查，也未提出延期要求的，视为隐蔽工程检查合格，承包人可自行完成覆盖工作，并作相应记录报送监理人，监理人应签字确认。

② 重新检查。承包人覆盖工程隐蔽部位后,发包人或监理人对质量有疑问的,可要求承包人对已覆盖的部位进行钻孔探测或揭开重新检查,承包人应遵照执行,并在检查后重新覆盖恢复原状。经检查证明工程质量符合合同要求的,由发包人承担由此增加的费用和(或)延误的工期,并支付承包人合理的利润;经检查证明工程质量不符合合同要求的,由此增加的费用和(或)延误的工期由承包人承担。

③ 承包人私自覆盖。承包人未通知监理人到场检查,私自将工程隐蔽部位覆盖的,监理人有权指示承包人钻孔探测或揭开检查,无论工程隐蔽部位质量是否合格,由此增加的费用和(或)延误的工期均由承包人承担。

(4) 不合格工程的处理

① 因承包人原因造成工程不合格的,发包人有权随时要求承包人采取补救措施,直至达到合同要求的质量标准,由此增加的费用和(或)延误的工期由承包人承担。

② 因发包人原因造成工程不合格的,由此增加的费用和(或)延误的工期由发包人承担,并支付承包人合理的利润。

(5) 缺陷责任与保修

① 在工程移交发包人后,因承包人原因产生的质量缺陷,承包人应承担质量缺陷责任和保修义务。缺陷责任期届满,承包人仍应按合同约定的工程各部位保修年限承担保修义务。

② 缺陷责任期自实际竣工日期起计算,合同当事人应在专用合同条款约定缺陷责任期的具体期限,但该期限最长不超过 24 个月。单位工程先于全部工程进行验收,经验收合格并交付使用的,该单位工程缺陷责任期自单位工程验收合格之日起算。因发包人原因导致工程无法按合同约定期限进行竣工验收的,缺陷责任期自承包人提交竣工验收申请报告之日起开始计算;发包人未经竣工验收擅自使用工程的,缺陷责任期自工程转移占有之日起开始计算。

③ 除专用合同条款另有约定外,承包人应于缺陷责任期届满后 7 天内向发包人发出缺陷责任期届满通知,发包人应在收到缺陷责任期满通知后 14 天内核实承包人是否履行缺陷修复义务,承包人未能履行缺陷修复义务的,发包人有权扣除相应金额的维修费用。发包人应在收到缺陷责任期届满通知后 14 天内,向承包人颁发缺陷责任期终止证书,并退还剩余的质量保证金。

④ 工程保修期从工程竣工验收合格之日起算,不得低于法定最低保修年限。在工程保修期内,承包人应当根据有关法律规定以及合同约定承担保修责任。发包人未经竣工验收擅自使用工程的,保修期自转移占有之日起算。

6.2.1.5 费用控制的主要条款内容

(1) 预付款

预付款的支付按照专用合同条款约定执行,但至迟应在开工通知载明的开工日期 7 天前支付。预付款应当用于材料、工程设备、施工设备的采购及修建临时工程、组织施工队伍进场等。

发包人逾期支付预付款超过 7 天的,承包人有权向发包人发出要求预付的催告通知,发包人收到通知后 7 天内仍未支付的,承包人有权暂停施工。

发包人要求承包人提供预付款担保的,承包人应在发包人支付预付款 7 天前提供预付款担保。

(2) 工程进度款

除专用合同条款另有约定外,工程量的计量按月进行,付款周期应与计量周期保持一致。

①除专用合同条款另有约定外,监理人应在收到承包人进度付款申请单以及相关资料后7天内完成审查并报送发包人,发包人应在收到后7天内完成审批并签发进度款支付证书。发包人逾期未完成审批且未提出异议的,视为已签发进度款支付证书。

②除专用合同条款另有约定外,发包人应在进度款支付证书或临时进度款支付证书签发后14天内完成支付,发包人逾期支付进度款的,应按照中国人民银行发布的同期同类贷款基准利率支付违约金。

③发包人签发进度款支付证书或临时进度款支付证书,不表明发包人已同意、批准或接受了承包人完成的相应部分的工作。

(3) 竣工结算

工程竣工验收报告经发包人认可后28天内,承包人向发包人递交竣工结算报告及完整的结算资料,双方按照协议书约定的合同价款及专用条款约定的合同价款调整内容进行竣工结算。发包人收到承包人递交的竣工结算报告及结算资料后28天内进行核实,给予确认或者提出修改意见。发包人确认竣工结算报告后向承包人支付工程竣工结算价款。

(4) 质量保修金

在合同约定的缺陷责任期满时,承包人向发包人申请到期应返还承包人剩余的质量保证金金额,发包人应在14天内会同承包人按照合同约定的内容核实承包人是否完成缺陷责任。如无异议,发包人应当在核实后将剩余保证金返还承包人。

6.2.1.6 竣工验收

(1) 竣工验收条件

工程具备以下条件的,承包人可以申请竣工验收:

①除发包人同意的甩项工作和缺陷修补工作外,合同范围内的全部工程以及有关工作,包括合同要求的试验、试运行以及检验均已完成,并符合合同要求;

②已按合同约定编制了甩项工作和缺陷修补工作清单以及相应的施工计划;

③已按合同约定的内容和份数备齐竣工资料。

(2) 竣工验收程序

①承包人向监理人报送竣工验收申请报告,监理人应在收到竣工验收申请报告后14天内完成审查并报送发包人。

②监理人审查后认为已具备竣工验收条件的,应将竣工验收申请报告提交发包人,发包人应在收到经监理人审核的竣工验收申请报告后28天内审批完毕并组织监理人、承包人、设计人等相关单位完成竣工验收。

③竣工验收合格的,发包人应在验收合格后14天内向承包人签发工程接收证书。发包人无正当理由逾期不颁发工程接收证书的,自验收合格后第15天起视为已颁发工程接收证书。

④竣工验收不合格的,监理人应按照验收意见发出指示,要求承包人对不合格工程返工、修复或采取其他补救措施,由此增加的费用和(或)延误的工期由承包人承担。承包人在完成不合格工程的返工、修复或采取其他补救措施后,应重新提交竣工验收申请报告,并按本项约定的程序重新进行验收。

⑤工程未经验收或验收不合格,发包人擅自使用的,应在转移占有工程后7天内向承包人颁发工程接收证书;发包人无正当理由逾期不颁发工程接收证书的,自转移占有后第15天起视为已颁发工程接收证书。

(3) 竣工日期

工程经竣工验收合格的,以承包人提交竣工验收申请报告之日为实际竣工日期,并在工程接收证书中载明;因发包人原因,未在监理人收到承包人提交的竣工验收申请报告42天内完成竣工验收，或完成竣工验收不予签发工程接收证书的，以提交竣工验收申请报告的日期为实际竣工日期；工程未经竣工验收，发包人擅自使用的，以转移占有工程之日为实际竣工日期。

（4）移交、接收全部与部分工程

除专用合同条款另有约定外，合同当事人应当在颁发工程接收证书后7天内完成工程的移交。

发包人无正当理由不接收工程的，发包人自应当接收工程之日起，承担工程照管、成品保护、保管等与工程有关的各项费用，合同当事人可以在专用合同条款中另行约定发包人逾期接收工程的违约责任。

承包人无正当理由不移交工程的，承包人应承担工程照管、成品保护、保管等与工程有关的各项费用，合同当事人可以在专用合同条款中另行约定承包人无正当理由不移交工程的违约责任。

6.2.2 施工专业分包合同

专业工程分包，是指施工总承包单位将其所承包工程中的专业工程发包给具有相应资质的其他建筑业企业完成的活动。针对各种工程中普遍存在专业工程分包的实际情况，为了规范管理，减少或避免纠纷，建设部和国家工商行政管理总局于2003年又发布了《建设工程施工专业分包合同》（示范文本）（GF-2003-0213）。

施工专业工程分包合同的主要内容如下。

6.2.2.1 专业工程承包单位的资质

2007年9月1日起施行的、由住房和城乡建设部颁布的《建筑业企业资质管理规定》（建设部令第159号），规定了专业承包序列企业的资质设二至三个等级，60个资质类别。

二维码6.2

建筑工程施工
专业分包合同
（示范文本）

6.2.2.2 工程承包人（总承包单位）的主要责任和义务

（1）分包人对总包合同的了解

承包人应提供总包合同（有关承包工程的价格内容除外）供分包人查阅。分包人应全面了解总包合同的各项规定（有关承包工程的价格内容除外）。

（2）项目经理的工作

项目经理应按分包合同的约定，及时向分包人提供所需的指令、批准、图纸并履行其他约定的义务，否则分包人应在约定时间后24h内将具体要求、需要的理由及延误的后果通知承包人，项目经理在收到通知后48h内不予答复，应承担因延误而造成的损失。

（3）承包人的工作

① 向分包人提供与分包工程相关的各种证件、批件和各种相关资料，向分包人提供具备施工条件的施工场地；

② 组织分包人参加发包人组织的图纸会审，向分包人进行设计图纸交底；

③ 提供合同专用条款中约定的设备和设施，并承担因此发生的费用；

④ 随时为分包人提供确保分包工程的施工所要求的施工场地和通道等，满足施工运输的需要，保证施工期间的畅通；

⑤ 负责整个施工场地的管理工作，协调分包人与同一施工场地的其他分包人之间的交叉配合，确保分包人按照经批准的施工组织设计进行施工。

6.2.2.3 专业工程分包人的主要责任和义务

（1）分包人对有关分包工程的责任

除合同条款另有约定，分包人应履行并承担总包合同中与分包工程有关的承包人的所有义务与责任，同时应避免因分包人自身行为或疏漏而造成承包人违反总包合同中约定的承包人义务的情况发生。

（2）分包人与发包人的关系

分包人须服从承包人转发的发包人或工程师与分包工程有关的指令。未经承包人允许，分包人不得以任何理由与发包人或工程师发生直接工作联系，分包人不得直接致函发包人或工程师，也不得直接接受发包人或工程师的指令。如分包人与发包人或工程师发生直接工作联系，将被视为违约，并承担违约责任。

（3）承包人指令

就分包工程范围内的有关工作，承包人随时可以向分包人发出指令，分包人应执行承包人根据分包合同所发出的所有指令。分包人拒不执行指令，承包人可委托其他施工单位完成该指令事项，发生的费用从应付给分包人的相应款项中扣除。

（4）分包人的工作

① 按照分包合同的约定，对分包工程进行设计（分包合同有约定时）、施工、竣工和保修。

② 按照合同约定的时间，完成规定的设计内容，报承包人确认后在分包工程中使用。承包人承担由此发生的费用。

③ 在合同约定的时间内，向承包人提供年、季、月度工程进度计划及相应进度统计报表。

④ 在合同约定的时间内，向承包人提交详细的施工组织设计，承包人应在专用条款约定的时间内批准，分包人方可执行。

⑤ 遵守政府有关主管部门对施工场地交通、施工噪声以及环境保护和安全文明生产等的管理规定，按规定办理有关手续，并以书面形式通知承包人，承包人承担由此发生的费用，因分包人责任而造成的罚款除外。

⑥ 分包人应允许承包人、发包人、工程师及其三方中任何一方授权的人员在工作时间内，合理进入分包工程施工场地或材料存放的地点，以及施工场地以外与分包合同有关的分包人的任何工作或准备的地点，分包人应提供方便。

⑦ 已竣工工程未交付承包人之前，分包人应负责已完分包工程的成品保护工作，保护期间发生损坏，分包人自费予以修复；承包人要求分包人采取特殊措施保护的工程部位和相应的追加合同价款，双方在合同专用条款内约定。

6.2.2.4 合同价款支付

① 实行工程预付款的，双方应在合同专用条款内约定承包人向分包人预付工程款的时间和数额，开工后按约定的时间和比例逐次扣回；

② 承包人应按专用条款约定的时间和方式，向分包人支付工程款（进度款），按约定时间承包人应扣回的预付款，与工程款（进度款）同期结算；

③ 分包合同约定的工程变更调整的合同价款、合同价款的调整、索赔的价款或费用以及其他约定的追加合同价款，应与工程进度款同期调整支付；

④ 承包人超过约定的支付时间不支付工程款（预付款、进度款），分包人可向承包人发出要求付款的通知，承包人不按分包合同约定支付工程款（预付款、进度款），导致施工无法进行，分包人可停止施工，由承包人承担违约责任；

⑤ 承包人应在收到分包工程竣工结算报告及结算资料后28天内支付工程竣工结算价款，在发包人不拖延工程价款的情况下无正当理由不按时支付，从第29天起按分包人同期向银行贷款利率支付拖欠工程价款的利息，并承担违约责任。

6.2.2.5 禁止转包或再分包

① 分包人不得将其承包的分包工程转包给他人，也不得将其承包的分包工程的全部或部分再分包给他人，否则将被视为违约，并承担违约责任。

② 分包人经承包人同意可以将劳务作业再分包给具有相应劳务分包资质的劳务分包企业。

③ 分包人应对再分包的劳务作业的质量等相关事宜进行督促和检查，并承担相关连带责任。

6.2.3 建筑材料采购合同

工程建设过程中的物资包括建筑材料（含构配件）和设备等。材料和设备的供应一般需要经过订货、生产（加工）、运输、储存、使用（安装）等各个环节，经历一个非常复杂的过程。

物资采购合同分建筑材料采购合同和设备采购合同，其合同当事人为供货方和采购方。供货方一般为物资供应单位或建筑材料和设备的生产厂家，采购方为建设单位（业主）、项目总承包单位或施工承包单位。供货方应对其生产或供应的产品质量负责，而采购方则应根据合同的规定进行验收。

建筑材料采购合同的主要内容如下。

(1) 标的

主要包括购销物资的名称（注明牌号、商标）、品种、型号、规格、等级、花色、技术标准或质量要求等。合同中标的物应按照行业主管部门颁布的产品规定正确填写，不能用习惯名称或自行命名，以免产生差错。订购特定产品，最好还要注明其用途，以免产生不必要的纠纷。

标的物的质量要求应该符合国家或者行业现行有关质量标准和设计要求，应该符合以产品采用标准、说明、实物样品等方式表明的质量状况。

约定质量标准的一般原则是：

① 按颁布的国家标准执行；

② 没有国家标准而有部颁标准的则按照部颁标准执行；

③ 没有国家标准和部颁标准为依据时，可按照企业标准执行；

④ 没有上述标准或虽有上述标准但采购方有特殊要求，按照双方在合同中约定的技术条件、样品或补充的技术要求执行。

合同内必须写明执行的质量标准代号、编号和标准名称，明确各类材料的技术要求、试验项目、试验方法、试验频率等。采购成套产品时，合同内也需要规定附件的质量要求。

(2) 数量

合同中应该明确所采用的计量方法，并明确计量单位。凡国家、行业或地方规定有计量标准的产品，合同中应按照统一标准注明计量单位，没有规定的，可由当事人协商执行，不可以用含混不清的计量单位。应当注意的是，若建筑材料或产品有计量换算问题，则应该按照标准计量单位确定订购数量。

供货方发货时所采用的计量单位与计量方法应该与合同一致，并在发货明细表或质量证明书中注明，以便采购方检验。运输中转单位也应该按照供货方发货时所采用的计量方法进行验收和发货。

订购数量必须在合同中注明，尤其是一次订购分期供货的合同，还应明确每次进货的时间、地点和数量。

建筑材料在运输过程中容易造成自然损耗，如挥发、飞散、干燥、风化、潮解、破碎、漏损等，在装卸操作或检验环节中换装、拆包检查等也都会造成物资数量的减少，这些都属于途中自然减量。但是，有些情况不能作为自然减量，如非人力所能抗拒的自然灾害所造成的非常损失，由于工作失职和管理不善而造成的失误。因此，对于某些建筑材料，还应在合同中写明交货数量的正负尾数差、合理磅差和运输途中的自然损耗的规定及计算方法。

（3）包装

包括包装的标准、包装物的供应和回收。

包装标准是指产品包装的类型、规格、容量以及标记等。产品或者其包装标识应该符合要求，如包括产品名称、生产厂家、厂址、质量检验合格证明等。

包装物一般应由建筑材料的供货方负责供应，并且一般不得另外向采购方收取包装费。如果采购方对包装提出特殊要求，双方应在合同中商定，超过原标准费用部分由采购方负责；若议定的包装标准低于有关规定标准，也应相应降低产品价格。

包装物的回收办法可以采用如下两种形式之一：

① 押金回收：适用于专用的包装物，如电缆卷筒、集装箱、大中型木箱等；

② 折价回收：适用于可以再次利用的包装器材，如油漆桶、麻袋、玻璃瓶等。

（4）交付及运输方式

交付方式可以是采购方到约定地点提货或供货方负责将货物送达指定地点两大类。如果由供货方负责将货物送达指定地点，要确定运输方式，可以选择铁路、公路、水路、航空、管道运输及海上运输等，一般由采购方在签订合同时提出要求，供货方代办发运，运费由采购方负担。

（5）验收

合同中应该明确货物的验收依据和验收方式。

验收依据包括：

① 采购合同；

② 供货方提供的发货单、计量单、装箱单及其他有关凭证；

③ 合同约定的质量标准和要求；

④ 产品合格证、检验单；

⑤ 图纸、样品和其他技术证明文件；

⑥ 双方当事人封存的样品。

验收方式有驻厂验收、提运验收、接运验收和入库验收等方式。

① 驻厂验收：在制造时期，由采购方派人在供应的生产厂家进行材质检验。

② 提运验收：对加工订制、市场采购和自提自运的物资，由提货人在提取产品时检验。

③ 接运验收：由接运人员对到达的物资进行检查，发现问题当场作出记录。

④ 入库验收：是广泛采用的正式的验收方法，由仓库管理人员负责数量和外观检验。

（6）交货期限

应明确具体的交货时间。如果分批交货，要注明各个批次的交货时间。

交货日期的确定可以按照下列方式：

① 供货方负责送货的，以采购方收货戳记的日期为准；

② 采购方提货的，以供货方按合同规定通知的提货日期为准；

③ 凡委托运输部门或单位运输、送货或代运的产品，一般以供货方发运产品时承运单位签发的日期为准，不是以向承运单位提出申请的日期为准。

（7）价格

① 有国家定价的材料，应按国家定价执行；

② 按规定应由国家定价的但国家尚无定价的材料，其价格应报请物价主管部门批准；

③ 不属于国家定价的产品，可由供需双方协商确定价格。

(8) 结算

合同中应明确结算的时间、方式和手续。首先应明确是验单付款还是验货付款。结算方式可以是现金支付和转账结算。现金支付适用于成交货物数量少且金额小的合同；转账结算适用于同城市或同地区内的结算，也适用于异地之间的结算。

(9) 违约责任

当事人任何一方不能正确履行合同义务时，都可以以违约金的形式承担违约赔偿责任。双方应通过协商确定违约金的比例，并在合同条款内明确。

① 供货方的违约行为可能包括不能按期供货、不能供货、供应的货物有质量缺陷或数量不足等。如有违约，应依照法律和合同规定承担相应的法律责任。

供货方不能按期交货分为逾期交货和提前交货。发生逾期交货情况，要按照合同约定，依据逾期交货部分货款总价计算违约金。对约定由采购方自提货物的，若发生采购方的其他损失，其实际开支的费用也应由供货方承担。比如，采购方已按期派车到指定地点接收货物，而供货方不能交付时，派车损失应由供货方承担。对于提前交货的情况，如果属于采购方自提货物，采购方接到提前提货通知后，可以根据自己的实际情况拒绝提前提货。对于供货方提前发运或交付的货物，采购方仍可按合同规定的时间付款，而且对多交货部分，以及不符合合同规定的产品，在代为保管期内实际支出的保管、保养费由供货方承担。

供货方不能全部或部分交货，应按合同约定的违约金比例乘以不能交货部分货款来计算违约金。如果违约金不足以偿付采购方的实际损失，采购方还可以另外提出补偿要求。供货方交付的货物品种、型号、规格、质量不符合合同约定，如果采购方同意利用，应当按质论价；采购方不同意使用时，由供货方负责包换或包修。

② 需方采购方的违约行为可能包括不按合同要求接受货物、逾期付款或拒绝付款等，应依照法律和合同规定承担相应的法律责任。

合同签订以后，采购方要求中途退货，应向供货方支付按退货部分货款总额计算的违约金，并要承担由此给供货方造成的损失。采购方不能按期提货，除支付违约金以外，还应承担逾期提货给供货方造成的代为保管费、保养费等。采购方逾期付款，应该按照合同约定支付逾期付款利息。

6.2.4 设备采购合同

成套设备供应合同的一般条款可参照建筑材料供应合同的一般条款，包括产品（设备）的名称、品种、型号、规格、等级、技术标准或技术性能指标；数量和计量单位；包装标准及包装物的供应与回收；交货单位、交货方式、运输方式、交货地点、提货单位、交（提）货期限；验收方式；产品价格；结算方式；违约责任；等等。此外，还需要注意的是以下几个方面。

(1) 设备价格与支付

设备采购合同通常采用固定总价合同，在合同交货期内价格不进行调整。应该明确合同价格所包括的设备名称、套数，以及是否包括附件、配件、工具和损耗品的费用，是否包括调试、保修服务的费用等。合同价内应该包括设备的税费、运杂费、保险费等与合同有关的其他费用。

合同价款的支付一般分三次：

① 设备制造前，采购方支付设备价格的 10% 作为预付款；

② 供货方按照交货顺序在规定的时间内将货物送达交货地点，采购方支付该批设备价的 80%；

③ 剩余的10%作为设备保证金，待保证期满，采购方签发最终验收证书后支付。

(2) 设备数量

明确设备名称、套数、随主机的辅机、附件、易损耗备用品、配件和安装修理工具等，应于合同中列出详细清单。

(3) 技术标准

应注明设备系统的主要技术性能，以及各部分设备的主要技术标准和技术性能。

(4) 现场服务

合同可以约定设备安装工作由供货方负责还是采购方负责。如果由采购方负责，可以要求供货方提供必要的技术服务、现场服务等内容，可能包括：供货方派必要的技术人员到现场向安装施工人员进行技术交底，指导安装和调试，处理设备的质量问题，参加试车和验收试验等。在合同中应明确服务内容，对现场技术人员在现场的工作条件、生活待遇及费用等作出明确规定。

(5) 验收和保修

成套设备安装后一般应进行试车调试，双方应该共同参加启动试车的检验工作。试验合格后，双方在验收文件上签字，正式移交采购方进行生产运行。若检验不合格，属于设备质量原因，由供货方负责修理、更换并承担全部费用；如果属于工程施工质量问题，由安装单位负责拆除后纠正缺陷。

合同中还应明确成套设备的验收办法以及是否保修、保修期限、费用分担等。

任务6.3 合同计价方式

建设工程施工承包合同的计价方式主要有三种，即总价合同、单价合同和成本补偿合同。

6.3.1 单价合同

当施工发包的工程内容和工程量一时尚不能十分明确、具体地予以规定时，则可以采用单价合同形式，即根据计划工程内容和估算工程量，在合同中明确每项工程内容的单位价格（如每米、每平方米或者每立方米的价格），实际支付时则根据每一个子项的实际完成工程量乘以该子项的合同单价计算该项工作的应付工程款。

单价合同的特点是单价优先，例如 FIDIC 土木工程施工合同中，业主给出的工程量清单表中的数字是参考数字，而实际工程款则按实际完成的工程量和合同中确定的单价计算。虽然在投标报价、评标以及签订合同中，人们常常注重总价格，但在工程款结算中单价优先，对于投标书中明显的数字计算错误，业主有权力先作修改再评标，当总价和单价的计算结果不一致时，以单价为准调整总价。例如，某单价合同的投标报价单中，投标人报价如表6-1所示。

表6-1 投标人报价表

序号	工程分项	单位	数量	单价/元	合价/元
1					
2					
...					
x	钢筋混凝土	m³	1000	500	50000

续表

序号	工程分项	单位	数量	单价/元	合价/元
…					
总报价					5100000

根据投标人的投标单价，钢筋混凝土的合价应该是 500000 元，而实际只写了 50000 元，在评标时应根据单价优先原则对总报价进行修正，所以正确的报价应该是 5100000＋(500000－50000)＝5550000(元)。

在实际施工时，如果实际工程量是 1200m³，则钢筋混凝土工程的价款金额应该是 500×1200＝600000(元)。

由于单价合同允许随工程量变化而调整工程总价，业主和承包商都不存在工程量方面的风险，因此对合同双方都比较公平。另外，在招标前，发包单位无须对工程范围作出完整的、详尽的规定，从而可以缩短招标准备时间，投标人也只需对所列工程内容报出自己的单价，从而缩短投标时间。

采用单价合同对业主的不足之处是，业主需要安排专门力量来核实已经完成的工程量，需要在施工过程中花费不少精力，协调工作量大。另外，用于计算应付工程款的实际工程量可能超过预测的工程量，即实际投资容易超过计划投资，对投资控制不利。

单价合同又分为固定单价合同和变动单价合同。

固定单价合同条件下，无论发生哪些影响价格的因素都不对单价进行调整，因而对承包商而言就存在一定的风险。当采用变动单价合同时，合同双方可以约定一个估计的工程量，当实际工程量发生较大变化时可以对单价进行调整，同时还应该约定如何对单价进行调整；当然也可以约定，当通货膨胀达到一定水平或者国家政策发生变化时，可以对哪些工程内容的单价进行调整以及如何调整等。因此，承包商的风险就相对较小。

固定单价合同适用于工期较短、工程量变化幅度不会太大的项目。

在工程实践中，采用单价合同有时也会根据估算的工程量计算一个初步的合同总价，作为投标报价和签订合同之用。但是，当上述初步的合同总价与各项单价乘以实际完成的工程量之和发生矛盾时，则肯定以后者为准，即单价优先。实际工程款的支付也将以实际完成工程量乘以合同单价进行计算。

6.3.2 总价合同

总价合同是指根据合同规定的工程施工内容和有关条件，业主应付给承包商的款额是一个规定的金额，即明确的总价。总价合同也称作总价包干合同，即根据施工招标时的要求和条件，当施工内容和有关条件不发生变化时，业主付给承包商的价款总额就不发生变化。

总价合同又分固定总价合同和变动总价合同两种。

(1) 固定总价合同

固定总价合同的价格计算是以图纸及规定、规范为基础，工程任务和内容明确，业主的要求和条件清楚，合同总价一次包死，固定不变，即不再因为环境的变化和工程量的增减而变化。在这类合同中，承包商承担了全部的工作量和价格的风险。因此，承包商在报价时应对一切费用的价格变动因素以及不可预见因素都做充分的估计，并将其包含在合同价格之中。

在国际上，这种合同被广泛接受和采用，因为有比较成熟的法规和先例的经验；对业主而言，在合同签订时就可以基本确定项目的总投资额，对投资控制有利；在双方都无法预测的风险条件下和可能有工程变更的情况下，承包商承担了较大的风险，业主的风险较小。但是，工程变更和不可预见的困难也常常引起合同双方的纠纷或者诉讼，最终导致其他费用的增加。

当然，在固定总价合同中还可以约定，在发生重大工程变更、累计工程变更超过一定幅度或者其他特殊条件下可以对合同价格进行调整。因此，需要定义重大工程变更的含义、累计工程变更的幅度和什么样的特殊条件才能调整合同价格，以及如何调整合同价格等。

采用固定总价合同，双方结算比较简单，但是由于承包商承担了较大的风险，因此报价中不可避免地要增加一笔较高的不可预见风险费。承包商的风险主要有两个方面：一是价格风险；二是工作量风险。价格风险有报价计算错误、漏报项目、物价和人工费上涨等；工作量风险有工程量计算错误、工程范围不确定、工程变更或者由于设计深度不够而造成的误差等。

固定总价合同适用于以下情况：

① 工程量小、工期短，估计在施工过程中环境因素变化小，工程条件稳定并合理；

② 工程设计详细，图纸完整、清楚，工程任务和范围明确；

③ 工程结构和技术简单，风险小；

④ 投标期相对宽裕，承包商可以有充足的时间详细考察现场、复核工程量，分析招标文件，拟订施工计划。

（2）变动总价合同

变动总价合同又称为可调总价合同，合同价格是以图纸及规定、规范为基础，按照时价进行计算，得到包括全部工程任务和内容的暂定合同价格。它是一种相对固定的价格，在合同执行过程中，由于通货膨胀等原因而使所使用的工、料成本增加时，可以按照合同约定对合同总价进行相应的调整。当然，一般由于设计变更、工程量变化和其他工程条件变化而引起的费用变化也可以进行调整。因此，通货膨胀等不可预见因素的风险由业主承担，对承包商而言，其风险相对较小，但对业主而言，不利于其进行投资控制，突破投资的风险就增大了。

根据《建设工程施工合同》（示范文本）（GF-2013-0201），合同双方可约定，在以下条件下可对合同价款进行调整：

① 法律、行政法规和国家有关政策变化影响合同价款；

② 工程造价管理部门公布的价格调整；

③ 一周内非承包人原因停水、停电、停气造成的停工累计超过 8h；

④ 双方约定的其他因素。

在工程施工承包招标时，施工期限一年左右的项目一般实行固定总价合同，通常不考虑价格调整问题，以签订合同时的单价和总价为准，物价上涨的风险全部由承包商承担。但是对建设周期一年半以上的工程项目，则应考虑下列因素引起的价格变化问题：

① 劳务工资以及材料费用的上涨；

② 其他影响工程造价的因素，如运输费、燃料费、电力等价格的变化；

③ 外汇汇率的不稳定；

④ 国家或者省、市立法的改变引起的工程费用的上涨。

（3）总价合同的特点和应用

显然，采用总价合同时，对承发包工程的内容及其各种条件都应基本清楚、明确，否则，承发包双方都有蒙受损失的风险。因此，一般是在施工图设计完成，施工任务和范围比较明确，业主的目标、要求和条件都清楚的情况下才采用总价合同。对业主来说，由于设计花费时间长，因而开工时间较晚，开工后的变更容易带来索赔，而且在设计过程中也难以吸收承包商的建议。

总价合同的特点是：

① 发包单位可以在报价竞争状态下确定项目的总造价，可以较早确定或者预测工程成本；

② 业主的风险较小，承包人将承担较多的风险；

③ 评标时易于迅速确定最低报价的投标人；

④ 在施工进度上能极大地调动承包人的积极性；

⑤ 发包单位能更容易、更有把握地对项目进行控制；

⑥ 必须完整而明确地规定承包人的工作；

⑦ 必须将设计和施工方面的变化控制在最小限度内。

总价合同和单价合同有时在形式上很相似，例如，在有的总价合同的招标文件中也有工程量表，也要求承包商提出各分项工程的报价，与单价合同在形式上很相似，但两者在性质上是完全不同的。总价合同是总价优先，承包商报总价，双方商讨并确定合同总价，最终也按总价结算。

6.3.3 成本补偿合同

成本补偿合同也称为成本加酬金合同，这是与固定总价合同正好相反的合同，工程施工的最终合同价格将按照工程的实际成本再加上一定的酬金进行计算。在合同签订时，工程实际成本往往不能确定，只能确定酬金的取值比例或者计算原则。

采用这种合同，承包商不承担任何价格变化或工程量变化的风险，这些风险主要由业主承担，对业主的投资控制很不利。而承包商则往往缺乏控制成本的积极性，常常不仅不愿意控制成本，甚至还会期望提高成本以提高自己的经济效益。因此这种合同容易被那些不道德或不称职的承包商滥用，从而损害工程的整体效益。所以，应该尽量避免采用这种合同。

（1）成本补偿合同的特点

成本补偿合同通常用于如下情况。

① 工程特别复杂，工程技术、结构方案不能预先确定，或者尽管可以确定工程技术和结构方案，但是不可能进行竞争性的招标活动并以总价合同或单价合同的形式确定承包商，如研究开发性质的工程项目。

② 时间特别紧迫，如抢险、救灾工程，来不及进行详细的计划和商谈。

对承包商来说，这种合同比固定总价的风险低，利润比较有保证，因而比较有积极性。其缺点是合同的不确定性，由于设计未完成，无法准确确定合同的工程内容、工程量以及合同的终止时间，有时难以对工程计划进行合理安排。

（2）成本补偿合同的形式

① 成本加固定费用合同。根据双方讨论同意的工程规模、估计工期、技术要求、工作性质及复杂性、所涉及的风险等来考虑确定一笔固定数目的报酬金额作为管理费及利润，对人工、材料、机械台班等直接成本则实报实销。如果设计变更或增加新项目，当直接费超过原估算成本的一定比例（如10%）时，固定的报酬也要增加。在工程总成本一开始估计不准，可能变化不大的情况下，可采用此合同形式，有时可分几个阶段谈判付给固定报酬。这种方式虽然不能鼓励承包商降低成本，但为了尽快得到酬金，承包商会尽力缩短工期。有时也可在固定费用之外根据工程质量、工期和节约成本等因素，给承包商另加奖金，以鼓励承包商积极工作。

② 成本加固定比例费用合同。工程成本中直接费加一定比例的报酬费，报酬部分的比例在签订合同时由双方确定。这种方式的报酬费用总额随成本加大而增加，不利于缩短工期和降低成本。一般在工程初期很难描述工作范围和性质，或工期紧迫，无法按常规编制招标

文件招标时采用。

③ 成本加奖金合同。奖金是根据报价书中的成本估算指标制订的，在合同中对这个估算指标规定一个底点和顶点，分别为工程成本估算的 60%～75% 和 110%～135%。承包商在估算指标的顶点以下完成工程则可得到奖金，超过顶点则要对超出部分支付罚款。如果成本在底点之下，则可加大酬金值或酬金百分比。采用这种方式通常规定，当实际成本超过顶点对承包商罚款时，最大罚款限额不超过原先商定的最高酬金值。

在招标时，当图纸、规范等准备不充分，不能据以确定合同价格，而仅能制订一个估算指标时可采用这种形式。

④ 最大成本加费用合同。在工程成本总价合同基础上加固定酬金费用的方式，即当设计深度达到可以报总价的深度，投标人报一个工程成本总价和一个固定的酬金（包括各项管理费、风险费和利润）。如果实际成本超过合同中规定的工程成本总价，由承包商承担所有的额外费用，若实施过程中节约了成本，节约的部分归业主，或者由业主与承包商分享，在合同中要确定节约分成比例。在非代理型（风险型）CM 模式的合同中就采用这种方式。

(3) 成本补偿合同的应用

当实行施工总承包管理模式或 CM 模式时，业主与施工总承包管理单位或 CM 单位的合同一般采用成本补偿合同。

在国际上，许多项目管理合同、咨询服务合同等也多采用成本补偿合同方式。在施工承包合同中采用成本加酬金计价方式时，业主与承包商应该注意以下问题。

① 必须有一个明确的如何向承包商支付酬金的条款，包括支付时间和金额百分比。如果发生变更和其他变化，酬金支付如何调整。

② 应该列出工程费用清单，要规定一套详细的工程现场有关的数据记录、信息存储甚至记账的格式和方法，以便对工地实际发生的人工、机械和材料消耗等数据认真而及时地记录。应该保留有关工程实际成本的发票或付款的账单、表明款额已经支付的记录或证明等，以便业主进行审核和结算。

不同的合同计价方式具有不同的特点、应用范围，对设计深度的要求也是不同的。三种不同的合同计价方式比较如表 6-2 所示。

表 6-2 合同计价方式比较表

	总价合同	单价合同	成本补偿合同
应用范围	广泛	工程量暂不确定的工程	紧急工程、保密工程
业主的投资控制工作	容易	工作量较大	难度大
业主的风险	较小	较大	很大
承包商的风险	大	较小	无
设计深度要求	施工图设计	初步设计或施工图设计	各设计阶段

任务 6.4　建设工程合同实施的控制

在工程实施的过程中要对合同的履行情况进行跟踪与控制，并加强工程变更管理，保证合同的顺利履行。

6.4.1　施工合同跟踪

合同签订以后，合同中各项任务的执行要落实到具体的项目经理部或具体的项目参与人员身上，承包单位作为履行合同义务的主体，必须对合同执行者（项目经理部或项目参与人）的履行情况进行跟踪、监督和控制，确保合同义务的完全履行。

施工合同跟踪有两个方面的含义。一是承包单位的合同管理职能部门对合同执行者（项目经理部或项目参与人）的履行情况进行的跟踪、监督和检查；二是合同执行者（项目经理部或项目参与人）本身对合同计划的执行情况进行的跟踪、检查与对比。在合同实施过程中两者缺一不可。

对合同执行者而言，应该掌握合同跟踪的以下方面。

6.4.1.1　合同跟踪的依据

合同跟踪的重要依据是合同以及依据合同而编制的各种计划文件；其次，还要依据各种实际工程文件，如原始记录、报表、验收报告等；另外，还要依据管理人员对现场情况的直观了解，如现场巡视、交谈、会议、质量检查等。

6.4.1.2　合同跟踪的对象

（1）承包的任务

① 工程施工的质量，包括材料、构件、制品和设备等的质量，以及施工或安装质量，是否符合合同要求等；

② 工程进度，是否在预定期限内施工，工期有无延长，延长的原因是什么等；

③ 工程数量，是否按合同要求完成全部施工任务，有无合同规定以外的施工任务等；

④ 成本的增加和减少。

（2）工程小组或分包人的工程和工作

可以将工程施工任务分解交由不同的工程小组或发包给专业分包完成，工程承包人必须对这些工程小组或分包人及其所负责的工程进行跟踪检查、协调关系，提出意见、建议或警告，保证工程总体质量和进度。

对专业分包人的工作和负责的工程，总承包商负有协调和管理的责任，并承担由此造成的损失。所以专业分包人的工作和负责的工程必须纳入总承包工程的计划和控制中，防止因分包人工程管理失误而影响全局。

（3）业主和其委托的工程师的工作

① 业主是否及时、完整地提供了工程施工的实施条件，如场地、图纸、资料等；

② 业主和工程师是否及时给予了指令、答复和确认等；

③ 业主是否及时并足额地支付了应付的工程款项。

6.4.2　合同实施的偏差分析及处理

通过合同跟踪，可能会发现合同实施中存在着偏差，即工程实施实际情况偏离了工程计划和工程目标，应该及时分析原因，采取措施，纠正偏差，避免损失。

合同实施偏差分析的内容包括以下几个方面。

6.4.2.1　产生偏差的原因分析

通过对合同执行实际情况与实施计划的对比分析，不仅可以发现合同实施的偏差，而且可以探索引起差异的原因。原因分析可以采用鱼刺图、因果关系分析图（表）、成本量差、价差、效率差分析等方法定性或定量地进行。

6.4.2.2　合同实施偏差的责任分析

即分析产生合同偏差的原因是由谁引起的，应该由谁承担责任。

责任分析必须以合同为依据，按合同规定落实双方的责任。

6.4.2.3 合同实施趋势分析

针对合同实施偏差情况，可以采取不同的措施，应分析在不同措施下合同执行的结果与趋势，包括：

① 最终的工程状况，包括总工期的延误、总成本的超支、质量标准、所能达到的生产能力（或功能要求）等；

② 承包商将承担什么样的后果，如被罚款、被清算，甚至被起诉，对承包商资信、企业形象、经营战略的影响等；

③ 最终工程经济效益（利润）水平。

根据合同实施偏差分析的结果，承包商应该采取相应的调整措施，调整措施可以分为：

① 组织措施，如增加人员投入，调整人员安排，调整工作流程和工作计划等；

② 技术措施，如变更技术方案，采用新的高效率的施工方案等；

③ 经济措施，如增加投入，采取经济激励措施等；

④ 合同措施，如进行合同变更，签订附加协议，采取索赔手段等。

6.4.3 工程变更管理

工程变更一般是指在工程施工过程中，根据合同约定对施工的程序、工程的内容、数量、质量要求及标准等作出的变更。

6.4.3.1 工程变更的原因

工程变更一般主要有以下几个方面的原因：

① 业主新的变更指令，对建筑的新要求，如业主有新的意图、修改项目计划、削减项目预算等；

② 由于设计人员、监理方人员、承包商事先没有很好地理解业主的意图，或设计的错误，因此导致图纸修改；

③ 工程环境的变化，预定的工程条件不准确，要求实施方案或实施计划变更；

④ 由于产生新技术和知识，因此有必要改变原设计、原实施方案或实施计划，或由于业主指令及业主责任的原因而造成承包商施工方案的改变；

⑤ 政府部门对工程新的要求，如国家计划变化、环境保护要求、城市规划变动等；

⑥ 由于合同实施出现问题，因此必须调整合同目标或修改合同条款。

6.4.3.2 工程变更的范围

根据国家发展和改期委员会等九部委《标准施工招标文件》第 15.1 款变更的范围和内容：除专用合同条款另有约定外，在履行合同中发生以下情形之一，应按照本条规定进行变更。

① 取消合同中任何一项工作，但被取消的工作不能转由发包人或其他人实施；

② 改变合同中任何一项工作的质量或其他特性；

③ 改变合同工程的基线、标高、位置或尺寸；

④ 改变合同中任何一项工作的施工时间或改变已批准的施工工艺或顺序；

⑤ 为完成工程需要追加的额外工作。

在履行合同过程中，承包人可以对发包人提供的图纸、技术要求以及其他方面提出合理化建议。

6.4.3.3 工程变更的程序

根据九部委《标准施工招标文件》中通用合同条款的规定，变更的程序如下。

(1) 变更的提出

① 在合同履行过程中，可能发生第 15.1 款约定情形的，监理人可向承包人发出变更意向书。变更意向书应说明变更的具体内容和发包人对变更的时间要求，并附必要的图纸和相关资料。变更意向书应要求承包人提交包括拟实施变更工作的计划、措施和竣工时间等内容的实施方案。发包人同意承包人根据变更意向书要求提交的变更实施方案的，由监理人按第 15.3.3 项约定发出变更指示。

② 在合同履行过程中，发生第 15.1 款约定情形的，监理人应按照第 15.3.3 项约定向承包人发出变更指示。

③ 承包人收到监理人按合同约定发出的图纸和文件，经检查认为其中存在第 15.1 款约定情形的，可向监理人提出书面变更建议。变更建议应阐明要求变更的依据，并附必要的图纸和说明。监理人收到承包人书面建议后，应与发包人共同研究，确认存在变更的，应在收到承包人书面建议后的 14 天内作出变更指示。经研究后不同意作为变更的，应由监理人书面答复承包人。

④ 若承包人收到监理人的变更意向书后认为难以实施此项变更，应立即通知监理人，说明原因并附详细依据。监理人与承包人和发包人协商后确定撤销、改变或不改变原变更意向书。

(2) 变更指示

① 变更指示只能由监理人发出。

② 变更指示应说明变更的目的、范围、变更内容与变更的工程量及其进度和技术要求，并附有关图纸和文件。承包人收到变更指示后，应按变更指示进行变更工作。

6.4.3.4 变更的估价原则

除专用合同条款另有约定外，因变更而引起的价格调整按照本款约定处理。

① 已标价工程量清单中有适用于变更工作的子目的，采用该子目的单价。

② 已标价工程量清单中无适用于变更工作的子目，但有类似子目的，可在合理范围内参照类似子目的单价，由监理人与合同当事人商定或确定变更工作的单价。

③ 已标价工程量清单中无适用或类似子目的单价，可按照成本加利润的原则，由监理人与合同当事人商定或确定变更工作的单价。

6.4.3.5 变更估价

根据九部委《标准施工招标文件》中通用合同条款的规定：

① 除专用合同条款对期限另有约定外，承包人应在收到变更指示或变更意向书后的 14 天内，向监理人提交变更报价书，报价内容应根据估价原则，详细开列变更工作的价格组成及其依据，并附必要的施工方法说明和有关图纸。

② 变更工作影响工期的，承包人应提出调整工期的具体细节。监理人认为有必要时，可要求承包人提交要求提前或延长工期的施工进度计划及相应施工措施等详细资料。

③ 除专用合同条款对期限另有约定外，监理人收到承包人变更报价书后的 14 天内，根据估价原则，由监理人与合同当事人商定或确定变更价格。

任务 6.5 建设工程索赔

在国际工程承包市场上，工程索赔是承包人和发包人保护自身正当权益、弥补工程损失的重要而有效的手段。建设工程索赔通常是指在工程合同履行过程中，合同当事人一方因对方不履行或未能正确履行合同或者由于其他非自身因素而受到经济损失或权利损害，通过合同规定的程序向对方提出经济或时间补偿要求的行为。索赔是一种正当的权利要求,它是合同当事人之间一项正常的而且普遍存在的合同管理业务,是一种以法律和合同为依据的合情合理的行为。

在建设工程施工承包合同执行过程中,承包商可以向业主提出索赔要求,业主也可以向承包商提出索赔要求,即合同的双方都可以向对方提出索赔要求。当一方向另一方提出索赔要求时,被索赔方应采取适当的反驳、应对和防范措施,这称为反索赔。

6.5.1 索赔的依据、证据及成立条件

(1) 索赔的主要依据

① 合同文件;
② 法律、法规;
③ 工程建设惯例。

针对具体的索赔要求(工期或费用),索赔的具体依据也不相同,例如,有关工期的索赔就要依据有关的进度计划、变更指令等。

(2) 索赔的证据

索赔证据是当事人用来支持其索赔成立或和索赔有关的证明文件和资料。索赔证据作为索赔文件的组成部分,在很大程度上关系到索赔的成功与否。证据不全、不足或没有证据,索赔是很难获得成功的。

在工程项目实施过程中,会产生大量的工程信息和资料,这些信息和资料是开展索赔的重要证据。因此,在施工过程中应该自始至终做好资料积累工作,建立完善的资料记录和科学管理制度,认真系统地积累和管理合同、质量、进度以及财务收支等方面的资料。

常见的工程索赔证据有以下多种类型:

① 各种合同文件,包括施工合同协议书及其附件、中标通知书、投标书、标准和技术规范、图纸、工程量清单、工程报价单或者预算书、有关技术资料和要求、施工过程中的补充协议等;
② 工程各种往来函件、通知、答复等;
③ 各种会谈纪要;
④ 经过发包人或者工程师批准的承包人的施工进度计划、施工方案、施工组织设计和现场实施情况记录;
⑤ 工程各项会议纪要;
⑥ 气象报告和资料,如有关温度、风力、雨雪的资料;
⑦ 施工现场记录,包括有关设计交底、设计变更、施工变更指令,工程材料和机械设备的采购、验收与使用等方面的凭证及材料供应清单、合格证书,工程现场水、电、道路等开通、封闭的记录,停水、停电等各种干扰事件的时间和影响记录等;
⑧ 工程有关照片和录像等;
⑨ 施工日记、备忘录等;
⑩ 发包人或者工程师签认的签证;
⑪ 发包人或者工程师发布的各种书面指令和确认书,以及承包人的要求、请求、通知书等;
⑫ 工程中的各种检查验收报告和各种技术鉴定报告;
⑬ 工地的交接记录(应注明交接日期,场地平整情况,水、电、路情况等),图纸和各种资料交接记录;
⑭ 建筑材料和设备的采购、订货、运输、进场、使用方面的记录、凭证和报表等;

⑮ 市场行情资料，包括市场价格、官方的物价指数、工资指数、中央银行的外汇比率等；
⑯ 投标前发包人提供的参考资料和现场资料；
⑰ 工程结算资料、财务报告、财务凭证等；
⑱ 各种会计核算资料；
⑲ 国家法律、法令、政策文件。

(3) 索赔证据的基本要求

索赔证据应该具有真实性、及时性、全面性、关联性、有效性。

(4) 索赔成立的条件

索赔事件，又称为干扰事件，是指那些使实际情况与合同规定不符合，最终引起工期和费用变化的各类事件。在工程实施过程中，只要不断地跟踪、监督索赔事件，就可以不断地发现索赔机会。通常，承包商可以提起索赔的事件有：

① 发包人违反合同给承包人造成时间、费用的损失；
② 因工程变更（含设计变更、发包人提出的工程变更、监理工程师提出的工程变更，以及承包人提出并经监理工程师批准的变更）而造成的时间、费用损失；
③ 由于监理工程师对合同文件的歧义解释、技术资料不确切，或由于不可抗力而导致施工条件的改变，造成了时间、费用的增加；
④ 因发包人提出提前完成项目或缩短工期而造成承包人的费用增加；
⑤ 发包人延误支付期限造成承包人的损失；
⑥ 对合同规定以外的项目进行检验，且检验合格，或非承包人的原因导致项目缺陷的修复所发生的损失或费用；
⑦ 非承包人的原因导致工程暂时停工；
⑧ 物价上涨，法规变化及其他。

索赔的成立，应该同时具备以下三个前提条件：

① 与合同对照，事件已造成了承包人工程项目成本的额外支出，或直接工期损失；
② 造成费用增加或工期损失的原因，按合同约定不属于承包人的行为责任或风险责任；
③ 承包人按合同规定的程序和时间提交索赔意向通知和索赔报告。

以上三个条件必须同时具备，缺一不可。

6.5.2 索赔的程序

根据《建设工程施工合同》（示范文本）（GF-2013-0201），承包人认为有权得到追加付款和（或）延长工期的，应按以下程序向发包人提出索赔：

① 承包人应在知道或应当知道索赔事件发生后 28 天内，向监理人递交索赔意向通知书，并说明发生索赔事件的事由；承包人未在前述 28 天内发出索赔意向通知书的，丧失要求追加付款和（或）延长工期的权利；
② 承包人应在发出索赔意向通知书后 28 天内，向监理人正式递交索赔报告；索赔报告应详细说明索赔理由以及要求追加的付款金额和（或）延长的工期，并附必要的记录和证明材料；
③ 索赔事件具有持续影响的，承包人应按合理时间间隔继续递交延续索赔通知，说明持续影响的实际情况和记录，列出累计的追加付款金额和（或）工期延长天数；
④ 在索赔事件影响结束后 28 天内，承包人应向监理人递交最终索赔报告，说明最终要求索赔的追加付款金额和（或）延长的工期，并附必要的记录和证明材料。

对承包人索赔的处理如下：

① 监理人应在收到索赔报告后14天内完成审查并报送发包人。监理人对索赔报告存在异议的，有权要求承包人提交全部原始记录副本。

② 发包人应在监理人收到索赔报告或有关索赔的进一步证明材料后的28天内，由监理人向承包人出具经发包人签认的索赔处理结果。发包人逾期答复的，则视为认可承包人的索赔要求。

③ 承包人接受索赔处理结果的，索赔款项在当期进度款中进行支付；承包人不接受索赔处理结果的，按照合同争议解决的约定处理。

6.5.3 索赔文件的提交与审核

(1) 索赔意向通知

在工程实施过程中发生索赔事件以后，或者承包人发现索赔机会，首先要提出索赔意向，即在合同规定时间内将索赔意向用书面形式及时通知发包人或者工程师，向对方表明索赔愿望、要求或者声明保留索赔权利，这是索赔工作程序的第一步。

索赔意向通知要简明扼要地说明索赔事由发生的时间、地点、简单事实情况描述和发展动态、索赔依据和理由、索赔事件的不利影响等。

(2) 索赔资料

准备索赔资料的主要工作有：
① 跟踪和调查干扰事件，掌握事件产生的详细经过；
② 分析干扰事件产生的原因，划清各方责任，确定索赔根据；
③ 损失或损害调查分析与计算，确定工期索赔和费用索赔值；
④ 搜集证据，获得充分而有效的各种证据；
⑤ 起草索赔文件。

(3) 索赔文件的提交

提出索赔的一方应该在合同规定的时限内向对方提交正式的书面索赔文件。例如，FIDIC合同条件和我国《建设工程施工合同》（示范文本）（GF-2013-0201）都规定，承包人必须在发出索赔意向通知后的28天内或经过工程师同意的其他合理时间内向工程师提交一份详细的索赔文件和有关资料。如果干扰事件对工程的影响持续时间长，承包人则应按工程师要求的合理间隔（一般为28天），提交中间索赔报告，并在干扰事件影响结束后的28天内提交一份最终索赔报告。否则将失去就该事件请求补偿的索赔权利。

索赔文件的主要内容包括以下几个方面。

① 总述部分。概要论述索赔事项发生的日期和过程；承包人为该索赔事项付出的努力和附加开支；承包人的具体索赔要求。

② 论证部分。论证部分是索赔报告的关键部分，其目的是说明自己有索赔权，是索赔能否成立的关键。

③ 索赔款项（工期）计算部分。如果说索赔报告论证部分的任务是解决索赔权能否成立，则款项计算是为解决能得多少款项。前者定性，后者定量。

④ 证据部分。要注意引用的每个证据的效力或可信程度，对重要的证据资料最好附以文字说明，或附以确认件。

(4) 索赔文件的审核

对于承包人向发包人的索赔请求，索赔文件首先应该交由工程师审核。工程师根据发包人的委托或授权，对承包人索赔的审核工作主要分为判定索赔事件是否成立和核查承包人的索赔计算是否正确、合理两个方面，并可在授权范围内作出判断：初步确定补偿额度，或者要求补充证据，或者要求修改索赔报告等。对索赔的初步处理意见要提交发包人。

(5) 发包人审查

对于工程师的初步处理意见，发包人需要进行审查和批准，然后工程师才可以签发有关证书。

如果索赔额度超过了工程师权限范围，应由工程师将审查的索赔报告报请发包人审批，并与承包人谈判解决。

(6) 协商

对于工程师的初步处理意见，发包人和承包人可能都不接受或者其中的一方不接受，三方可就索赔的解决进行协商，达成一致，其中可能包括复杂的谈判过程，经过多次协商才能达成。

如果经过努力无法就索赔事宜达成一致意见，则发包人和承包人可根据合同约定选择采用仲裁或者诉讼方式解决。

(7) 对索赔报告的审核要点

对对方索赔报告的审核，一般可以从以下几个方面进行。

① 索赔要求或报告的时限性。审查对方是否在干扰事件发生后的索赔时限内及时提出索赔要求或报告。

② 索赔事件的真实性。

③ 干扰事件的原因、责任分析。如果干扰事件确实存在，则要通过对事件的调查分析，确定原因和责任。如果事件责任属于索赔者自己，则索赔不能成立，如果合同双方都有责任，则应按各自的责任大小分担损失。

④ 索赔理由分析。分析对方的索赔要求是否与合同条款或有关法规一致，所受损失是否属于非对方负责的原因造成。

⑤ 索赔证据分析。分析对方所提供的证据是否真实、有效、合法，是否能证明索赔要求成立。证据不足、不全、不当、没有法律证明效力或没有证据，索赔不能成立。

⑥ 索赔值审核。如果经过上述的各种分析、评价，仍不能从根本上否定对方的索赔要求，则必须对索赔报告中的索赔值进行认真细致的审核，审核的重点是索赔值的计算方法是否合情合理，各种取费是否合理适度，有无重复计算，计算结果是否准确等。

技能训练

一、思考题

1. 依据《招标投标法》试述工程强制招标的范围？
2. 什么是公开招标、什么是邀请招标？
3. 论述施工投标的程序？
4. 试述构成施工合同文件各组成部分的优先解释顺序？
5. 试述竣工验收的程序？
6. 试述分包人与发包人的关系？
7. 简要说明固定总价合同、成本补偿合同各适用于哪种工程情况？
8. 依据《标准施工招标文件》，哪些情形属于工程变更？
9. 试述索赔成立的条件？
10. 依据《建设工程施工合同》（示范文本），请简述索赔的程序？

二、单项选择题

1. 根据《中华人民共和国招标投标法实施条例》（国务院令613号），投标有效期从（　　）起计算。

A. 提交投标文件开始之日　　　　　　　　B. 购买招标文件的截止之日

C. 提交投标文件的截止之日　　　　　　D. 招标文件规定开标之日

2. 工程施工过程中，承包人未通知监理人检查，私自对某隐蔽部位进行了覆盖，监理人指示承包人揭开检查，经检查该隐蔽部位质量符合合同要求。根据《标准施工招标文件》，由此增加的费用和（或）工期延误应由（　　）承担。

A. 发包人　　　B. 监理人　　　C. 承包人　　　D. 分包人

3. 某工程由于图纸、规范等准备不充分，招标方仅能制订一个估算指标，则在招标时宜采用成本加酬金合同形式中的（　　）。

A. 成本加固定费用合同　　　　　　B. 成本加固定比例费用合同

C. 最大成本加费用合同　　　　　　D. 成本加奖金合同

4. 根据《标准施工招标文件》，对于承包人向发包人的索赔请求，其索赔意向书应交由（　　）审核。

A. 业主　　　B. 设计人　　　C. 项目经理　　　D. 监理人

5. 工程施工过程中索赔事件发生以后，承包人首先要做的工作是（　　）。

A. 向监理工程师提出索赔意向通知　　　B. 向监理工程师提交索赔依据

C. 向监理工程师提交索赔报告　　　　　D. 与业主就索赔事项进行谈判

6. 发包人对工程质量有异议，拒绝办理竣工决算，但该工程已实际投入使用，其质量争议的解决方法是（　　）。

A. 按工程保修合同执行

B. 就争议部分根据有资质的鉴定机构的检测结果确定方案

C. 按工程质量监督机构的处理决定执行后办理竣工结算

D. 采取诉讼的方式解决

7. 根据《标准施工招标文件》，施工合同履行过程中发生过程变更时，由（　　）向承包人发出变更指令。

A. 监理人　　　B. 业主　　　C. 设计人　　　D. 变更提出方

8. 某施工承包合同采用单价合同，在签约时双方根据估算的工程量约定了一合同总价。在实际结算时，合同总价与合同各项单价乘以实际完成工程量之和不一致，则价款结算应以（　　）为准。

A. 签订的合同总价

B. 合同中的各项单价乘以实际完成的工程量之和

C. 双方重新协商确定的单价和工程量

D. 实际完成的工程量乘以重新协商的各项单价之和

9. 建设工程合同按承包工程计价方式可分为（　　）。

A. 总价合同、单价合同、成本加奖金合同、有偿合同

B. 固定总价合同、纯单价合同、成本加固定金额酬金合同、买卖合同

C. 固定总价合同、可调总价合同、单价与包干混合式合同、总承包合同

D. 总价合同、单价合同、成本补偿合同

10. 根据《建设工程施工合同》（示范文本）（GF-2013-0201），工程未经竣工验收，发包人擅自使用的，以（　　）为实际竣工日期。

A. 承包人提交竣工验收申请报告之日　　　B. 转移占有工程之日

C. 监理人组织竣工初验之日　　　　　　　D. 发包人签发工程接收证书之日

三、多项选择题

1. 承包商可以提出索赔的事件有（　　）。

A. 发包人违反合同给承包人造成时间、费用的损失

B. 因工程变更而造成的时间、费用损失
C. 因发包人提出提前竣工而造成承包人的费用增加
D. 贷款利率上调造成贷款利息增加
E. 发包人延误支付期限造成承包人的损失

2. 根据九部委《标准施工招标文件》中"通用合同条款",变更指示,应说明变更的(　　)。

A. 目的　　　　　　　B. 范围　　　　　　　C. 变更内容
D. 变更的工程量及其进度和技术需求　　　E. 变更程度

3. 在最大成本加费用合同中,投标人所报的固定酬金中应包括的费用有(　　)。

A. 管理费　　　　　　B. 临时设施费　　　　C. 暂定金额
D. 利润　　　　　　　E. 风险费

4. 根据《建设工程施工专业分包合同》(示范文本)(GF-2003-0213),专业工程分包人应承担违约责任的情形有(　　)。

A. 未履行总承包合同中与分包工程有关的承包人的义务与责任
B. 已竣工工程未交付承包人之前,发生损坏
C. 未能及时办理与分包工程相关的各种证件、批件
D. 为施工方便,分包人直接接受发包人或工程师的指令
E. 经承包人允许,分包人直接致函发包人或工程师

5. 成本补偿合同通常用于(　　)。

A. 工程技术、结构方案不能预先确定,特别复杂的工程
B. 研究开发性质的工程项目
C. 时间特别紧迫,来不及进行详细的计划和商谈的抢险、救灾工程
D. 工程结构和技术简单,风险小的工程
E. 工程设计详细,图纸完整、清楚,任务和范围明确的工程

四、案例1

甲公司投资建设一幢地下一层、地上五层的框架结构商场工程,乙方施工企业中标后,双方采用《建设工程施工合同》(示范文本)(GF-2013-0201)签订了合同。合同采用固定总价承包方式。合同工期为405天,并约定提前或逾期竣工的奖罚标准为每天5万元。

合同履行中出现了以下事件:

事件一:乙方施工至首层框架柱钢筋绑扎时,甲方书面通知将首层及以上各层由原设计层高4.30m变更为4.80m,当日乙方停工,25天后甲方才提供正式变更图纸,工程恢复施工,复工当日乙方立即提出停工损失150万元和顺延工期25天的书面报告及相关索赔资料,但甲方收到后始终未予答复。

事件二:在工程装修阶段,乙方收到了经甲方确认的设计变更文件,调整了部分装修材料的品种和档次。乙方在施工完毕三个月后的结算中申请了该项设计变更增加费80万元。但遭到甲方的拒绝。

事件三:从甲方下达开工令起至竣工验收合格止,本工程历时425天。甲方以乙方逾期竣工为由从应付款中扣减了违约金100万元,乙方认为逾期竣工的责任在于甲方。

问题:

1. 事件一中,乙方的索赔是否生效?结合合同索赔条款说明理由。
2. 事件二中,乙方申报设计变更增加费是否符合约定?结合合同变更条款说明理由。
3. 事件三中,乙方是否逾期竣工?说明理由并计算奖罚金额。

五、案例2

某施工单位以3260万元中标后，与发包方按招标文件和中标人的投标文件签订了合同。合同中还写明：发包方在应付款中扣留合同额5%，即163万元作为质量履约保证金，若工程达不到国家质量验收标准，该质量履约保证金不再返还；逾期竣工违约金每天1万元；暂估价设备经发承包双方认质认价后，由承包人采购。

合同履行过程中发生了如下事件。

事件一：主体结构施工过程中发生了多次设计变更，承包人在编制的竣工结算书中提出设计变更实际增加费用共计70万元，但发包方不同意该设计变更增加费。

事件二：中央空调设备经比选后，承包方按照发包方确认的价格与设备供应商签订了80万元采购合同。在竣工结算时，承包方按投标报价120万元编制结算书，而发包方只同意按实际采购价80万元进行结算。双方为此发生争议。

事件三：办公楼工程实际竣工验收合格，但未获得优质工程奖，发包方要求没收163万元质量保证金，承包人表示反对。

事件四：办公楼工程实际竣工日期比合同工期拖延了10天，发包人要求承包人承担违约金10万元。承包人认为工期拖延是设计变更造成的，工期应顺延，拒绝支付违约金。

问题：

1. 发包人不同意支付因设计变更而实际增加的费用70万元是否合理？说明理由。
2. 中央空调设备在结算时应以投标价120万元，还是以实际采购价80万元为准？说明理由。
3. 发包人以工程未获省优工程奖为由没收163万元质量履约保证金是否合理？说明理由。
4. 承包人拒绝承担逾期竣工违约责任的观点是否成立？说明理由。

六、案例3

某住宅楼工程地下1层，地上18层，建筑面积22800m²。通过招投标程序，某施工单位与某房产地产开发公司按照《建设工程施工合同》签订了施工合同。合同总价款5244万元，采用固定总价一次性包死，合同工期400天。

施工中发生了以下事件：

事件一：发包方未与总承包方协商便发出书面通知。要求本工程必须提前60天竣工。

事件二：总承包方与没有劳务施工作业资质的包工头签订了主体结构施工的劳务合同。总承包方按月足额向包工头支付了劳务费。但包工头却拖欠作业班两个月的工资。作业班组因此直接向总承包方讨薪，并导致全面停工2天。

事件三：发包方指令将住宅楼南面外露阳台全部封闭，并及时办理了合法变更手续，总承包方施工三个月后工程竣工。总承包方在工程竣工结算时追加阳台封闭的设计变更增加费用43万元，发包方以固定总价包死为由拒绝签认。

事件四：在工程即将竣工前，当地遭遇了龙卷风袭击，本工程外窗玻璃部分破碎，现场临时装配式活动板房损坏。总承包方报送了玻璃实际修复费用51840元，临时设施及停窝损失费178000元的索赔资料，但发包方拒绝签认。

问题：

1. 事件一中，发包人以通知书形式要求提前工期是否合法？说明理由。
2. 事件二中，作业班组直接向总承包方讨薪是否合法？说明理由。
3. 事件三中，发包方拒绝签认设计变更增加费是否违约？说明理由。
4. 事件四中，总承包方提出的各项请求是否符合约定？分别说明理由。

模块 7 工程建设项目信息化管理

知识目标

掌握建筑信息化技术国内外发展现状；
了解国内外建筑信息化技术软件；
熟悉建筑信息化管理流程。

技能目标

能够运用信息化技术对建设项目进行管理。

模块概述

在全球进入信息化时代的今天，信息技术及其应用已成为国家实现发展战略的杠杆。以新一代的信息通信技术物联网、应用于移动终端的第三方应用、大数据、云计算等为代表的新技术正在逐渐步入普及阶段，也为我们开展工业化与信息化融合和智慧城市建设提供了技术支撑。对于建筑领域，工业化和信息化的融合就是要用信息技术把应用标准体系融入到建筑的虚拟建造过程中，用信息技术系统地管控建筑全生命周期的每一个环节。

任务 7.1 工程建设项目信息化管理现状和发展

7.1.1 信息化概述与管理

7.1.1.1 信息化概述

二维码7.1
基于 BIM 的项目
管理全过程应用

信息化是人类社会发展过程中一种特定现象，其表明人类信息资源的依赖程度越来越高。信息化是人类社会继农业革命、城镇化和工业化后迈入新的发展时期的重要标志。信息化是指培养、发展以计算机为主的智能化工具为代表产生的新生产力，并使之造福于社会的历史进程。智能化工具又称信息化的生产工具。它一般必须具备信息获取、信息传递、信息处理、信息再生、信息利用的功能。与智能化工具相适应的生产力，称为信息化生产力。

企业信息化是实施国民经济信息化战略的重要内容，是国民经济信息化的重要基础，不仅可以提高企业经济效益，增强企业的市场竞争力，而且必将对国民经济信息化整体水平的提高和信息产业的发展产生重大而深远的影响，企业信息化可以作为促进企业各项工作全面提高的重要突破口。实质上是将企业的生产过程、物料移动、事务处理、现金流动、客户交互等业务过程数字化，通过各种信息系统网络加工生成新的信息资源，提供给各层次的人们洞悉，观察各类动态业务中的一切信息。以作为有利于生产要素组合优化的决策，使企业资源合理配置，以使企业能适应瞬息万变的市场经济竞争环境，求得最大的经济效益。

工程建设企业管理信息化是以信息化带动工业化，实现工程建设企业管理现代化的过程，它将现代信息技术与先进的管理理念相融合，转变企业生产方式、经营方式、业务流程、传统方式和组织方式，重新整合企业内外部资源，提高企业效益，增强企业竞争力。工程建设企业信息化是为达到企业目标而进行的一个过程，不是 IT 与经营管理简单的结合，而是相互融合和创新，它是一个动态系统和一个动态的管理过程。

施工企业信息化是指从工程项目规划、招标、概预算、施工组织设计、计划、合同、进度、竣工结算等整个过程中充分利用现代信息技术和信息资源，逐步提高工程项目集约化经营管理程度，使信息对工程项目的贡献达到较高水平的过程。施工企业信息化属于企业信息化范畴，是国家信息化的基础，是国家信息化的重要组成部分。

7.1.1.2 信息化管理的意义

目前，信息化产业革命正席卷全球，自从 20 世纪 90 年代初以来，广泛的计算机网络互联带来了新经济革命，世界正走进信息社会。各国都已深深感受到了信息化建设的必要性和紧迫性，信息化建设包括国家信息化建设、区域信息化建设、领域信息化建设、企业信息化建设等。

信息化支撑企业愿景与战略发展目标；促进组织结构优化，提高快速反应能力，最大提升企业的市场把握能力。信息化意义还在于可有效降低企业的管理成本和交易成本。促进企业提高管理水平，提高企业决策的科学性、正确性，提升企业人力资源素质。

7.1.2 国内外建设项目信息化管理现状

建筑业是我国国民经济的支柱产业，在改善城乡面貌和人民居住环境、增加就业机会、带动相关产业发展等方面发挥了重要作用，具有重大的经济效益。但同时也应看到，目前建筑业面临的巨大挑战。建筑行业市场开放度不高、信息化程度偏低，整个行业管理较粗放，使得工程质量安全、产业发展方式、工程建设效率和效益仍存在突出问题。中国正在经历有史以来最大的一次城镇化建设，利用信息技术，实现建筑业转型升级，降低社会总成本，提高社会总效率，已经迫在眉睫。BIM 技术以其计算、协同、共享、可视等能力，可以推动建筑业完成从粗放式管理向精细化管理的过渡，实现从各自为战向产业协同转变，这也是中国建筑业两化融合的必由之路。

7.1.2.1 国内建设项目信息化管理现状

我们国家建设项目管理信息系统总体上处于由分阶段（即规划、设计、施工、投产）、分流程（造价管理、财务管理、进度管理、质量管理、文档管理、材料设备管理等）的局部应用水平，到项目各阶段的信息和项目各管理流程信息之间实现数据交换和共享的集成应用的发展过程中。

项目管理软件的功能完备程度和应用效果并不成正比，从实际应用情况看，目前存在诸多问题，如软件引进不当、应用范围较窄、应用力度不够、应用缺乏规划和制度保障等。因此，国内项目管理软件应用成功的案例并不多，这其中有很多影响因素，如制度问题、对软件的理解问题、组织问题、人员问题、知识管理问题、数据管理问题等，阻碍了项目管理软件的深层次运用。

回顾和展望工程建设企业管理信息化发展历程，与以计算机软件硬件、通信技术为代表的信息技术的高速发展和广泛应用是分不开的。管理需要带动了工程建设企业管理信息技术发展。从 20 世纪 80 年代工程建设企业信息化起步，工程建设企业管理信息化发展可以归纳划分为：单项目管理、多项目管理信息化和项目管理集成化应用三个阶段。

虽然我国建筑企业的信息化技术开发应用在管理信息化和生产信息化方面都取得很大的进展，但也存在发展不平衡、应用效果差、大多数企业尚在观望等现象，主要问题有：

① 企业管理体制和运行程序难以适应信息化需求；
② 企业缺乏信息化发展的长期规划和中短期计划；
③ 企业信息化（人才、资金、编制）资源无法保障；
④ 片面要求信息化适应企业需求仍然是普遍现象；
⑤ 企业基础信息标准规范成为制约进一步发展的障碍；
⑥ 特级资质施工企业忙于实施应付信息化标准要求。

7.1.2.2 国外信息化的发展阶段

自电子计算机在 20 世纪 50 年代进行信息管理至今，国际上信息化发达的国家，例如美国，其信息系统的发展经历了以下四个阶段：

① 数据单项处理阶段：这是电子计算机应用于管理的低级阶段，这一阶段的计算机都是单用户使用，没有网络功能。

② 数据集中处理阶段：这一阶段的计算机具备了网络功能，但网络结构是主机系统结构，即一台主机带若干终端。

③ 数据共享管理阶段：从 20 世纪 70 年代初到现在的这个阶段中，信息系统的发展与通信网络技术、数据库技术、多媒体技术、虚拟实境技术等的发展密切相关，实现了信息的共享使用。

④ 数据自动管理阶段：自 20 世纪 70 年代末期，西方发达国家开始研制自动化管理系统，将企业管理与信息系统整合起来，例如可以实现施工过程与信息管理的同步进行。不同的企业，开始应用信息的时间有先有后、程度有高有低，但都有经历从不成熟到成熟的过程。

7.1.3 建设项目信息化管理的发展趋势

根据国内外建筑业企业信息化技术开发应用的考察和研究，提出了工程建设领域管理信息化和生产过程信息化技术是建筑企业与工程项目信息化技术开发应用的发展趋势，分析了国内施工企业信息化技术开发应用的现状和存在的问题，并从管理信息化和生产过程信息化两方面提出了建筑企业实施信息化建设的未来的工作重点和实施方法。

企业信息化的发展必然要实现"四化"，即信息化、集成化、网络化和智能化。

(1) 实现信息化

过去，企业的管理很大程度上要靠"人治"。决策靠"拍脑袋"。业务靠手工处理，数字化、精细化程度不够，导致管理效率和效果受到限制和影响。这些年来，信息化发展很快，将来的必然趋势是从传统的手工操作逐步实现全企业的数字化和信息化。

(2) 实现集成化

现在施工企业信息化建设中缺乏整体规划，各种信息系统应用彼此孤立，形成一个个"信息孤岛"，缺乏集成与整合。因此，企业应用集成（EAI）会是施工企业下一步应重点关注的问题。企业作为一个有机系统，需要其内部的各个部门、各个环节有机地集成起来。对于施工企业，总公司、项目部、业主、供应商等企业链在施工过程中，工程的招标、合同、计划、施工到竣工结算要紧密集成起来，需要从信息孤岛走向信息共享、从局部走向集成，实现包括企业内部和外部资源在内的全企业集成化管理。

（3）实现网络化

施工企业的施工地点具有地域分散等特点，总公司与项目部多数是远程的或跨地域的，为实现集成化，就需要实现网络化。特别是随着互联网的日益普及和性能提升，借助互联网提供的廉价和高效的通信手段可以让施工企业构筑起全国性的业务运作体系，实现业务的有效扩张。施工地点可以遍布国内甚至国外的许多地方，彼此的联系借助 PM 等软件，实现覆盖全国乃至全球的"数字神经网络"。

（4）实现智能化

借助于 PM 等信息系统除了实现传统的信息收集、加工整理以外，还要借助数据仓库与数据挖掘理论，从数据里面挖掘有价值的财富，辅助企业决策，让企业实现智能化。

任务 7.2　施工企业信息化核心管理思想

在过去多年时间里许多工程建设企业都不同程度地引进信息技术，例如组建网络、购买硬件、购买或开发软件等。但是大多数施工企业在信息化建设的道路上充满了坎坷，投入很大，许多软件没能很好地利用起来，信息系统项目成功的不多。不成功的原因固然有客观和主观等多方面，许多领导认为软件硬件网络的推广使用是技术问题，不是管理问题，而不能将信息系统与管理思想、管理理念有机地结合起来是失败的主要原因之一。

为提高信息系统推广实施的成功率，现在对施工企业推广实施信息系统时经常运用的管理思想和管理原理进行说明。

7.2.1　"两化融合"企业管理理念与信息系统有机融合

目前的施工企业，现代化的管理思想不断迸发，现代化的管理成果不断涌现。有些管理思想可能不需要信息系统支持，而有些管理思想则必须要信息系统辅助。反过来，当推广实施信息系统时，必须要考虑将先进的施工企业信息系统和新的管理思想有机地结合，只有这样，信息系统的推广实施方可成功，信息系统方可成为推动施工企业发展的原动力。

企业的管理思想是思维，是大脑的意识，企业的硬件网络是躯体，没有思维和意识的躯体是废物，不能完全体现思维的躯体是不健全的。总之，任何信息系统在施工企业的推广实施，都要不同程度地紧密结合管理，离开了管理的信息系统是不实用的，推广实施往往难以成功。例如，在施工企业推广实施 PM/MIS、PM、OA、电子商务等信息系统和 BIM 应用时，离开了企业决策者的管理思想和企业的管理制度，这些信息系统软件将难以实用，信息系统项目将难以成功。

7.2.2　各种理论模型和技术模型的应用

施工企业推广实施信息系统的根本目标之一是要提高企业的科学管理水平，而科学管理在强调管理工作的规范化和标准化的同时，强调广泛使用信息技术，强调提高管理的理论性，强调广泛应用各种数学等理论模型。例如，在施工企业信息化过程中，特别是在推广实施 BIM（建筑信息模型）、DSS（决策支持系统）、PM（企业资源计划）等信息系统时应广泛使用如下各种数学模型和其他理论模型。

(1) BIM 建筑信息模型

BIM（Building Information Model）——建筑信息模型，为工程设计领域带来了第二次革命，从二维图纸到三维设计和建造的革命。同时，对于整个建筑行业来说，建筑信息模型（BIM）也是一次真正的信息革命。所谓建筑信息模型（BIM），是指通过数字信息仿真模拟建筑物所具有的真实信息，在这里，信息的内涵不仅仅是几何形状描述的视觉信息，还包含大量的非几何信息，如材料的耐火等级、材料的传热系数、构件的造价、采购信息等。实际上，BIM 就是通过数字化技术，在计算机中建立一座虚拟建筑，一个建筑信息模型就是提供了一个单一的、完整一致的、逻辑的建筑信息库。

BIM 的技术核心是一个由计算机三维模型所形成的数据库，不仅包含了建筑师的设计信息，而且可以容纳从设计到建成使用，甚至是使用周期终结的全过程信息，并且各种信息始终是建立在一个三维模型数据库中。BIM 可以持续即时地提供项目设计范围、进度以及成本信息，这些信息完整可靠并且完全协调。BIM 能够在综合数字环境中保持信息不断更新并可提供访问，使建筑师、工程师、施工人员以及业主可以清楚全面地了解项目。这些信息在建筑设计、施工和管理的过程中能促使加快决策进度、提高决策质量，从而使项目质量提高，收益增加。

建筑信息模型在设计阶段带来的益处：BIM 使建筑师们抛弃了传统的二维图纸，不再苦于如何用传统的二维施工图来表达一个空间的三维复杂形态，从而极大地拓展了建筑师对建筑形态探索的可实施性，自由形态不再是电脑屏幕上的乌托邦想象。BIM 让建筑设计从二维走向了三维，并走向了数字化建造，这是建筑设计方法的一次重大转型。一些特殊的、复杂的工程，用二维是表达不清楚的，例如大家熟悉的 2008 年奥运会主体育场"鸟巢"，其外壳的巢型钢不是直的，而是曲线的，如果用二维图表达就非常困难。而使用基于 BIM 的软件系统，就可以直观地看到"鸟巢"的三维模型，甚至可以使用这个模型通过计算机直接加工那些异型钢构件而实现无纸化建造。基于 BIM 的三维模型不同于通常效果图的所谓三维模型，而是包含了材料信息、工艺设备信息、进度及成本信息等，它是一个完整的建筑信息。

BIM 使建筑、结构、给排水、空调、电气等各个专业基于同一个模型进行工作，从而使真正意义上的三维集成协同设计成为可能。在二维图纸时代，各个设备专业的管道综合是一个繁琐费时的工作，做得不好甚至经常引起施工中的反复变更。而 BIM 将整个设计整合到一个共享的建筑信息模型中，结构与设备、设备与设备间的冲突会直观地显现出来，工程师们可在三维模型中随意查看，且能准确查看可能存在问题的地方，并及时调整自己的设计，从而极大地避免了施工中的浪费。

BIM 使得设计修改更容易。只要对项目做出更改，由此产生的所有结果都会在整个项目中自动协调，各个视图中的平、立、剖面图自动修改。建筑信息模型提供的自动协调更改功能可以消除协调错误，提高工作整体质量，使得设计团队创建关键项目交付文件（例如可视化文档和管理机构审批文档）更加省时省力，再也不会出现平、立、剖面不一致之类的错误。

建筑信息模型在施工阶段带来的益处：在建筑生命周期的施工阶段，BIM 可以同步提供有关建筑质量、进度以及成本的信息。它可以方便地提供工程量清单、概预算、各阶段材料准备等施工过程中需要的信息，甚至可以帮助人们实现建筑构件的直接无纸化加工建造。利用建筑信息模型，可以实现整个施工周期的可视化模拟与可视化管理。建筑信息模型可以帮助施工人员促进建筑的量化，以进行评估和工程估价，并生成最新评估与施工规划。施工人员可以迅速为业主制订展示场地使用情况或更新调整情况的规划，从而和业主进行沟通，将施工过程对业主的运营和人员的影响降到最低。建筑信息模型还能提高文档质量，改善施工规划，从而节省施工中在过程与管理问题上投入的时间与资金。最终结果就是，能将业主更多的施工资金投入到建筑，而不是行政和管理中。

(2) 运筹学模型

运筹学有"运筹于帷幄之中，决胜于千里之外"之意，是管理科学的一部分，也有不少人把它当成狭义的管理科学。运筹学用了大量的数学方法，但它不是数学。对运筹学的定义有多种，运筹学应用于不同的领域，其定义往往不尽相同。在施工企业的信息系统中，应理解为它是适用于系统内资源合理配置等诸多方面，实现最佳运行、实现高效率和低成本的管理方法和技术，运筹学的模型有规划模型、预测模型、决策模型、模拟模型、搜索模型、库存模型、排队模型、路线模型、运输模型及混合模型等。这些模型可以不同程度地应用到施工企业的信息系统中，以提高企业的科学管理水平。

(3) 经济学模型

经济学模型同样可以广泛应用于施工企业信息系统中。例如，可用成本控制理论来降低施工企业的生产和经营成本，通过需求理论来分析施工企业市场的变化情况等。除此之外，经济学中的资本预算、生产理论、投入产出、经济预测、回归技术等理论和模型可以不同程度地应用于 DSS、PM 等信息系统软件当中。

(4) 统计学模型

任何企业都离不开统计学的应用，特别是现代社会广泛应用信息系统，许多复杂的统计汇总可以方便地实现。通过信息系统软件的报表打印功能可以方便地实现年终的年报表、月底的月报表等汇总打印工作。例如可以方便地统计诸如施工企业投标的成功率、质量的合格率等统计量。

统计学的统计方法有多种，例如基本的统计方法有：

① 描述中心趋势的统计量，如算术平均值、中值、众数等；

② 描述离散程度的统计量，如极差、标准差、方差等；

③ 偏度与峰度的统计等。

除了基本的统计方法外还有回归分析、方差分析、相关分析、因子分析、判别分析、参数估计、假设检验（包括参数检验、非参数检验及其他检验）、聚类分析、可靠性分析等。这些统计方法可以不同程度地应用到施工企业的信息系统软件中，特别是应用到决策支持系统软件中。

7.2.3 企业链和价值链资源综合管理

在知识经济时代仅靠自己企业的资源不利于有效地参与市场竞争，还必须把经营过程中的有关各方如兄弟单位、分包商、供应商、监理单位、客户等纳入一个紧密的企业链和价值链中，施工企业与他们的关系应是一种利益合作的伙伴关系，而不是简单的业务往来关系。特别是通过兄弟施工企业的联盟等合作方式，组建更具有市场竞争能力的企业链，以这种企业链的方式参与市场竞争，可以取得市场竞争的优势和主动权。

以企业链方式参与市场竞争，在实施诸如 PM 等企业信息系统软件时，就必须要考虑对整个企业链资源进行管理。只有这样，才能有效地安排企业的施工活动，满足企业利用企业链一切市场资源快速高效地进行生产经营的需求，以期进一步提高效率和在市场上获得竞争优势。换句话说，现代企业竞争不是单一企业与单一企业之间的竞争，而是一个企业链或价值链与另一个企业链或价值链之间的竞争。PM 等信息系统可以实现对整个企业链或价值链的管理，适应了企业在知识经济时代市场竞争的需要。企业价值链如图 7-1 所示。

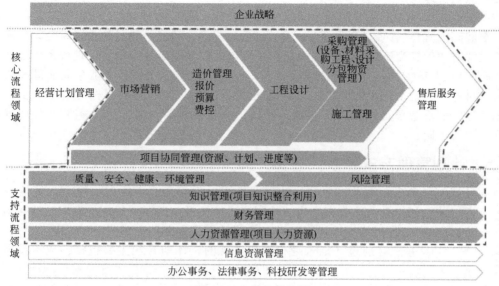

图 7-1 企业价值链图

7.2.4 企业"目标管理"的思想

在施工企业大力推广实施 MIS、PM、OA 等信息系统，通过全体职工的努力，改变传统管理模式，以"零"为目标，向"零"进军，最终实现目标为"零"的理想境界和极限状态。如某施工企业基于信息系统的管理现代化成果策划时，提出应该实现"五项指标"的管理目标。

(1) 信息管理

施工企业的特点是人员、机械布局分散，往往总公司在大都市，而分/子公司或项目部可能分散在很远的甚至是偏僻的地方；参与国际竞争的施工企业，某些分/子公司或项目部分布在国外。若要将它们有机地联系起来，实现信息的实时共享、实现远程数据录入、远程数据查询、远程报表打印，必须利用现代信息技术，如利用 Internet 技术，实现总公司、分/子公司、各个项目部之间在信息传递方面的零距离管理。

(2) 施工管理

在施工前，通过借助重大技术方案管理信息系统来加强施工方案预控，采用安全性高的技术方案；在施工过程中，通过借助安监管理等信息系统来加强项目部的安监管理、加强施工过程中安全的监控。总之，通过推广实施信息系统软件，达到提高管理水平、实现施工管理"零事故"的目标。

(3) 质量管理

施工企业的质量是企业的生命，在充分发挥监理公司作用的同时，需要加强质量管理信息系统的推广实施，加强施工过程中质量的监控，达到质量管理"零缺陷"的目标。

(4) 物资管理

国外一些企业通过推广实施 PM 信息系统，声称实现了物资管理的"零库存"；而在国内有些人说施工企业的物资管理是不可能实现"零库存"的。确实施工企业的信息化程度还很低，难以与国外相比，但通过大力推广物资管理、PM 等信息系统，当与供应商建立了充分的利益共享和信息共享机制后，可以认为施工企业的库存量会大量降低，向"零库存"逼近。

(5) 服务管理

施工企业在推广信息系统的同时，通过加强管理，逐步实现施工管理"零事故"、质量管理"零缺陷"、信息管理"零距离"。施工企业与业主之间的矛盾虽然难以避免，但通过与业主建立实时的信息交流机制，许多问题和矛盾可以消除在萌芽当中，实现服务管理"零投诉"。综合以上五项指标，各个管理领域实现"五零"的目标，各个施工企业的进展情况不同。有的目标一些施工企业已经实现，如信息管理"零距离"；有的目标可能永远是"向零点无限逼近"的理想值，难以真正实现，例如物资管理"零库存"。"五零"的实现难度不同、实现程度不同。

7.2.5 计划管理方式体系

事先计划与事中控制的思想是项目管理的思想。施工企业在推广实施 PM 等信息系统时，要有完善的计划体系，并要有严格的控制和考核体系，以保证目标的实现。针对施工企业，"事先计划、事中控制和事后评价"具有如下特定的含义。

① 事先计划。主要是通过计划管理模块来体现的，计划管理主要包括：成本计划、人力资源需求计划、设备需求计划、材料需求计划、采购计划、施工进度计划等。计划是下一步控制和评价的基础，要将计划控制、评价完全集成到整个施工过程。对于不同的项目，其计划编制的内容、计划的目标体系不同，计划一旦制订，将上下沟通，保存起来，作为将来事中控制、事后评价的主要依据。

② 事中控制。是在项目实施过程中对施工方案实施预控、对目标成本实施严控、对施工过程实施监控。通过加强总公司对项目部的监管；通过广泛使用工程过程（进度控制）、经济分析（成本控制）、合同管理、物资采购、物资仓储、资产经营、资产管理、安监等管理系统，加强过程化管理，以便有效地配置人、材、物等资源，实现计划目标，避免浪费，提高效益。

③ 事后评价。设置成本、进度、资源利用、安全、质量等方面的评价指标通过实际值与计划值的对比分析，对施工项目实施评价。主要是指在项目结束后，依据原先的计划数据和实施过程中的实际数据，对项目进行综合的、全面的考核与评价。评价的结果将直接与项目部的职工收入分配挂钩。

④ 竣工归档。项目竣工后，工程资料进入相关档案。

7.2.6 "计划实施检查处理"的管理思想

信息系统的建立与应用是一个不断完善和不断更新的动态管理过程。随着信息技术的发展和企业总体战略目标的变化，信息系统需要持续改进。为满足行业发展和企业发展的需求，使信息系统持续发挥效用，在信息化建设及实施过程中需要运用 PDCA 持续改进管理思想。

① P 是计划（Plan）：提出建设企业信息系统的构想或规划，制订建设方案及实施计划。

② D 是实施（Do）：编制信息系统标准流程，在全企业范围内推广使用信息系统。

③ C 是检查（Check）：通过实践来检验信息系统的成效，并检查信息系统流程是否正确、完善。

④ A 是处理（Action）：针对实际应用中信息系统流程的不足，及时收集反馈信息，并组织软件开发人员进行改进。然后继续进入下一轮循环中，以达到持续改进目标。

将整个系统分为建设阶段和实施阶段，又有两个次层面的 PDCA 循环，这两个阶段还可以继续细分，直至最细小的环节，每个阶段、每个环节都坚持 PDCA 循环。通过计划、实施、检查、处理四个步骤，确立目标，寻找并选择解决办法，实施解决办法，测量、验证、评价实施的结果，处理不足和缺陷，持续改进。

PDCA 四个阶段连接起来进行持续或循环运作，对这次循环中尚未解决的问题转入下一次循环去解决，并为下一个 PDCA 循环制订计划提供依据，其持续改进或循环运作过程，这样不断地循环往复，周而复始，使管理工作不断完善，使管理水平螺旋上升，使事物持续发展，由此达到企业的信息管理目标。不但应将 PDCA 循环法应用于信息管理，还应将 PDCA 循环法应用于施工管理、质量管理、安监管理、工程进度管理、服务管理等方面，不断提升管理水平。

7.2.7 精细化的管理思想

精细化施工是一种施工企业经营战略体系，即施工企业组织施工时，通过加强管理，最大限度地避免浪费，加强人、材、物的管理，精心设计施工技术方案，达到无浪费、无伤亡、低成本、高效益。

精细化施工的核心思想就是消灭故障、消除一切浪费，向零事故、零缺陷、零库存、零投诉进军。要做到精细化施工，没有施工企业 PM 等信息系统的支持是难以实现的。在指导思想上，要保证质量和施工安全、注重保护环境，在此前提下，有机协调工期与成本的关系，通过人员、机械设备、材料等资源的有效配置，做到控制成本时心中有数、保证盈利；做到控制进度时实时对比，保证不延期；做到材料设备等物资管理时精准、低库存、不浪费；最终达到低成本、高效益的目标。

精细化与"粗放"相对，精细化施工与粗放施工、粗放经营相对。对于具体的某施工企业，通过投标承担某施工项目，一般来说利润并不可观。讲求精细化施工就是要挖掘内部潜力，加强价值链的管理，利用尽可能"精简"的设备资源，利用"够用"的人力资源，借助于 PM 等信息系统的辅助管理，与粗放施工相比，可能只需要一半的劳动强度、一半的设备投资，实现按计划的施工工期、库存的大量减少、浪费的大量减少和利润的适量增加。两者的最大区别在于它们的最终目标上：粗放施工强调"足够"多的设备和人力资源，强调"足够"多的库存，因此总是存在着浪费；而精细化施工则追求适时、适量、精准、高效，追求过程化管理下的低成本和高效益。

总之，借助 IT 技术的飞速发展与应用，BIM、PM、MIS、PM、OA 等信息系统得以将很多先进的管理思想变成现实中可实施应用的计算机软件系统。

7.2.8 目标或结构层层分解的管理思想

(1) 目标层层分解的管理思想 (NBS)

任何施工企业基本上都是按照工程项目的管理方式来运作的，任何项目在实施以前都需要编制计划，编制计划首先要确定项目的目标，如何实现项目的目标（例如降低成本、提高效益）一直是施工企业多年来研究探讨的问题。

所谓目标层层分解的管理思想，就是在实现企业或项目效益最大化的总目标时，运用目标管理的层层分解原理，将具体目标分解到信息管理、施工管理、质量管理、物资管理、服务管理等方面，实现零距离、零事故、零缺陷、零库存、零投诉。"五零"目标是企业总目标的具体体现和分解，不单是分解到部门，同时要分解到每一个职工、每一个岗位。在实现目标的过程中要有阶段性的定量考核，从而有利于总目标的实现。

(2) 结构化管理思想

结构化方法本身是信息系统软件开发的方法之一，但结构化方法的基本思想可以应用到许多方面，可以上升到管理的高度。例如在施工企业信息系统自始至终的实施过程中许多方面可以运用结构化的管理思想。

第一,结构化管理思想注重阶段的划分,强调生命周期。例如将信息系统的开发项目从时间顺序上严格区分为不同的工作阶段,每个阶段有明确的任务和应实现的目标。

第二,结构化管理思想运用系统的观点采用自顶向下层层分解和逐步实现的方法。例如,对施工企业信息系统 PM 软件的划分,从大的方面可分为计划经营、市场开发、工程项目、资产经营、物资经营等多个管理系统,而每个管理系统又可以进一步分为多个子系统。例如,市场开发管理系统包括投标管理、总包合同管理、工程造价管理、公共关系管理等多个子系统。每个子系统在功能上相对独立,但它们所用的数据应高度共享。

第三,结构化管理思想强调标准化、规范化。例如,在施工企业信息系统建设的过程中,所形成的各种文档资料要分类保存、归档管理,实现信息化管理工作的标准化和规范化。

任务 7.3　工程建设项目信息化技术

7.3.1　建筑企业信息化技术应用重点

(1) 管理信息化技术

① 切实可行的信息化发展规划或计划是建筑企业信息化实施的依据,没有这个依据,企业信息化就没有目标,更无法使信息化技术服务于企业的发展战略。

BIM 应用项目

② 企业信息标准和基础信息编码是走向建筑企业管理信息系统集成、实现协同工作与协同管理的基础,没有这些标准和编码系统,原有的系统中的数据资料无法集成后有序共享,深入的数据挖掘无法进行。

③ 人力资源、财务资金、物资资料管理信息系统仍然是实施建筑企业管理信息化的核心,即使提出以财务资金为核心,在财务资金管理信息系统中也必须处理好人、财、物这些企业的核心资源。

④ 工程项目管理信息系统是实施建筑企业管理信息化的重点。对建筑企业来说,没有工程项目就没有企业;没有项目管理信息化,就没有企业管理信息化。因此建筑企业管理信息化的重点在于工程项目的管理信息化。

⑤ 企业协同管理/工作平台的实施是建筑企业信息化的首要任务,企业信息化技术发展到现在,已经走过了单独开发应用单个业务处理系统的阶段,现在的管理信息系统甚至 PM 的实施开发应用都应当建立在协同管理/工作平台上,因为现在的管理信息系统或 PM 功能复杂,用户面广、系统安全要求高,这就要求必须有强大的平台进行系统和用户的管理,这些功能靠管理信息系统本身是无法实现的,另外协同平台还提供了强大的日常办公、资料文件处理功能,并向用户提供简单业务流程处理需求的自定制工具,企业实施了协同平台,解决了企业和项目管理的一大部分需求。因此企业要将协同平台的建设作为企业信息化技术应用的首要任务。

(2) 生产过程信息化技术

BIM 技术的实施必须是全系统的应用,方能实现 BIM 价值的最大化。因此,企业的 BIM 应用不能是局部实施,应以政府投资工程建设项目的全员、全专业、全过程建设和管理为总体目标。

① 政府工程项目的本质是公共服务产品。因此,企业 BIM 技术应用的总体实施应满足全面管控政府投资工程建设项目的品质、成本、工期和效率的根本诉求。通过 BIM 精确算量、算价,有利于实现投资成本的精确控制;利用 BIM 技术的过程模拟实现对施工进度的有效

掌控；基于 BIM 技术的协同管理优势，可以保证企业工程项目管理效率的大幅提高。

② 将虚拟施工技术作为增强企业竞争能力及设计和施工现代化的重要工具。

③ 充分认识 GPS 等信息化新技术在建筑施工中的重要作用。

④ 设计企业应在协同设计上下工夫，实现协同设计是我国工程设计信息化技术的目标。

7.3.2 信息化技术开发应用的实施方式

(1) 在建筑企业管理信息化实施方式或方法上

① 建立以协同管理/工作平台为支撑、以人力资源集中管理、财务资金集中控制、物资材料集中采购为目标的集约化建筑企业管理信息化实施模型。

② 实施以财务资金管理为核心、以合约管理为主线的建筑企业与项目管理信息系统。

③ 采用以"流程""活动""角色"三要素为互动的信息化处理技术。

④ 编制以企业数据共享为基础的建筑企业信息标准和基础信息编码系统。

⑤ 形成以支持企业发展战略为目标的企业决策支持或 BI 系统。

(2) 在建筑企业生产过程信息化技术实施方式上

① 建立以协同管理/工作平台为支撑、以实现企业协同管理和协同设计为目标的现代设计业务信息化实施模型，突破信息化协同设计与管理瓶颈。

② 建立企业设计与施工生产用标准模板和知识数据库。

③ 依据企业实力和项目目标推进虚拟现实技术的开发或应用。

任务 7.4　企业信息化建设与应用实践

建筑业 2016～2020 年信息化发展纲要指出：在"十三五"期间，要基本实现建筑企业信息系统的普及应用，要加快建筑信息模型、基于网络的协同办公等新技术在工程中的应用，以此来推动信息化标准建设，促进具有自主知识产权软件的产业化，最终形成一批信息技术应用达到国际先进水平的建筑施工企业。

7.4.1　工程建设项目信息化管理系统

施工企业信息包括信息的类型、生命周期、流程和集成；施工企业信息系统包括系统的多元模型与层次结构、功能结构、网络结构、混合结构、软件结构和企业间信息集成与应用整合逻辑结构等内容。还包括施工企业信息系统的基础，特别是信息系统的结构部分，技术含量高，可以称其为技术支撑。

7.4.1.1　施工企业的信息及其管理

(1) 施工企业信息内容

究竟什么是信息，不同的企业或领域有不同的理解和不同的定义，据有关文献统计，世界上对信息的定义有数百种。对于施工企业，信息的所处领域主要是工程项目，对于工程项目而言，信息、数据、消息具有如下的含义及相互关系：

信息是经过提炼、筛选、分析和处理后的数据，并赋予一定意义。信息来自数据，又揭示了数据的性质和内涵。信息反映客观事物的本质、状态和规律。信息是一种资源（三大资源之一）。信息是可以通信的，信息可以形成知识。数据是一组表示数量、行动和目标的非随机的可鉴别的符号，广义上的数据可以是数字、文字、语言、声音、图形、图像等形式。数据有原始数据和加工整理以后的数据之分，无论是原始数据还是加工整理以后的数据，经人的解释即赋给一定的意义后，才能成为信息。这就是说，数据与信息既有联系又有区别，信息虽然用数据表达，信息的载体是数据，数据是信息的原料，但任意的数据不能称为信息。信息与消息的区别在于：消息是关于人和事物情况的报道，它缺乏真实性与准确性，不能反映客观事物的状态和规律。在施工企业的信息管理中，进入数据库的所有数据应是具有真实性的信息，而不是消息。

（2）施工企业信息的基本属性

了解信息的基本属性，有助于深刻理解信息含义和充分利用信息资源，以便做好信息管理工作。

① 真实性：由于信息反映客观事物的本质及其内在联系，真实和准确是信息的根本属性，缺乏这两种属性，不能成为信息。

② 系统性：信息随着时间在不断地变化和扩充。在任何时候，任何信息都是信息源中有机整体的一部分；脱离整体与系统观点而孤立存在的信息，不能认为是真正的信息。例如，某一工程项目的信息包括招投标信息、合同信息、进度信息、成本信息等，彼此之间在范围、时间等方面构成一个有机整体，相互矛盾是不允许的。

③ 时效性：由于信息随着时间在日新月异地变化，新出现的信息必然部分或全部地取代原有的信息，从取代之日起，原有的信息将成为历史，备份在计算机存储器中，以便将来使用。例如：工程项目管理中投资、进度等目标的调整，致使合同发生变更，变更后的合同成为正在履行的合同，而原有的合同备份起来备查。

④ 不完全性：由于人的感官以及各种测试手段的局限性，对信息资源的开发和识别难以做到全面；对信息的收集、转换、加工整理和利用不可避免有主观因素存在，这就存在不完全性的一面。例如，在工程项目的监理工作中，往往让具有多年工程施工经验的技术人员从事监理工作，以便及时准确地掌握工程质量信息。这里，利用了工作经验来避免质量监控中的不完全性信息。

⑤ 其他属性：信息的基本属性除了上述几种以外，还有等级性、增殖性、可压缩性、扩散性、转换性等。

7.4.1.2 施工企业信息的类型

施工企业在施工过程中，涉及大量的信息，这些信息依据不同的标准可以分为不同类型。

（1）按照施工企业职能和工作内容分类

按照施工企业职能和工作内容的不同，可以分为如下类型。

① 工程信息：包括工程概况、业主单位信息、设计单位信息、产权单位信息、规划批准单位信息、监理单位信息、监督单位信息、使用单位信息等。

② 项目管理信息：包括组织机构、职责分工、项目人力资源、项目设备、管理目标等信息。

③ 合同管理信息：包括合同正文、合同概况、合同付款、合同变更、合同转让、合同解除、合同终止、合同违约、合同索赔、合同归档等信息。

④ 投标管理信息：包括市场信息管理（市场信息收集、评审、跟踪等）、标书编制、标书范本和素材、标书的编制、中标率和投标率等信息。

⑤ 质量管理信息：包括质量目标、质量计划、质量管理机构、质量检查记录、质量月年报表、质量回访、单位工程质量评定、顾客满意度调查等信息。

⑥ 安监管理信息：包括安全管理目标及目标分解图、安全保证计划、安全保证措施、安全组织结构、安全保证体系、安全检查记录、上级检查记录、安全状况评价等信息。

⑦ 工期管理信息：包括工期目标（开、竣工日期）、主要工期控制点、关键工期、施工周（月）进度管理等信息。

⑧ 物资采购管理信息：包括合格供应商名录、物资需用计划（包括工地需求计划、项

目部需求计划、物资部采购计划汇总等)、采购管理(包括供应商评价与选择、供应商变更、合同管理、采购资金使用计划等)等信息。

⑨ 物资仓储管理信息：包括物资到货验收、物资发放与跟踪、库存管理、项目预算单价、物资分类档案、物资编码档案、物资收入类型档案、物资支出类型档案、仓库档案等信息。

⑩ 资产管理信息：包括固定资产的购置、验收、入库、维修、处理、减少等业务的管理信息；固定资产的租赁、原值变动、折旧、合同管理等业务的管理信息。

⑪ 重大技术方案管理信息：包括方案名称、方案正文、方案管理和技术方案测评等信息。

⑫ 财务管理信息：包括综合经济指标、项目责任成本表、月度项目成本核算表、工程款回收管理、分包工程款管理等信息。

⑬ 工程造价信息：包括相似工程量分析、相似工程费用分析、工程造价管理中的人工材料机械等；概算、预算、结算工程量的人工、材料、机械台班等比较信息。

⑭ 专业分包管理信息：包括专业分包单位评价及有关情况、分包单位承担范围及部位和工程量等、分包单位各岗位持证情况等信息。

⑮ 科技管理信息：包括科技领导小组、科技应用计划、施工组织设计、科技进步应用进度管理、科技成果总结等信息。

⑯ 环境管理信息：包括环境管理目标、环境管理文件清单、环境管理方案、环境管理工作检查记录、其他上级检查记录、施工现场应急准备和相应报告等信息。

(2) 按照标准分类

按信息的来源：可以分为企业内部信息和企业外部信息。

按信息源的性质：可以分为数据、文字、语音、图像等信息。

按信息的载体：可以分为纸、磁、光、生物等介质的信息。

按信息的状态：可以分为静态信息、动态信息。

按信息的稳定程度：可以分为固定信息、变动信息。

按信息的层次：可以分为高层战略信息、中层管理信息、基层业务信息。

按信息服务的单位：可以分为业主、监理、设计、用户等信息。

按信息的真实性程度：可以分为客观信息、主观信息、无用信息等。

7.4.1.3 施工企业信息的生命周期

(1) 信息的收集

在施工企业推广实施信息系统，关键的环节之一是要收集企业的各种信息。施工企业信息的收集首先要对信息进行识别和分类，收集的方式有多种，例如可以通过座谈、采访、调查表、文件、开会、互联网等方式来收集信息。根据时间的紧迫程度和重要程度，可以有专项收集、随机积累等方式。信息收集时要考虑信息的维数，做到全面、避免遗漏。例如从层次维、时间维、地点维来考虑，增加信息搜集的全面性。

从层次维考虑，信息的收集有自下而上或自上而下等方式。从时间维考虑，要收集从过去的信息到现在的信息，乃至于到将来预测的信息。从地点维考虑，要收集本单位信息、业主信息、设计单位信息、监理公司信息、供应商信息、竞争对手信息等。收集到的信息，其表达形式有多种，例如，广义上的信息可以通过文字、数字、图表、图像、声音等方式表达。在信息搜集的过程中，应将信息直接进入计算机存储器，最好进入计算机数据库，便于查询、统计和使用。尽量不要采用纸张方式保存信息。

(2) 信息的加工整理

信息是通过数据来表达的，数据是信息的原料，任何数据只有经过加工整理并赋予一定的意义后方可成为信息。信息的加工整理一般要用到数据库,大的系统还有可能用到方法库和模型库,以实现信息的深度加工,达到决策支持的程度。

(3) 信息的储存

在目前条件下,信息以计算机存储器为主,尽量避免纸张保存数据,因为纸张保存数据查询不方便、统计汇总不方便,极大地降低了信息的价值。对于目前中国的施工企业而言,大量的信息需要保存在大容量的计算机存储器中。当需要永久保存时,有时保存在光盘中。信息通过计算机保存时往往采用固定的数据结构格式,以便于查询和统计。因此,信息往往以数据库的方式保存。

目前,施工企业应逐步构建以 SQL Server 或 Oracle 为数据库管理系统的中央数据库,实现文本、Web 数据、图形、图像、声音等多媒体信息的储存。同时,作为补充,桌面型数据库还有一定的用武之地。

(4) 信息的传输

在目前,信息的传输主要采用计算机网络,包括互联网、企业内部网和企业外部网等。通过计算机网络传输信息的速度是特别快的,极大地提高了信息的传输效率,从而也提高了信息的价值。例如,施工企业的总公司与项目部的距离可能远达几千千米,但当通过 Internet 传输数据时,却感觉不出远近之分。

(5) 信息的维护

信息需要不断维护,永远无用的信息要及时淘汰,新的信息要及时纳入,以保证信息的准确、及时、安全和保密。

(6) 信息的使用

信息收集、加工整理、储存、传输和维护的目的就是信息的使用,只有通过信息的使用,信息的价值才能表现出来。

7.4.2 建设项目管理体系的建设和实践

7.4.2.1 施工企业信息化建设

(1) 信息化建设方案简介

施工企业属于传统产业,用信息化等高新技术改造传统产业,是传统产业持续发展的必由之路,是施工企业实现跨越式发展的重要途径。通过管理创新和运用信息技术,可以改造和提升施工企业技术手段和生产组织方式,解决企业基础管理中许多过去无法解决的难题,实现企业管理信息资源的共享,实现企业管理的集成化、优化管理流程,以信息化带动公司的发展和产业升级,提高施工企业经营管理水平和核心竞争能力。为施工企业提供最切合企业特色和自身需要的信息化解决方案,并为企业量身定制解决方案的管理信息系统。施工企业核心业务全过程管理如图 7-2 所示。

覆盖工程项目管理全部管理要素:

全面性——涵盖企业各方面需要:对外宣传、信息交流、协同工作、自动化办公、业务管理、辅助决策。

集成性——为客户的多种业务需求、现有的软件系统、硬件设备(远程监控、收集短信等)提供一体化的集成方案。

适合性——以企业的核心业务(项目管理)出发的业务方案设计,根据项目管理模式设计信息化解决方案,最贴合施工企业的需要。

灵活性——根据企业的管理特色可量身定制,既通过信息化规范企业管理,又充分体现企业管理特色。

模块 7 工程建设项目信息化管理

客户获取	竞标/签约	管理策划	施工	项目竣工	竣工后服务
客户关系管理 信息收集 客户评价 机会分析 业务承揽 投标决定	预审资料准备 标书制作 投标定价 询价 合同谈判 合同签订 投标分析	人员与组织 合同交底 目标责任落实 技术方案 进度计划 资源计划 质量安全措施 现场管理计划 施工计划规划	合同管理 进度管理 成本管理 资源管理 质安环保管理 技术管理 风险管理 变更控制 结算与收付管理	分项验收 竣工验收 竣工决算 工程移交 合同终结 项目遣返 项目总结	保修回访计划 质量反馈 工程维修维护 客户回访 保质金回收

图 7-2 施工企业核心业务全过程管理

（2）系统业务架构

系统在逻辑结构设计上分为：决策层、管理层和执行层。通过业务规则和工作流自动驱动业务管理，实现每条业务线通、业务线与业务线通。通过数据层层挖掘和钻取实现对数据的实时查询和掌握。从而全方位打通三个层面传统管理模式下的沟通壁垒，使企业纵向和横向间信息流动顺畅，沟通无阻。

（3）系统整体规划方案

施工企业信息化整体解决方案，融合国内外先进的管理思想和理论体系，采用面向自主研发的平台，基于流程驱动，以项目管理为核心，以成本管理为主线，以运营管理为支撑，实现施工企业业务流程系统化、规范化、科学化，提高企业各层综合管理能力和水平，从而提高企业的经济效益和核心竞争力，实现企业战略目标。

① 系统整体规划目标。以项目管理为核心，以成本控制为主线，基于作业过程的精细化管理，紧扣施工企业的主营业务；实现管理层与作业层分离，项目级和企业级有统一的平台，层间业务流转实现互动。企业和项目级管理信息系统如图 7-3 所示。

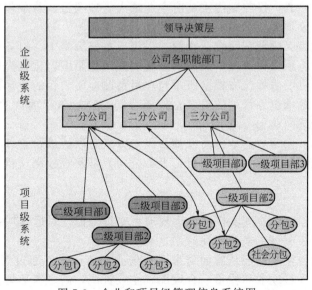

图 7-3 企业和项目级管理信息系统图

② 多种管理模式下专业管理系统。不同管理模式下的功能框架图如图 7-4 所示。

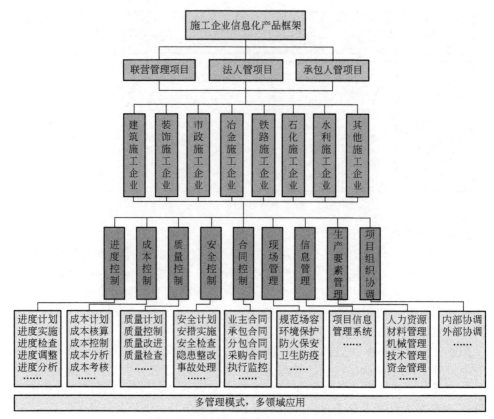

图 7-4 不同管理模式下的功能框架图

施工企业的管理重点在于项目管理,建筑类企业项目管理普遍具有项目实施分散化、项目管理多元化和项目控制繁杂化等特点,项目管理主要采用以进度为主线、合同为约束、成本控制为目标的管理模式,目前国内主要有企业法人管理项目、总承包方管理项目、承包人管理项目的三种项目管理模型。

企业法人管理项目:合理利用企业资源,采用成本核算集中、财务管理集中、物资管理集中、人力资源集中、项目资源统一调配的管理模式,也是国内比较先进的管理模式。

总承包方管理项目:总承包方根据所承包项目情况,将项目的全部或部分工程分包给具有相应资质的企业,总承包方管理的重点是按照合同约定对工程项目的质量、安全、工期、造价等进行管理,最终向业主负责。

承包人管理项目:作为专业承包商或项目承包方来对项目进行管理。项目部的权利和职责大,对项目的管理控制主要集中在项目部上,公司只是宏观控制项目部的业务。企业集成管控如图 7-5 所示。

③ 系统目标。

a. 通过系统对远程项目的进度控制,远程项目变得可控,对远程项目的各项管理不再只是凭经验甚至是拍脑袋制订出来的定性计划。

b. 信息化系统建设使企业能从容面对来自市场的竞争压力,通过管理创新和技术创新,严格控制项目进度、项目成本和质量。合理配置企业资源,满足新形势市场条件下企业管理的要求。

c. 实现协同工作。通过将业务处理标准化和工程管理核心流程最优化,建立了符合国内施工企业的先进的管理理念和模式的动态管理系统,达到了过程控制、动态管理、信息共享

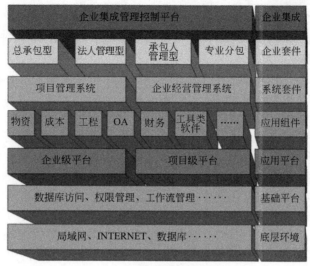

图 7-5　企业集成管控平台架构图

和自动传递的目的，消除了信息孤岛，实现了企业操作层、运营层、决策层在统一的信息平台上协同工作及分层次应用。

④ 控制过程。项目管理整体设计遵循以业务为核心、进度为主线、合同为约束、成本控制为目标的管理模式，主要完成"四控四管一协调"的工作，即过程四项控制（进度控制、成本控制、质量控制、安全控制）和四项管理（合同管理、现场管理、信息管理、生产要素管理）以及项目组织协调的工作。同时针对项目管理的每一过程遵循计划、实施、检查、处理的管理思路，形成计划—实施—检查处理的闭路循环。

⑤ 设计依据。按照国际和国家的相应标准，结合我国国情和企业的实际管理需要，遵循施工项目管理科学化、规范化、法制化的原则，与国际惯例接轨。

《建设工程项目管理规范》国内外先进的管理模式 ISO9000 质量管理体系，ISO14000 环境管理体系，OHSAS18001 职业安全卫生管理体系。

⑥ 宏观规划。在系统设计时，结合施工的企业管理现状并结合有关规范、管理目标、信息化要求进行优化组合，是以建筑项目整个生命周期为基础，涵盖了从投标分析、施工管理到企业效益控制、企业信誉保障的全过程动态管理。

系统设计根据施工企业的管理特点，充分体现扁平化的管理特征，两层规划整体实施，实现企业层和项目层业务处理的无缝结合。

公司级：侧重于公司相关业务的处理以及对所属项目的管理监控、审批审核、指令下达、作业指导和工作协调等。

项目级：侧重的是项目的具体业务。是对各项具体业务的深入化、细致化的管理，完成项目整体从面到点的管理与控制。

功能规划特点是：

两层分离：管理层与作业层分离。

三层体系：企业经营决策层，项目部管理层，劳务、专业公司作业层。

⑦ 系统特色。

a. 统一规划，整体部署。系统设计在集成平台上得到统一规划和部署，在信息共享的基础上，信息平台提供了一个统一标准，解决了由于标准不统一而造成的重复投入、资源浪费的问题。

b. 突出重点，讲求实效。重点解决施工企业经营管理和工程项目管理的核心业务内容，紧扣项目管理中企业管理层和项目管理层对项目的"四控四管一协调"（四控：进度控制、成本控制、质量控制、安全控制；四管：信息管理、合同管理、现场管理、生产要素管理；一协调：项目组织协调的工作）。

c. 优化管理，提升层次。结合"法人管项目"的优化管理模式，前瞻性地考虑了施工企业的发展和业务优化的方向，抓住项目管理的主线路和科学的管理理念，逐步实施"合同、资金、物资管理'三集中'"。

d. 有机结合，紧密集成。系统功能在各层面之间是有机结合、紧密关联的。

e. 统计汇总，及时有效。管理信息的汇总、统计、上报等都在同一系统中完成，确保项目管理有关信息及时、有效（信息上传）。

f. 信息共享，协同工作。领导层及管理层在项目管理中需要下达的信息可以在网络中方便、及时、准确地下达给相关管理人员（信息下达）；信息平台提供的协同工作功能为需要密切协作的决策层、管理层、项目部工作层各层之间提供畅通的沟通协作渠道。

g. 数据挖掘，决策支持。信息平台运用数据仓库技术、知识库技术和模糊计算等技术，对其中存储的大量管理数据进行累积效应和关联关系的深入挖掘，以达到支持管理决策的作用。

h. 流程定制，科学规范。企业管理的组成本身就是流程的实现过程，将各个管理环节用管理系统贯穿起来达到信息的流转和数据的交互。系统将提供可以灵活定制和调整流程的工具。可以自由定义和满足各种管理业务的需要。

i. 异地管理，远程监控。各个项目工地与公司联网，进行网上协同作业。

7.4.2.2 工程项目信息化系统的实施

任何事物都有产生、发展、成熟、消亡或更新的过程，信息系统也不例外。任何一个信息系统从开发到使用过程中随着其生存环境的变化，都需要不断维护、修改，当它不再适应的时候就要被淘汰，而由新系统代替老系统，这种周期循环称为信息系统的生命周期。施工企业信息系统从建立领导小组到信息系统软件维护是一个完整周期。施工企业信息系统开发的实施步骤和流程如下：

① 组织方面：建立信息化领导小组和规划实施组。
② 编写企业信息化总体规划。
③ 企业信息化系统的可行性分析。
④ 企业信息系统开发方式的研究。
⑤ 签订合同。
⑥ 项目小组成立。
⑦ 建立项目组双向培训的沟通机制。
⑧ 第一次项目启动会议。
⑨ 用户需求调研和分析。
⑩ 信息系统设计。
⑪ 信息系统，软件开发。

7.4.2.3 施工企业信息系统的构成和类型

(1) 施工企业信息系统

信息系统是指广义的管理信息系统。是一个以人为主导，利用计算机硬件、软件、网络通信设备以及其他办公设备，对信息进行收集、加工整理、储存、传输、维护和使用的系统。对于施工企业而言，信息系统是以降低成本、增强市场竞争能力、提高管理水平、增加企业效益为目的的，支持企业从总公司到项目部的集成化管理的人机系统，是信息化建设的核心内容。

这里的人机系统意指不能缺少计算机及计算机网络，当然，在过去没有计算机及计算机网络的年代，在所有的企业中本身都存在有信息系统，但由于在手工管理条件下，信息管理的效率低下、作用不大，因此不被人们重视。

而在当代，随着Internet的广泛使用，信息系统的环境发生了根本的变化：世界已变成经济全球化、需求多元化、竞争激烈化、战略短视化、增值知识化，一切都变得"迅速"，"迅速"二字已经成为新经济的主要特征之一。企业为了在竞争中占据有利地位，不得不大力加强信息化建设，如目前的施工企业基本都建立于企业内部网（Intranet），大多数企业实现了与Internet的互联。所以，在目前的条件下，信息系统不能缺少计算机及计算机网络，可以说目前的信息系统是基于网络的信息系统。

（2）施工企业信息系统的组成

狭义地理解信息系统就是应用软件，这种理解是不全面的。从系统的观点来看，信息系统是由如下四方面内容构成，其中前三方面内容构成了信息系统的三大技术支柱。

① 硬件和网络系统。在目前的条件下，计算机、网络通信、办公设备等硬件系统是信息系统不可或缺的载体，同时还应该包括支持这些硬件正常工作的系统软件，如操作系统、各种硬件驱动程序等。对于施工企业，应该包括总公司与项目部进行实时信息沟通的各种通信方式，如VPN虚拟局域网等。

② 各类应用软件。应用软件是用来进行数据处理、信息加工、解决用户实际问题的程序、指令、操作使用手册的总称。应用软件的主体是程序，程序是由某一种或某几种计算机语言编写出的操作指令的集合。一个完善的信息系统，必然要有功能齐全的、操作方便的、界面美观的应用软件。

目前，在多数的施工企业中，普遍存在着应用软件不全面、软件结构不合理、软件功能不实用、操作使用不方便等问题。因此，加强在应用软件方面的投入，是目前施工企业信息化建设的重要内容之一。

③ 多种数据库和数据。目前，计算机存储器已经成为企业中大量数据的主要存储介质。在向计算机存储器存入数据时，为统计、查询等方便，往往将数据存入关系型的数据库中。关系型数据库是按照关系模型（二维表数据结构）来管理和保存数据的仓库。只有将大量数据存入数据库中，才能对其进行有效的统计、查询等操作。数据库和应用软件是既相互独立、又配合使用的两个方面，应用软件的使用往往离不开数据库，而数据库中数据的增加、修改、共享等操作使用往往是通过应用软件实现的。一个完整的信息系统不能没有数据，没有数据的信息系统如同没有知识的大脑一样，是一个空壳。

对于施工企业，应该构建以总公司为中心的中央数据库，通过广域网范围内使用的应用软件，实现分/子公司和项目部向中央数据库的远程数据录入、远程数据查询和打印，实现全企业的实时数据统计汇总。

④ 管理机构和维护人员。人是整个信息系统的主导，从系统的规划、设计、实施到维护，从硬件的选购、软件的开发到数据库的管理，任何一个环节都不能没有人。信息系统要有专门的组织机构，要有领导班子，要有主管领导，要有工作小组。在组织机构内部，要制订必要的管理制度、规章和规程，要建立必要的考核体系，其目的是保证系统内物尽其用，保证系统运行和各项工作有章可遵、忙而不乱，保证系统目标的顺利实现。

（3）施工企业信息系统的类型

广义上讲，信息系统根据不同的分类标准可以分为以下几种类型：

① 按照行政级别进行划分，可以分为国家信息系统、省市级信息系统等。例如，中国教育管理信息系统是国家经济社会管理信息系统的一个子系统，中国高等教育管理信息系统

是中国教育管理信息系统的一个子系统。

② 按照行业进行划分，可以分为电力工业信息系统、农业信息系统、商业信息系统、交通信息系统等。例如，电力施工企业信息系统是电力工业信息系统的一个子系统，而工程过程管理信息系统又是施工企业信息系统的一个子系统。

③ 按照职能进行划分，可划分为生产信息系统、研发信息系统、营销管理信息系统、施工项目管理信息系统等。施工项目管理信息系统又可进一步划分为工程过程管理、工程质量管理等子系统。

(4) 施工企业信息系统的结构

施工企业信息系统的基本结构应主要包括：概念结构、功能结构、网络结构、混合结构等。

① 信息系统的概念结构。信息系统从概念上来看由信息管理者、信息源、信息处理器和信息使用者四大部分组成。信息源是信息的产生地，包括企业内部信息和外部信息，这些信息通过信息处理器的加工整理、存储、传递、维护等，为各类管理人员即信息使用者提供信息服务，而整个的信息处理活动由信息管理者进行管理和控制。信息使用者是目标用户，一方面，信息管理的一切设计和实现都要围绕信息使用者的需求而做；另一方面，信息管理者的角色很重要，起到了明确需求、信息管理的作用。过去信息源多数是报表和各类单据，而今，BIM 模型成为基本的工程项目数据源文件，模型承载多种信息和数据，由设计规划端开始产生，到施工过程管理应用，再到项目运维。

② 施工企业信息系统功能结构。从施工企业信息使用者的角度来看，信息系统应该支持整个企业在不同层次上的各种功能。各种功能之间又有各种信息联系，构成一个有机的整体即系统的功能业务结构，如图 7-6 所示。

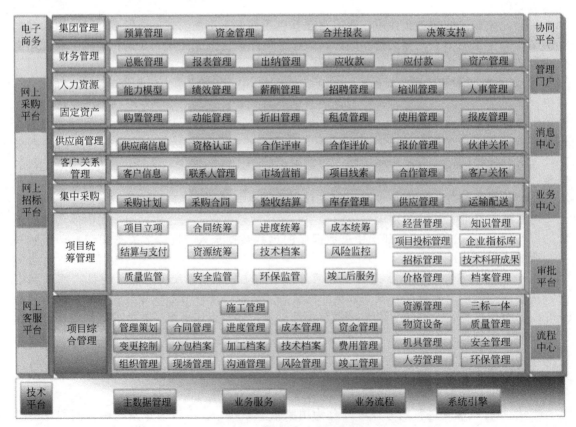

图 7-6 施工企业信息系统图

在这些系统或模块之间，存在着大量的信息交换关系，它们之间的主要数据交换关系构成了系统之间的信息流，使得企业中的各类信息得到充分的共享，从而为施工企业的施工管理、决策活动提供支持。

信息系统的实现不是一朝一夕的事情，必须经过长期的努力才能得以实现。因此，在信息系统的建设过程中必须首先进行总体规划，划分出子系统，规划出各子系统的功能及其相互之间的联系，然后逐步予以实现，其中特别要重视系统之间的联系，只有这样才能实现信息的共享，发挥信息是资源的重要作用。

（5）施工企业信息系统的网络结构

施工企业的网络结构本着经济、实用的原则，采用比较先进的 Intranet 技术，所用的网络结构应是目前流行的客户机服务器模式，这种模式投资小、功能强，既可进行数据的共享处理，又可进行数据的单独处理。局域网内将大多数计算机通过超 5 类双绞线、100M 交换机连接，使网络的传输容量可以达到 100M；同时，网络可以传递的信息多样，使用 Windows 操作系统，便于管理、实现多媒体信息处理。采用光纤方式接入 Internet，其优点是速度快、可以满足多人同时上网需要、可以 24h 上网操作，是目前最为划算的同时又能满足需要的方案。

（6）施工企业信息系统的混合结构

混合结构模型逻辑上由 4 部分组成：Internet 客户群、Web 服务器组、企业应用服务器组、企业链数据库服务器组。

① Internet 客户群包括施工企业的项目部、分/子公司、业主、监理单位、分包商、供应商等，其软件主要包括 Web 浏览器、XML/HTML 页面、Applet 小程序、三层 B/S 结构的软件等。

② Web 服务器组主要负责对客户群通过 HTTP 和 HTTPS 协议的访问请求的集中受理和信息发布，包括用户请求执行构件、XML 生成构件、企业网页、IIS 服务器等。

③ 企业应用服务器组主要负责应用逻辑的集中管理，包括数据库连接池构件、COM/DCOM/COM+、CORBA、JavaBean/EJB、三层 B/S 的中间层、其他系统专用构件等。

④ 企业链数据库服务器组主要负责数据的存储和组织、数据库的分布式管理、数据库的同步和备份等，其中数据库应是 SQL Server、Oracle、DB 2 等大型数据库。

⑤ 局域网客户群指局域网客户通过 B/S 结构方式直接访问局域网服务器，作为混合结构的一部分，主要适应企业内部信息处理和软件的配置等工作。

7.4.2.4 企业信息集成与应用

当前，无论是在企业之间还是在企业内部，存在诸多大大小小的"信息孤岛"，如何在企业链环境下将其整合，彼此之间共享信息，模块和单项应用集成化应用是当前企业信息化建设中需要重点解决的问题。国内集成应用的最佳实践案例，是在企业链环境下的信息系统分层次结构模型分析研究的基础上，提出企业链环境下分层次信息集成与应用整合逻辑结构图。

① 信息基础设施整合包括构建与集成应用企业链环境下的基础网络资源、共享的服务器资源、网上银行等硬件设施，同时还应制订相关的规范、标准与协议等，以建立企业链的信息流与资金流基础环境。

② 企业级 BIM 平台是指在工程建设企业全生命周期的建设中，整个项目环境下不同的企业之间进行信息流整合、资金流整合、数据库功能整合等，以方便企业链条件下的信息发布与获取、网上交易、工程项目信息共享、应用程序服务等方面的具体应用。

③ 企业内部应用集成包括业务流程集成、数据集成、开发集成、应用整合等，以实现企业内部 MIS、DSS、PM、CRM、OA 等信息系统及其信息自动采集系统的信息共享与

整合。

④ 用户接口整合构件应能够整合不同应用，统一企业链环境下所有用户的访问手段，如提供 Web、电话、营业柜台、移动短信等多种服务手段，建立"以客户为中心"的综合服务平台。

ITWO 软件应用

技能训练

实训项目

结合自己身边工程利用信息化技术及信息化软件对建设项目进行全过程管理。

参 考 文 献

[1] 罗中. 建设工程项目管理 [M]. 北京. 教育科学出版社,2015.
[2] 全国一级建造师执业资格考试用书编写委员会. 建设工程项目管理 [M]. 北京:中国建筑工业出版社,2017.
[3] 全国监理工程师培训教材编写委员会。建设工程监理概论 [M]. 北京:中国建筑工业出版社,2017.
[4] 全国造价工程师执业资格考试培训教材编审委员会. 建设工程造价管理 [M]. 北京:中国计划出版社,2017.
[5] 宋春岩. 建设工程招投标与合同管理 [M]. 北京:北京大学出版社,2014.
[6] 张现林. 建筑工程项目管理 [M]. 西安:西安交通大学出版社,2012.
[7] 张迪,金明祥建筑工程项目管理 [M]. 重庆:重庆大学出版社,2014.
[8] 赵秀云. 工程造价管理 [M]. 哈尔滨:哈尔滨工业大学出版社,2013.
[9] 斯庆,宋显锐. 工程造价控制 [M]. 北京:北京大学出版社,2009.
[10] 车移鹏. 工程造价管理 [M]. 北京:北京大学出版社,2010.
[11] 杨会云. 建筑工程工程量清单计价与投标报价 [M]. 北京:中国建材工业出版社,2006.
[12] 毛桂平,周任. 建筑工程项目管理 [M]. 北京:清华大学出版社,2015.